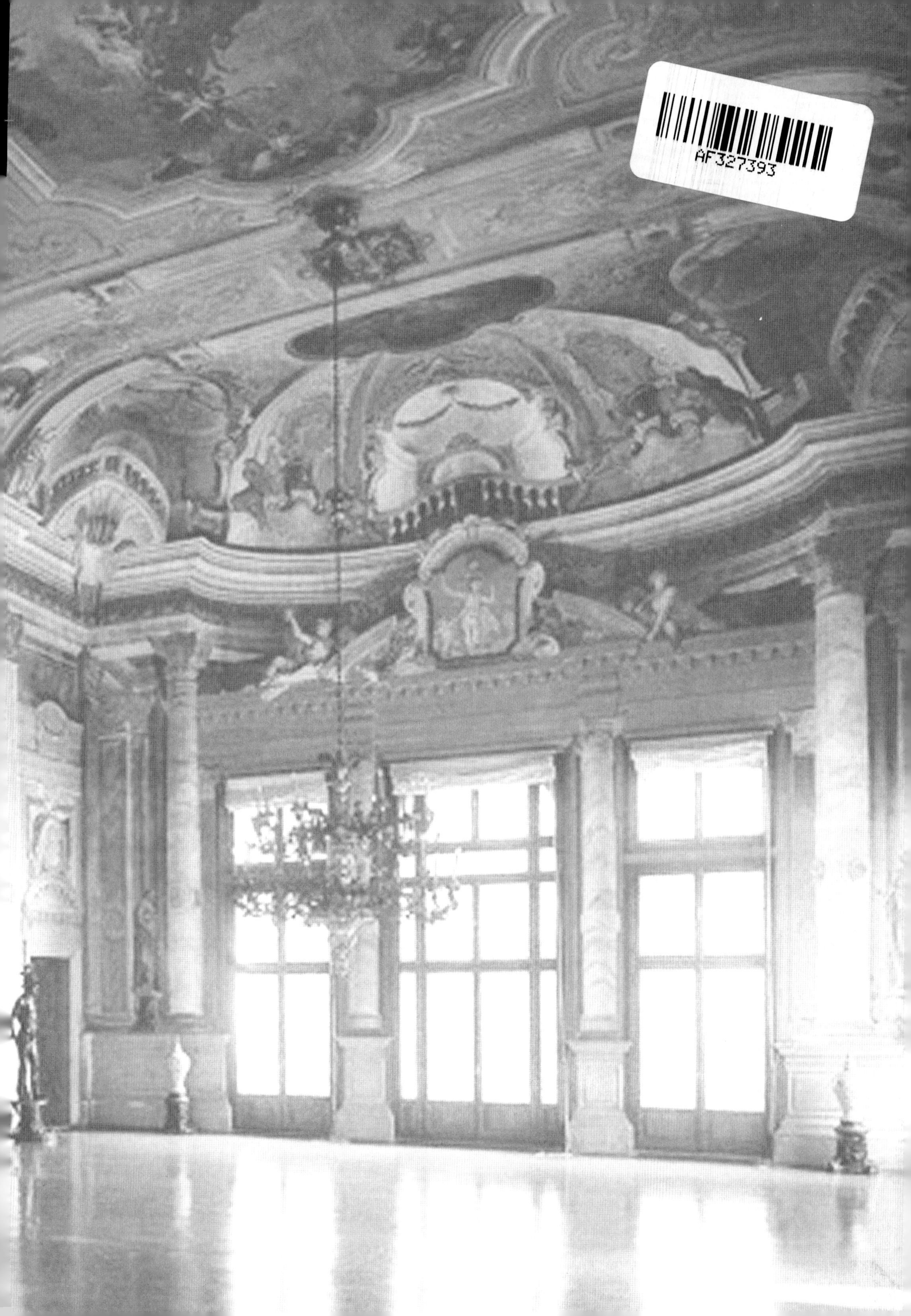

AF327393

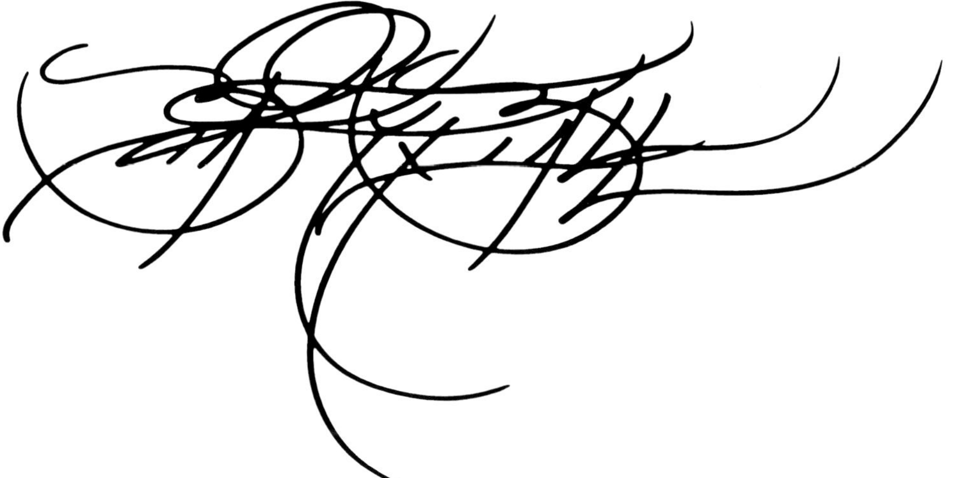

BARRY X BALL
Portraits and Masterpieces

CHARTA

Progetto / Concept
Barry X Ball e / and Laura Mattioli

Progetto grafico / Design
Daniela Meda

Coordinamento redazionale / Editorial Coordination
Filomena Moscatelli

Redazione / Copyediting
Sylvia Adrian Notini
Silvia Palombi

Traduzioni / Translations
Valeria Chiodetti
Emily Ligniti
Molly Stevens

Copy e Ufficio stampa / Copywriting and Press Office
Silvia Palombi

Direttore editoriale USA / US Editorial Director
Francesca Sorace

Promozione e Web / Promotion and Web
Monica D'Emidio

Distribuzione / Distribution
Anna Visaggi

Amministrazione / Administration
Grazia De Giosa

Magazzino e Spaccio / Warehouse and Outlet
Roberto Curiale

Copertina / Cover
Envy, 2008-2011

Retro di copertina / Back Cover
Scrivania (dettaglio della decorazione) / Desk (scroll detail)
Pietro Piffetti

Sguardie / Endpapers
Salone da ballo, Ca' Rezzonico, Venezia, photo by
Francesco Turio Böhm

Referenze fotografiche / Photo Credits
Le fotografie dei dettagli di / All detail photographs of
Ca' Rezzonico by Francesco Allegretto. Courtesy di / of
Ca' Rezzonico, Venezia.
Le fotografie delle opere di / All photographs of Barry X
Ball's work by Barry X Ball, eccetto / except p. 121 (Jon
Kessler), by Tom Powel.

Ci scusiamo se per cause indipendenti dalla nostra
volontà abbiamo omesso alcune referenze fotografiche.
We apologize if, due to reasons wholly beyond our
control, some of the photo sources have not been listed.

Nessuna parte di questo libro può essere riprodotta
o trasmessa in qualsiasi forma o con qualsiasi mezzo
elettronico, meccanico o altro senza l'autorizzazione
dei proprietari dei diritti e dell'editore.
No part of this publication may be reproduced, stored
in a retrieval system or transmitted in any form or by
any means without the prior permission in writing of
copyright holders and of the publisher.

Edizioni Charta srl
Milano
via della Moscova, 27 - 20121
Tel. +39-026598098/026598200
Fax +39-026598577
e-mail: charta@chartaartbooks.it

Charta Books Ltd.
New York City
Tel. +1-313-406-8468
e-mail: international@chartaartbooks.it

www.chartaartbooks.it

Barry X Ball
Portraits and Masterpieces

Venezia, Ca' Rezzonico,
Museo del Settecento Veneziano

4 giugno / June - 11 settembre / September 2011

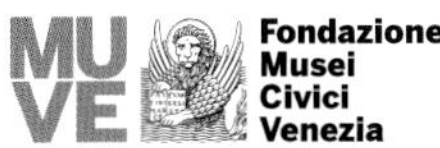

Presidente / President
Walter Hartsarich

Consiglio di Amministrazione / Board of Directors
Giorgio Orsoni, *Vicepresidente / Vice President*
Consiglieri / Members
Alvise Alverà
Emilio Ambasz
Carlo Fratta Pasini

Direttore / Director
Giandomenico Romanelli

Segretario Organizzativo / Executive Secretary
Mattia Agnetti

Ca' Rezzonico Museo del Settecento Veneziano

Direttore / Director
Filippo Pedrocco
con / with Alberto Craievich

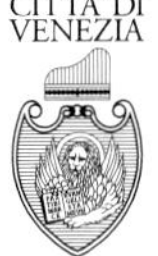

Partner Istituzionale / Institutional Partner
Fondazione Musei Civici di Venezia

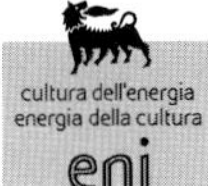

Mostra / Exhibition

A cura di / Edited by
Laura Mattioli

Allestimento / Installation
Barry X Ball

Coordinamento / Coordination
Galleria Michela Rizzo
con / with Sabrina Comin

Ufficio stampa / Press Office
Riccardo Bon

Promozione / Promotion
Silvia Negretti
Alessandro Paolinelli

Ufficio mostre e allestimenti / Exhibition and Installations Office
Monica Vianello

Amministrazione / Administration
Antonella Ballarin
con / with
Piero Calore
Carla Povelato
Francesca Rodella

Hanno collaborato all'ufficio stampa / Collaborated with the Press Office
John Melick, Blue Medium
con / with Elizabeth Reina-Longoria

Supporto logistico a Venezia / Logistic Support in Venice
Transport lines, ditta De Marco

La mostra si realizza con il sostegno di / Exhibition made possible with the support of
Sperone Westwater, New York
Galleria Michela Rizzo, Venezia
Galerie Nathalie Obadia, Paris & Brussels
TOR ART & C. s.n.c.
Mihail S. Lari and Scott E. Murray
Jerome L. & Ellen Stern
Dudley & Michael Del Balso
Nancy & Robert Magoon
Roberto & Mary Ellen Marziale
Bobbie Foshay
Jerry & Linda Janger
Unocad s.r.l.

Un ringraziamento speciale a / Special thanks to
Mihail S. Lari

Si ringraziano inoltre per la collaborazione / Thanks also go to
Ministero per i Beni e le Attività Culturali
Soprintendenza Speciale per il Patrimonio storico, artistico ed etnoantropologico e per il Polo Museale della città di Venezia e dei comuni della Gronda lagunare
e / and
Julia Abreu
Edoardo Zambon

Desidero esprimere i miei più sentiti ringraziamenti alle persone, organizzazioni, gallerie e società che hanno reso possibile la creazione delle mie sculture, l'allestimento della mostra di Ca' Rezzonico e la produzione di questo libro.
I would like to express my sincere gratitude to the following individuals, organizations, galleries, and companies for making the creation of the sculptures, the staging of the Ca' Rezzonico exhibition, and the production of this book possible.
Barry X Ball

Per avermi concesso l'opportunità, che capita solo una volta nella vita, di esporre la mia arte in uno scenario perfetto.
For providing me with a once-in-a-lifetime opportunity to display my art in a perfect setting.
Giandomenico Romanelli – Fondazione Musei Civici di Venezia

Per aver generosamente aperto la nobile dimora veneziana a me, artista americano contemporaneo.
For generously opening his venerable Venetian house to this contemporary American artist.
Filippo Pedrocco – Ca' Rezzonico

Per avere ideato, proposto e organizzato la mostra, che non avrebbe mai potuto esistere senza il suo appassionato patrocinio.
For conceiving, proposing, and organizing the exhibition. The show, literally, would not have happened without your passionate advocacy.
Michela Rizzo

Per la pluridecennale fiducia in me e nella mia arte, per il suo sguardo lungimirante e il lavoro instancabile nella curatela della mostra e nella supervisione di questo libro. Ha raggiunto un nuovo alto livello di essere mecenati d'arte contemporanea.
For her decades-long belief in me and my art, her centuries-long vision, and her tireless work to curate the exhibition and oversee the publication of this book. You have established a new standard for contemporary art patronage.
Laura Mattioli

Per avere fatto ciò che fanno solo i galleristi migliori: assumersi dei rischi, offrire sostegno, trasmettere esperienza, dispensare saggezza e seguire i propri sentimenti. Vi sono sinceramente grato.
For doing what the best gallerists do: take risks, provide support, apply experience, lend wisdom, and follow their hearts. I am, very sincerely, yours.
Gian Enzo Sperone and Angela Westwater

Per il suo entusiasmo, la sua generosità e la sua appassionata professionalità. Il suo sostegno incondizionato è allo stesso tempo ristoratore e fondamentale.
For her enthusiasm, generosity, and warm professionalism. Your unquestioning support is both refreshing and important.
Nathalie Obadia

Per suoi saggi consigli e il suo costante buon umore. Per aver proposto un contributo critico nel momento più necessario. È un vero amico.
For his wise counsel and constant good humor. For stepping forward to make a critical contribution exactly when it was needed. You are a true friend.
Mihail S. Lari

Per la loro generosità e gentilezza nei miei confronti, per loro ammirevole sostegno alla mia arte e a questa mostra.
For their generosity and kindness to me, and for their magnificent patronage of my art and this exhibition.
Ivano Ambrosini, Rupert Burgess, Dudley and Michael Del Balso, Anne Faggionato, Bobbie Foshay, Agnes Gund, Jerry and Linda Janger, Paolo and Luisa Lamberti, Mihail S. Lari and Scott E. Murray, Margaret and Daniel Loeb, Bob and Nancy Magoon, Ignazio and Nicola Maramotti, Luigi and Marina Maramotti, Roberto and Mary Ellen Marziale, Laura Mattioli, Thomas Olbricht, the Giuseppe Panza Family, Simon de Pury, Jeanne Greenberg Rohatyn and Nicholas Rohatyn, Felix Robyns, Wolfgang Schoppmann, David Shuman, Jerome L. and Ellen Stern, Filippo Tincolini, Chris Valenta, Gualtiero Vanelli, Diana and Rafael Viñoly, Olivier Vrankenne

Sperone Westwater, New York – Gian Enzo Sperone, Angela Westwater, David Leiber, Michael Short, Maryse Brand, Walter Biggs, Jennifer Burbank, Eileen Jeng, Anne Bruder, Walsh Hansen

Galleria Michela Rizzo, Venezia – Michela Rizzo, Sabrina Comin, Matthew Attard, Chiara Pellizzari, Roberto De Pol

Galerie Nathalie Obadia, Paris/Brussels – Nathalie Obadia, Corinne Prat, Hervé Dupont, Anne-Laure Buffard, Céline Cléron, Rachel Rechner

Per il suo pluriennale e appassionato sostegno, un appoggio che ha permesso alla mia arte di continuare ad esprimersi con la creazione di molte delle opere esposte in mostra.
For her passionate support of several years, backing that made possible the continuance of my art and the creation of many works in the exhibition.
Jeanne Greenberg Rohatyn and the staff of **Salon 94, New York**
Alissa Friedman, Fabienne Stephan, David Fierman, Christian Dietkus, Luis Alonso, Victoria Keddi, Sirui Yan

Blue Medium – John Melick, Elizabeth Reina-Longoria

Per avere accettato di sottoporsi alla faticosa esperienza del calco del volto affinché potessi realizzare i loro ritratti.
For agreeing to undergo the rigors of life-casting so that I could create their portraits.
Soleil X Ball Van Zee, Jon Kessler, Laura Mattioli, Matthew McCaslin, Lucas Michael, Dottor Giuseppe Panza di Biumo, Jeanne Greenberg Rohatyn

Senza il supporto del mio team, la creazione delle mie sculture non sarebbe mai stata possibile. Il team del mio studio è il migliore del mondo, e ad esso spetta gran parte del merito dei miei successi. Grazie a tutti per aver usato la vostra intelligenza e le vostre straordinarie competenze e per avere dato il massimo nella comune ricerca dell'eccellenza.
Without the assistance of a dedicated team, the creation of my sculptures would be impossible. My studio team is the best there is. They deserve a large portion of the credit for any success I have. Thanks, everyone, for applying such great skill and intelligence, for giving your all to our joint pursuit of excellence.

Barry X Ball Studio, New York – Douglas DeGaetano, Lilla Fekete, Gary Mellon, Masaki Takizawa, Evor Guevarra, Ken Usanami, David Healey, Ryan Murphy, Ayami Aoyama, Junko Suzuki, Jack Covell, Maho Kino, Barsom Manashian, Majda Muhic, Molly O' Rourke, Kate Spector, Samantha Stephenson, Misa Hirahara

Per la perspicacia intellettuale e la raffinata maestria che hanno profuso nella creazione di questo volume.
For the intellectual insight and refined craft they have brought to the creation of this volume.

Contributing Writers – Jean-Pierre Criqui, Mario Diacono, Elena Forin, Laura Mattioli, Bob Nickas, Gianluca Poldi, Giandomenico Romanelli

Photographers – Francesco Allegretto, Tom Powel

Edizioni Charta, Milano – Giuseppe Liverani, Francesca Sorace, Filomena Moscatelli, Daniela Meda, Silvia Palombi, Monica D'Emidio, Anna Visaggi, Grazia de Giosa, Roberto Curiale

Per l'assistenza di enorme valore professionale che hanno fornito alla creazione della mia arte.
For their invaluable assistance in the creation of my art.

Advanced Stone Technologies – Christoph Späth, Ayami Aoyama, Cotie Nazarie, Steve Flom

Art City Studios – Paul Lindhard, Russel Erickson

Jim Cooper – Graham Anderson, Bryan Johnson

Dave Cortes

Mike Defeo

The Digital Atelier – John Lash, John Rannou

The Digital Stone Project – Walter Dusenbery, Jon Isherwood, Enrique Rosado, Danielle Bursk, Robert Michael Smith, Daniel Henderson, Katie Zazenski

Direct Dimensions

Dodd Marble - Dodd Roth

Edilmarmo – Marco Lombardi

Fine Line Prototyping

Riccardo Galleni and Ho Jin Jung

Jason Graham Web Design

Masterpiece International – Margaret Sinozich

MDI Manufacturing – Mark Daugherty

Mobius Fine Art Services – James Opinsky, Bill Jacoby, Felipe Santos

Jon Monaghan

Judith Nadelson

New Jersey Diamond Products

Gretchen Opie

Surface Environment – Allen Breaux, Dave Geraghty

Trimaxion Fine Arts – Brian Cronin, Charis Clift

Triple Point Manufacturing

TOR ART – Filippo Tincolini, Giada Rossini, Michele Basaldella, Riccardo Babbini and staff

Unocad – Ivano Ambrosini, Nicola Mion, Giovanni Nardotto, Graziella Ossato

Giulio Vanelli Marmi – Gualtiero Vanelli, Enrico Patruno, Alessio Galloni, Carlo Tonelli

Per l'amore e il sostegno che sempre mi testimoniano.
For their love and support.
Kimberly J. Van Zee, Michelangelo X Ball Van Zee, Soleil X Ball Van Zee

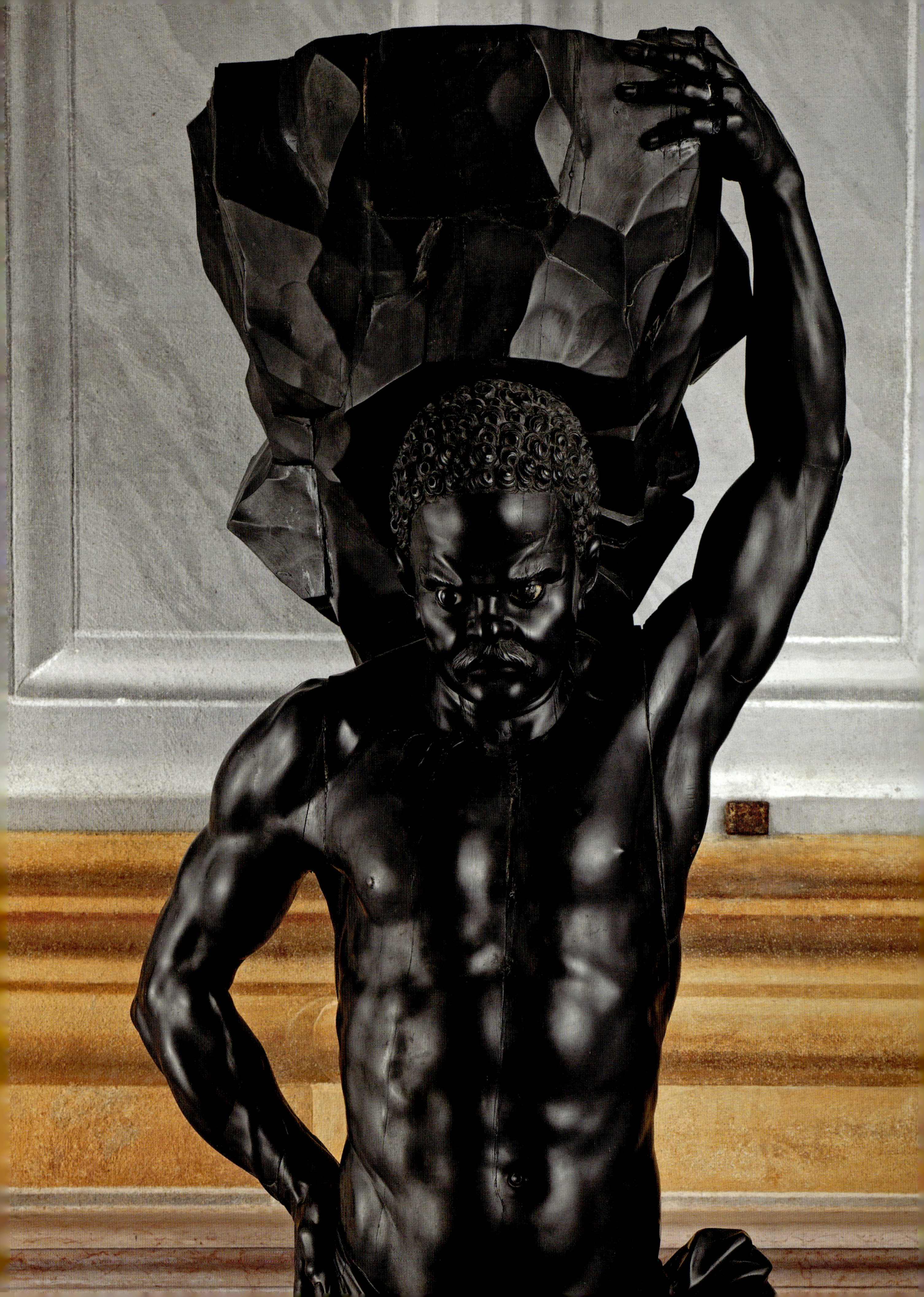

Sommario / Contents

Barry X Baroque

Giandomenico Romanelli

Barry X Ball presenta una tecnica di lavorazione assolutamente originale; ma Barry X Ball nelle sue opere accosta a questa tecnica una non meno originale elaborazione concettuale e formale: lo spaesamento che l'osservatore prova – assieme allo stupore – di fronte ai suoi mirabili lavori, scaturisce proprio dalla domanda su dove si collochi il confine o, se si vuole, dove corra la sutura invisibile tra il virtuosismo del linguaggio e la indubbia e tenace profondità del pensiero, dell'idea generatrice infine, di una tale ricerca; è lo stesso quesito che ci si trova ad affrontare davanti ad opere di altri grandi che, con tecniche e intenzioni forse diverse da Barry X Ball, hanno però inseguito sulle superfici e nei volumi l'utopia impalpabile e plastica di una materia dominata ed esaltata insieme, sedotta e conquistata non meno che spiegata e sottomessa, incorporea e sublimata: si pensi ai marmi alabastrini di alcuni ritratti di Adolfo Wildt, alle mussole penteliche che ondeggiano sui fianchi e sulle natiche di molte *korai* ellenistiche, alle volute sinuose delle pieghe dei chitoni nelle *danzatrici* di Canova, alle plissettature dei *delphos* fortunyani o, magari, ai capi senza peso di Issey Miyake.

Subito dopo, però, il nostro sguardo muta direzione e volontà: la perentorietà delle sculture di Barry X Ball è tale che si squaderna dentro la nostra attenzione uno sciame di curiose linee-lettura. Si tratta di elaborazioni talmente esatte, talmente non-percepibili (e tuttavia *reali*) nei loro progressivi spostamenti di senso e di forma da lasciarci stupefatti non meno che interdetti: l'essenza barocca della *meraviglia* è in Barry X Ball sostanziale e imprescindibile materia creativa, è fondamento della stessa seduzione berniniana in scultura (e, magari, borrominiana in architettura: le fiamme dorate sopra la spirale di sant'Ivo alla Sapienza potrebbero essere soggetto perfetto per le immutabili mutazioni di Barry X Ball in onice messicana).

Meraviglia, quindi, e meraviglia barocca: tra Messerschmidt e Corradini, tra i patetici *gisants* napoletani di Sanmartino e la pienezza paffuta e invadente dei putti angelicati di Serpotta o, magari, gli incubi arboricoli delle radici d'ebano di Andrea Brustolon e le figure beffarde e notturne di Francesco Pianta.

Barry X Ball parte da ricerche fisionomiche plurime (come nella *serie* esemplare per Panza di Biumo); ne circonda lo *spazio* circostante di invisibili spessori, determina un campo magnetico avvolgente e cristallino. Ma a questo punto emergono dalla materia pur così finemente e quasi maniacalmente lavorata, ferite e lacerazioni; torsioni progressive avvolgono e avvitano i volti fino a compenetrazioni impossibili e mostruose; un'anamorfosi subdola e progressiva, pur senza impedire la preservazione di tratti identificativi, ne conduce le linee addirittura oltre i limiti di una dolorosa in-tollerabilità; altri segni quasi cifrati e geometrici, rabescati o lineari marchiano le superfici come una malattia venerea inconsulta e beffarda, *macchia umana* cui è impossibile sottrarsi, definitiva.

Potremmo essere sedotti dalle similitudini e dagli accostamenti *apparenti*: le colonne tortili della Roma secentesca, i marmi gesuiti, i santi le pesti le invidie i peccati i vizi e le virtù di Giusto Le Court; oppure potremmo fermarci a constatare che queste deformità, questa lebbra dell'anima e dei corpi che si contrappone a un *eccesso* di trasparenza e delicatezza vellutata e patinata sono l'emergere inaspettato delle viscere della macchina tratte dagli abissi imperscrutabili delle *insondabilità* del computer, di quell'artificio, cioè, che è la provocazione e il supporto degli esercizi di Barry X Ball; e si diffonde come lo sgorgare fluente e il raggrumarsi oscuro di interiorità profonde che squarciano al *ralenti* la continuità di superfici ingannevoli, eruttate come una lava gelida dalla bocca di un vulcano silenzioso.

Il paesaggio di questa epifania è oggi l'atmosfera dell'eleganza arguta e seducente di Ca' Rezzonico, quintessenza del Settecento veneziano e antologia impareggiabile di quel *capriccioso* e di quel *grazioso* che si manifestano in volute e ritorni, in sprofondamenti dell'anima e ammiccamenti leziosi, in rigori illuministi e riccioli di stucco. Tutto questo è, per Barry X Ball, provocazione e citazione, rincorsa e confronto. Ecco perché qui più che altrove la poetica della meraviglia si dispiega in tutte le sue possibilità e nella molteplice valenza dei suoi segni, delle sue metafore, delle sue figure: ed ecco perché è qui che – *come in uno specchio* – il rinvio dà luogo a un infinito gioco di rifrazioni e rimandi, in un inabissamento stupefatto negli ingranaggi e nei meccanismi dei materiali dell'arte.

Barry X Baroque

Giandomenico Romanelli

Barry X Ball's working method is absolutely original, but Ball also includes in his oeuvre, alongside this technique, an equally original elaboration of concept and form. The disorientation—as well as the amazement—that the viewer experiences before this artist's admirable works is triggered precisely by the viewer's wondering just where the confine might be or, perhaps, where the invisible seam running between the virtuosity of language and the unquestionable and tenacious depth of thought, the generating idea for such research, can be found. This is the same question we ourselves ask, when in the presence of works by other great artists who, by way of techniques and intentions that perhaps differ from Barry X Ball's, have nonetheless followed, upon surfaces and in volumes, the intangible and plastic utopia of a material at once dominated and enhanced, seduced and conquered, explained and subjected, incorporated and subliminated. Consider the alabaster marble of some of the portraits made by Adolfo Wildt, the Pentelic muslin draped over the thighs and buttocks of many Hellenistic *Korai*, the curved volutes in the folds of the chitons worn by Canova's *dancers*, the pleating in Fortuny's *Delphos gowns* or, perhaps, even the weightless garments of Issey Miyake.

Immediately after, though, our gaze changes direction and intent: the peremptoriness of Barry X Ball's sculptures is such that a swarm of curious line-readings takes shape within our attention. This entails such exact, such imperceptible (but nonetheless *real*) elaborations in their gradual shifting of sense and form that we are both amazed and perplexed. In Barry X Ball's work the Baroque essence of *wonder* is a substantial and inescapable creative material; it is the foundation itself of Bernini's own seduction in sculpture and is, perhaps, visible in the architecture of Borromini. (The golden flames above the spiral at Sant'Ivo alla Sapienza could be the ideal subject for Barry X Ball's immutable mutations in Mexican onyx.)

Wonder, therefore, and Baroque wonder at that: from Messerschmidt to Corradini, from the pathos-filled Neapolitan *gisants* of Sanmartino to the plump, invasive fullness of Serpotta's angel-like *putti*, or, perhaps, the arboreal nightmares of Andrea Brustolon's ebony roots, and the mocking, nocturnal figures of Francesco Pianta.

Barry X Ball starts out with multiple physiognomic investigations (for instance, his exemplary series of Panza di Biumo); he encircles the surrounding invisibly thick space, establishing an enveloping and crystalline magnetic field. Emerging from the finely and almost maniacally worked material are wounds and lacerations; a progressive twisting enshrouds and turns like a screw into the faces, creating impossible and monstrous compenetrations. An underhanded and gradual anamorphosis, though still allowing identifiable features to be maintained, pushes the contours beyond the limits of painful intolerability. Other almost coded and geometric arabesques or linear signs mark the surfaces like a thoughtless and mocking venereal disease, a *human stain* impossible to subtract oneself from, definitive.

We could be seduced by the *apparent* similarities and combinations: the twisted columns of seventeenth-century Rome; Jesuit marbles; the saints, plagues, envies, sins, vices and virtues of Giusto Le Court. Or we could stop to note that these deformities, this leprosy of the soul and flesh contrasted with an *excess* of velvety and patinated transparency and delicacy, are the unexpected displays of the machine bowels taken from the unknown abysses of the computer's *unfathomableness*, of that artifice, in other words, that is the provocation and support of Barry X Ball's practice. And this spreads like a flow gushing forth with dark clotting of deep-embedded entrails, that in *slow motion* tears up the continuity of deceptive surfaces, spitting forth like cold lava from the mouth of a silent volcano.

Today, the landscape of this epiphany is the sharp and seductive elegance of Ca' Rezzonico, the quintessence of the Venetian Settecento and incomparable anthology of the *capriccioso* and the *grazioso*, which manifest themselves in volutes and moldings, in a collapsing of the soul and affected playfulness, in Illuminist rigor and stucco curls. All this is, for Barry X Ball, provocation and citation, pursuit and confrontation. That's why here, more than anywhere else, the poetics of wonder unfolds in all its possibilities and in the multiple meanings of its signs, of its metaphors, of its figures. And that is why it is here that—*like in a mirror*—reference sets the stage for an infinite game of refraction and allusion, in an astounding descent into the gears and mechanisms of artistic materials.

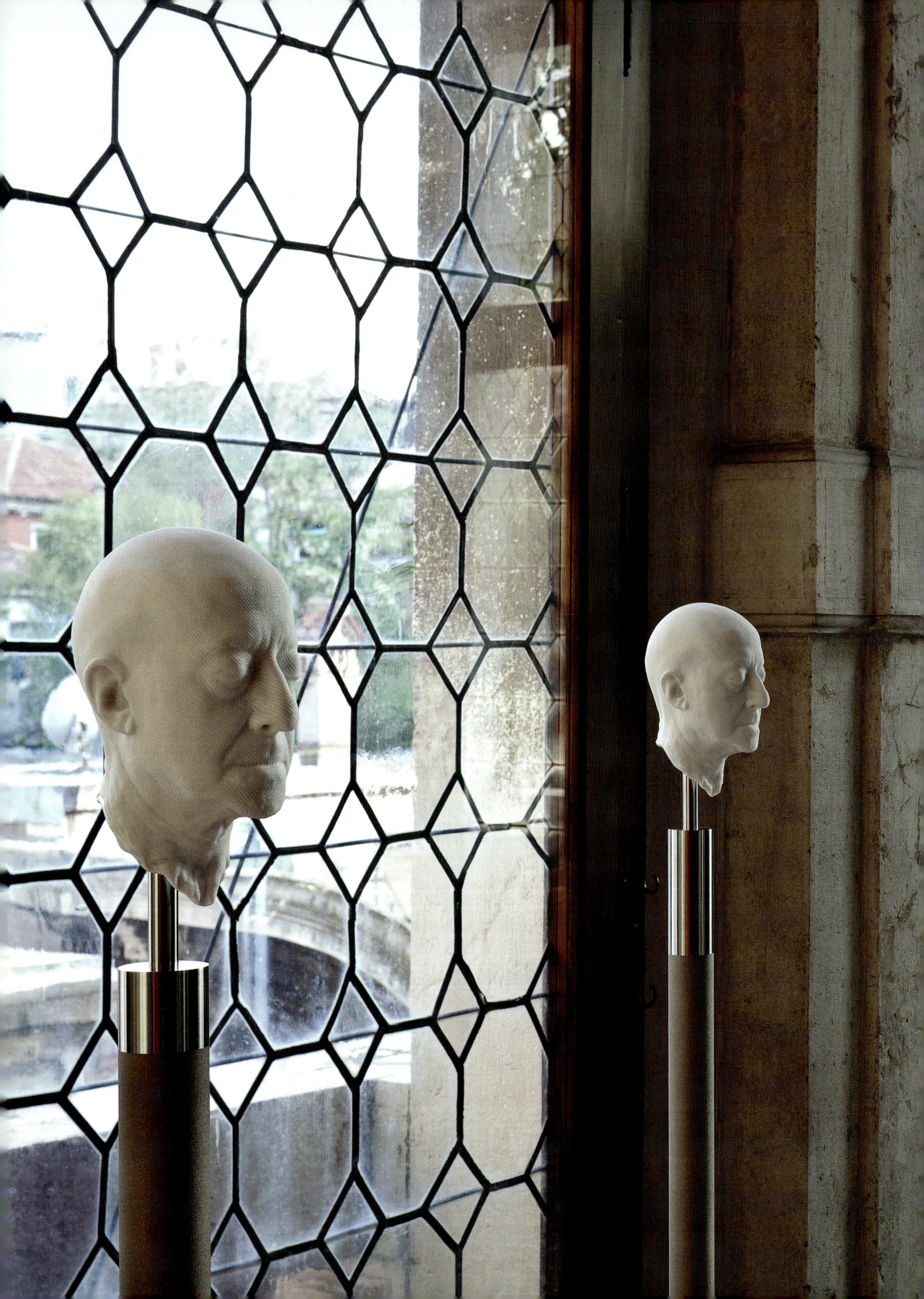

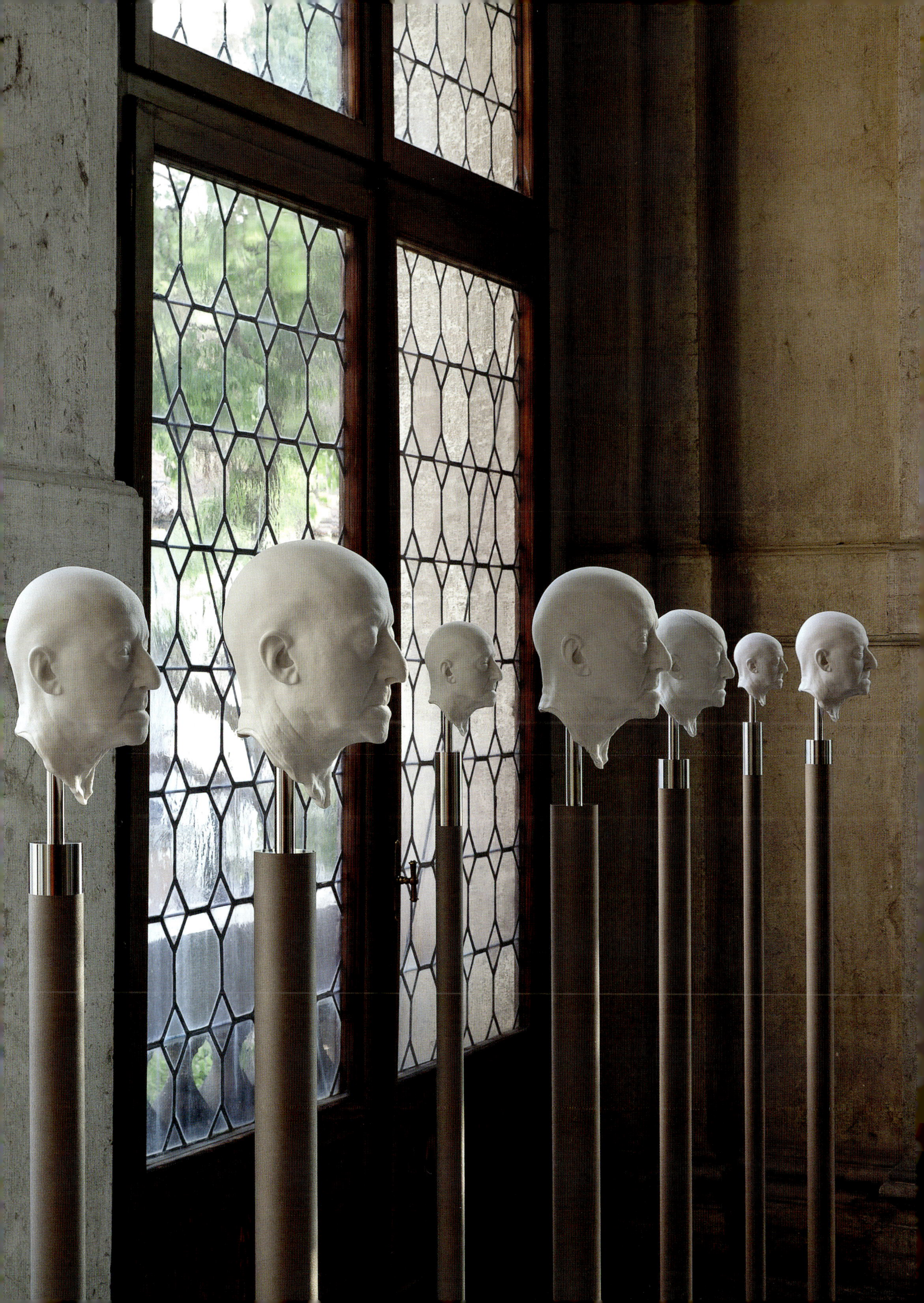

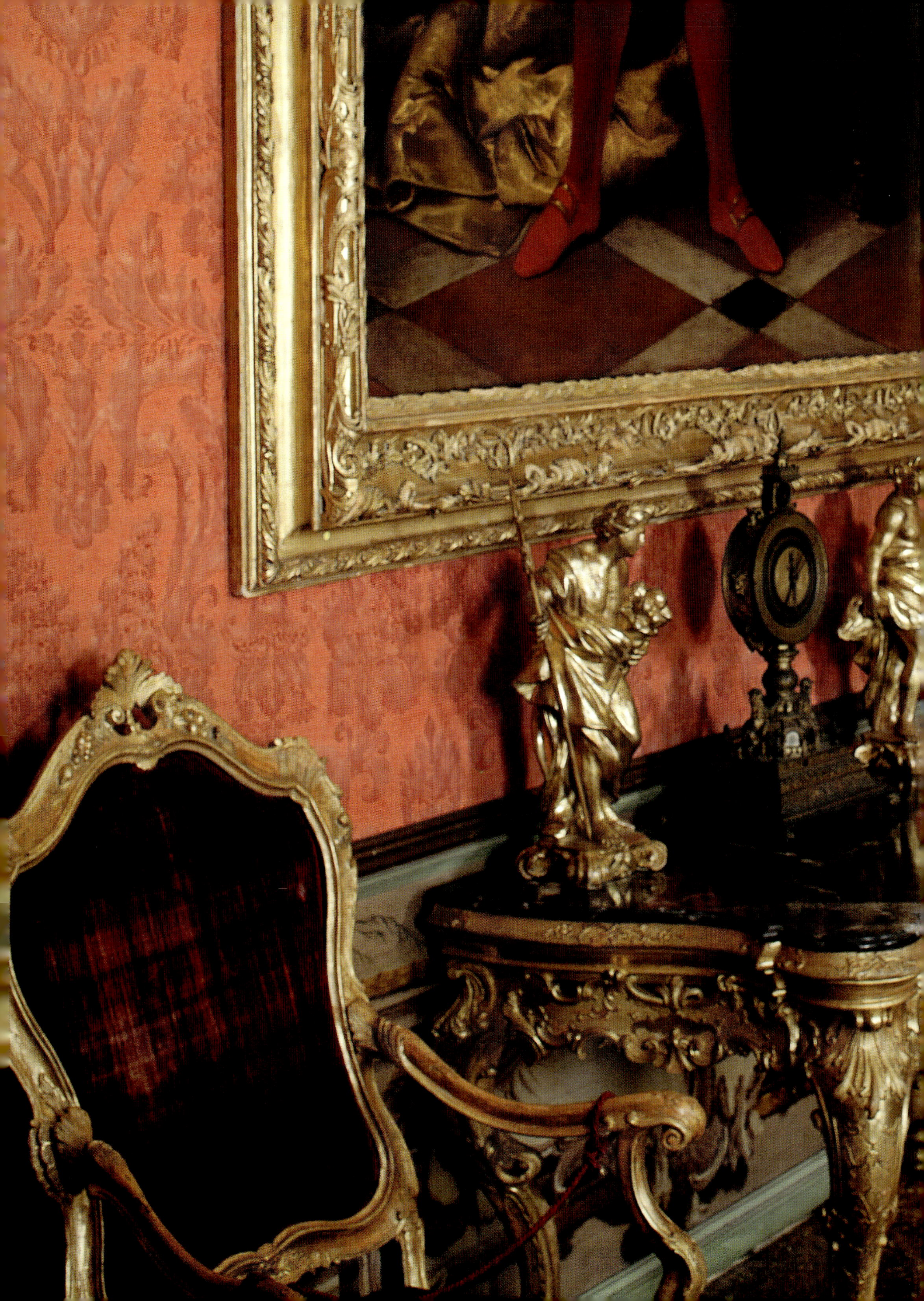

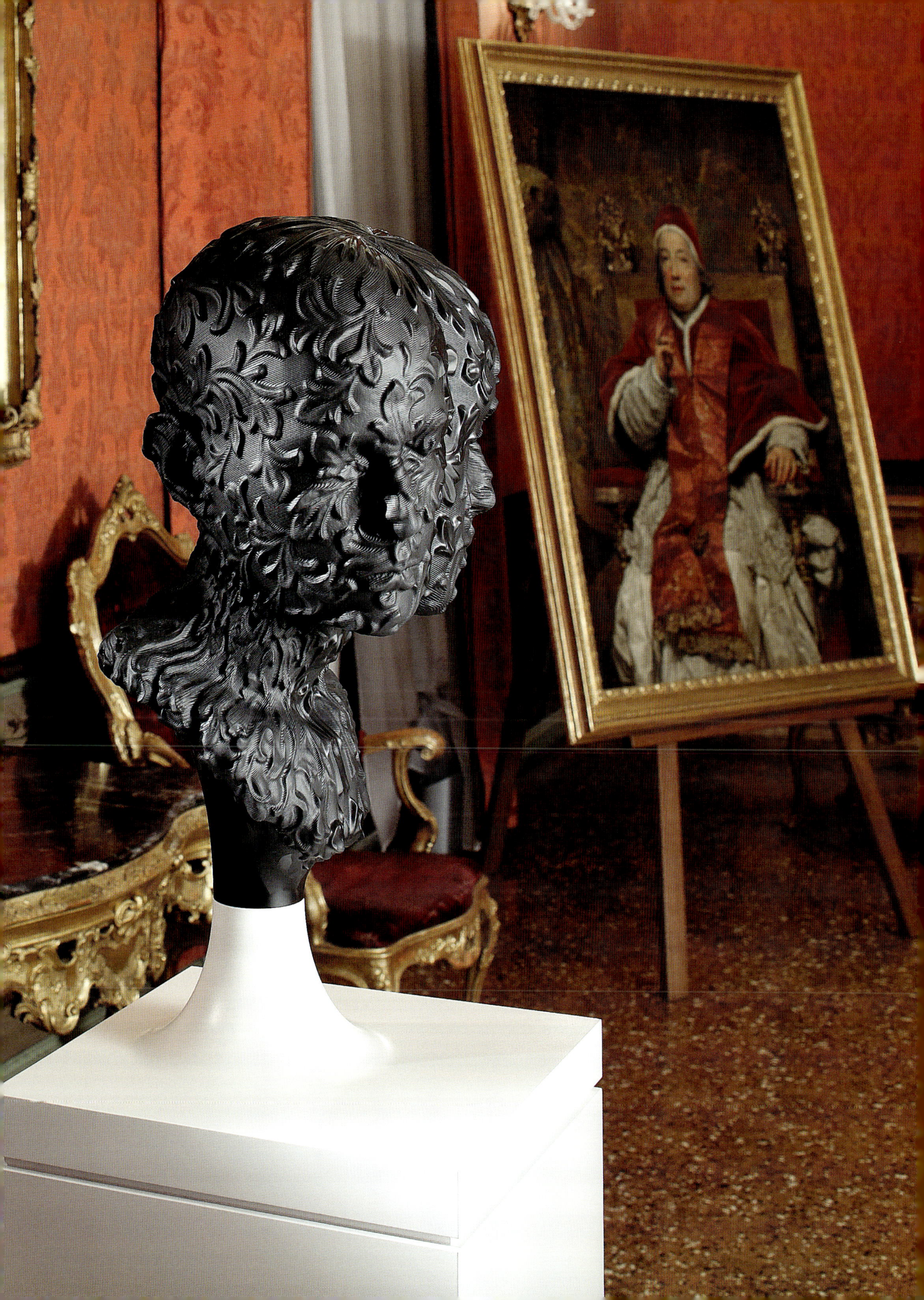

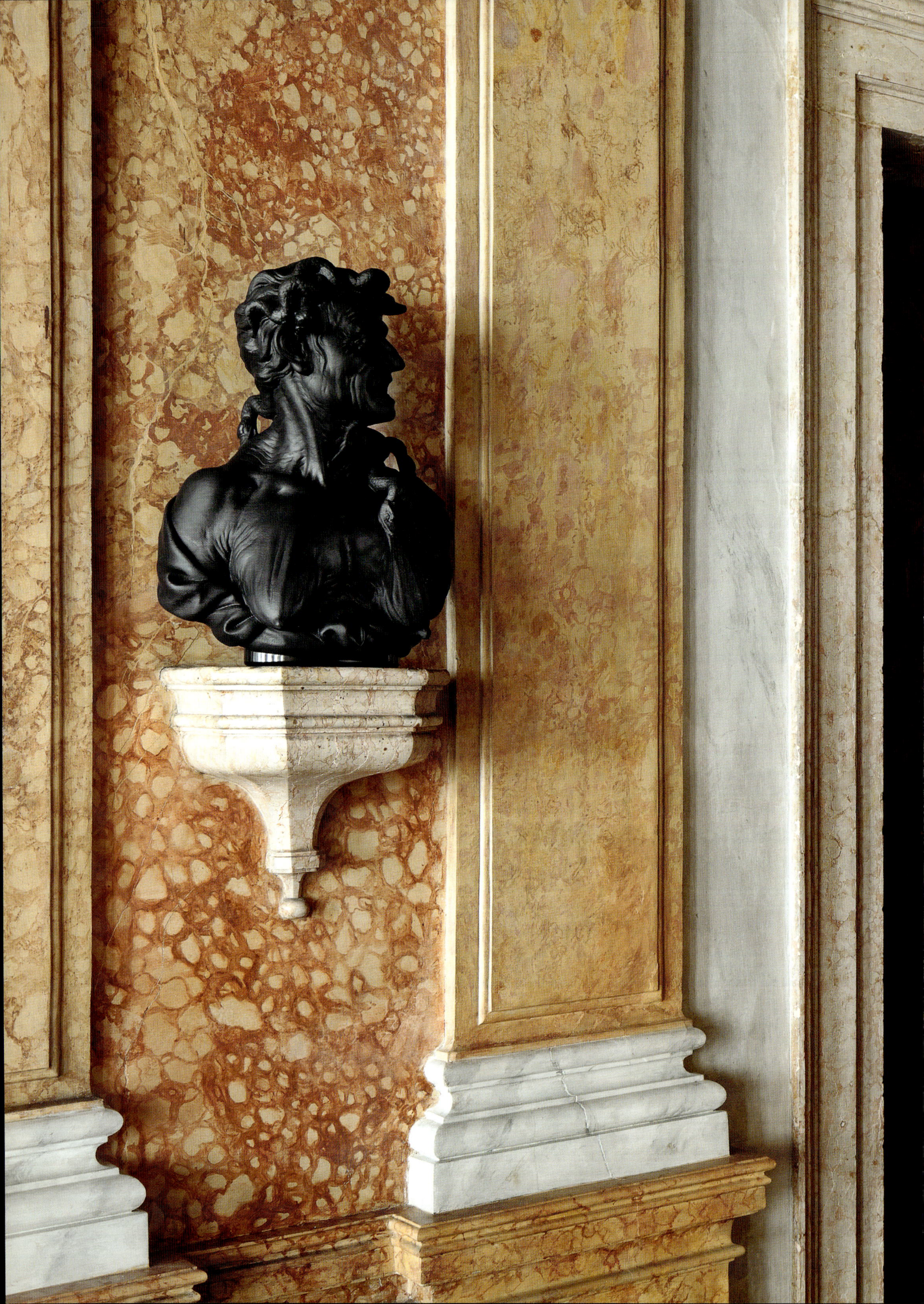

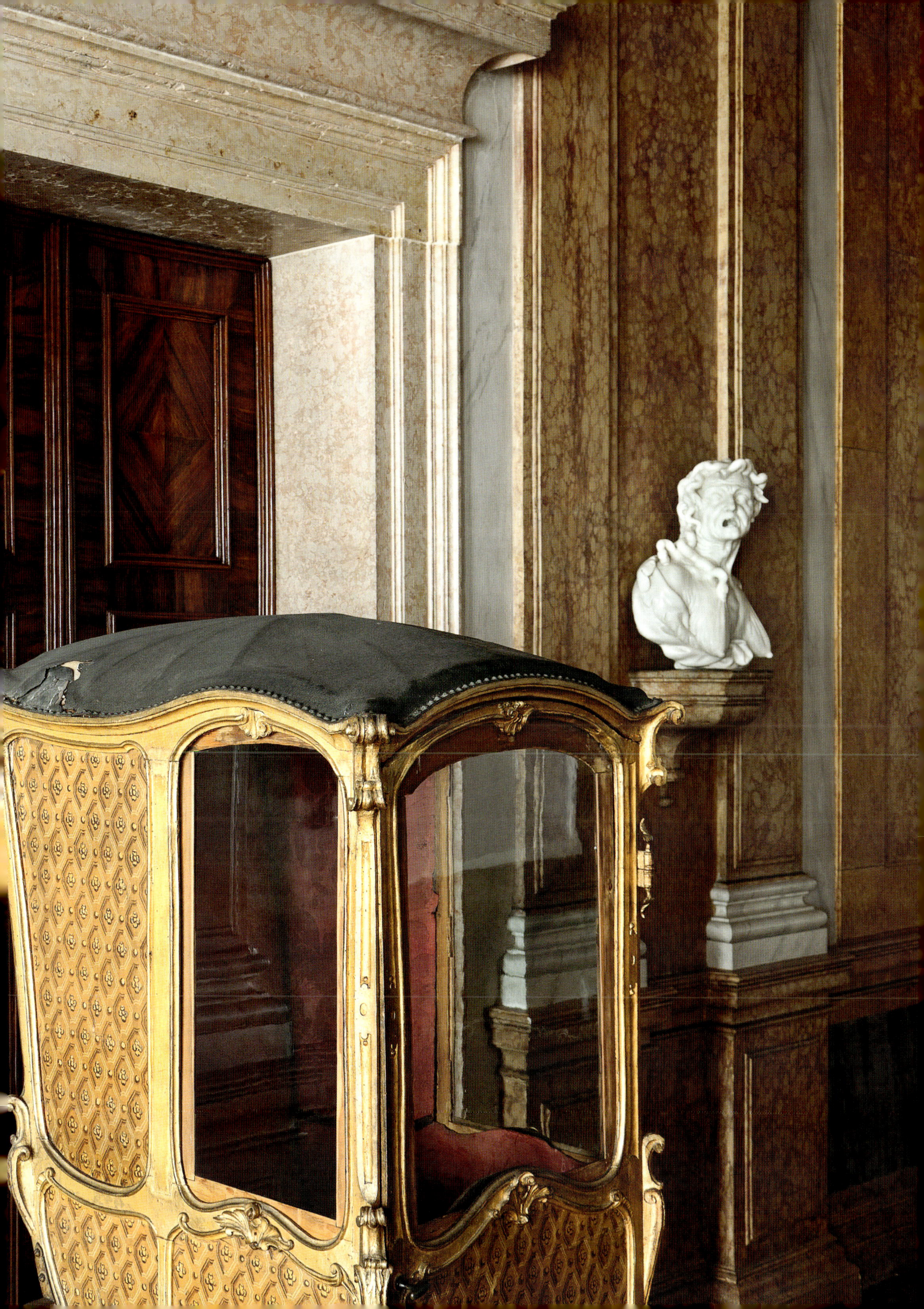

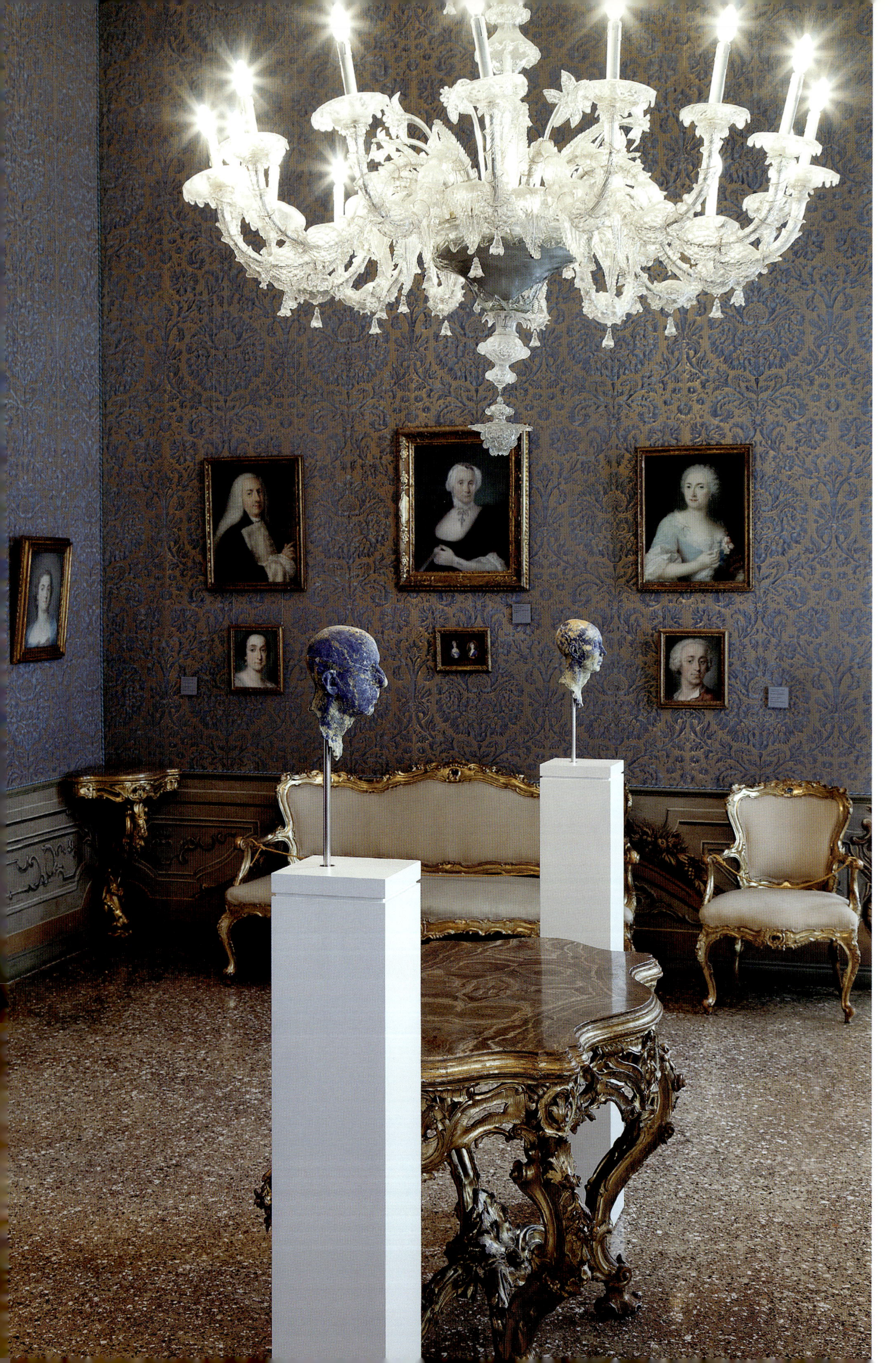

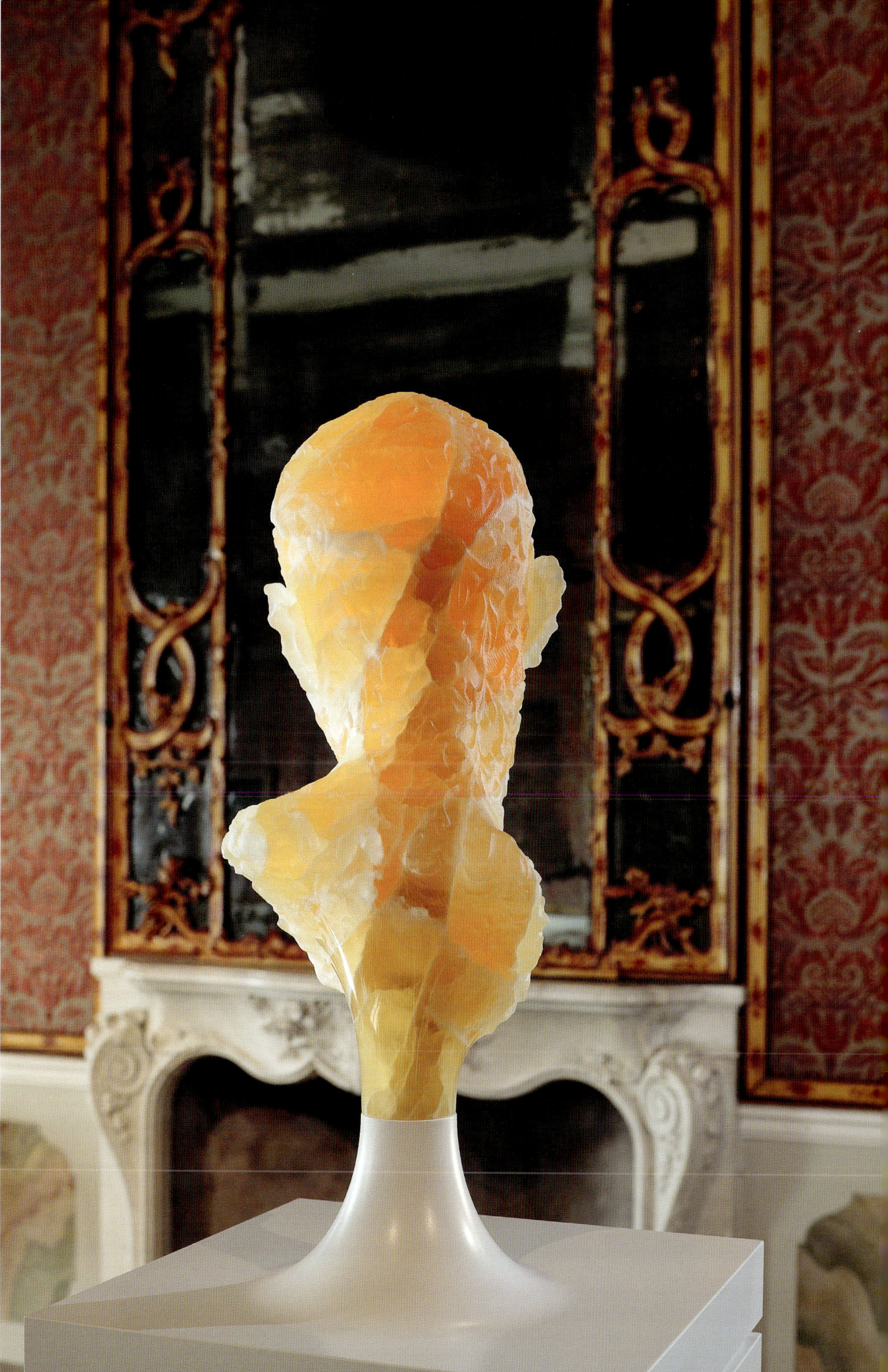

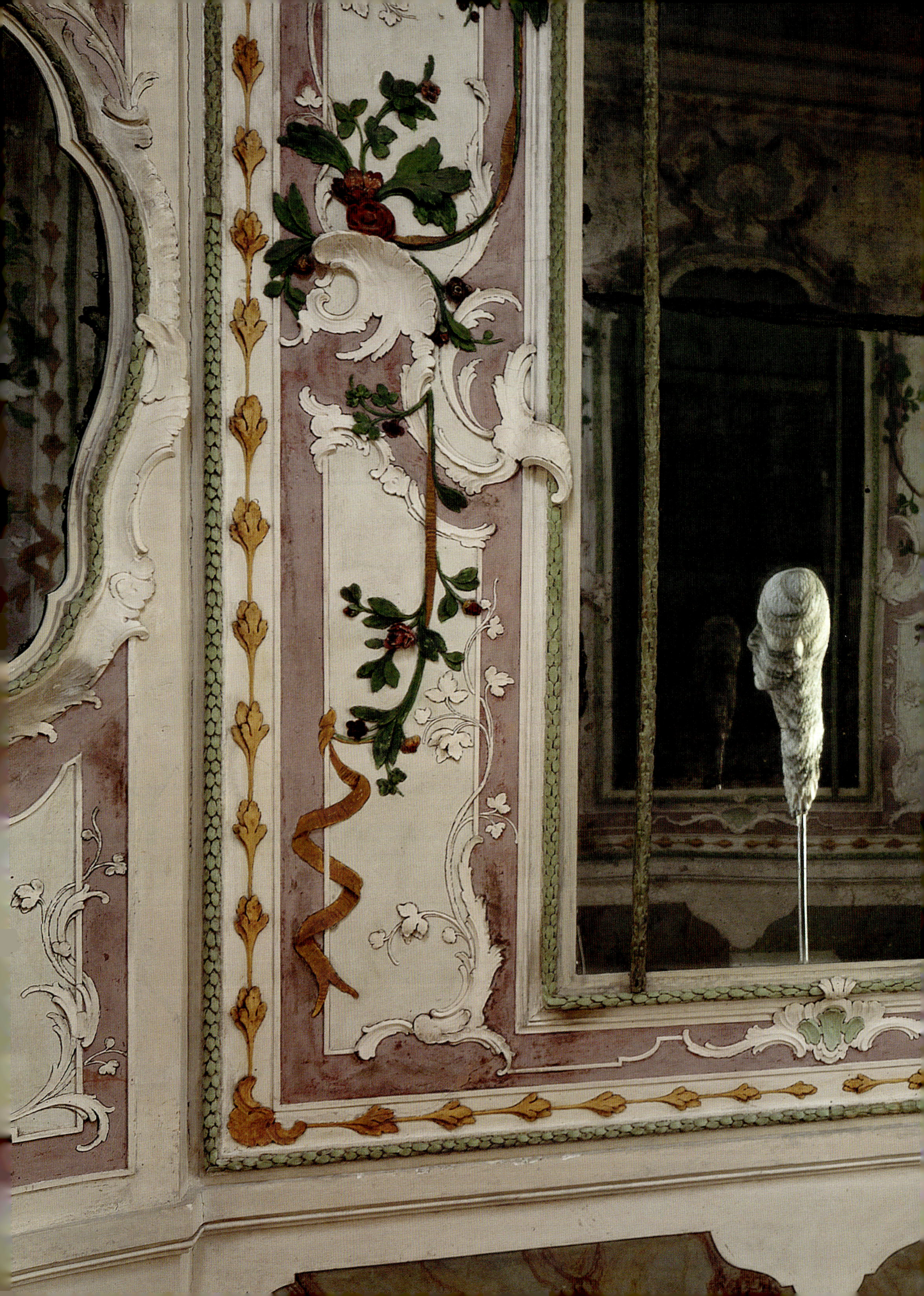

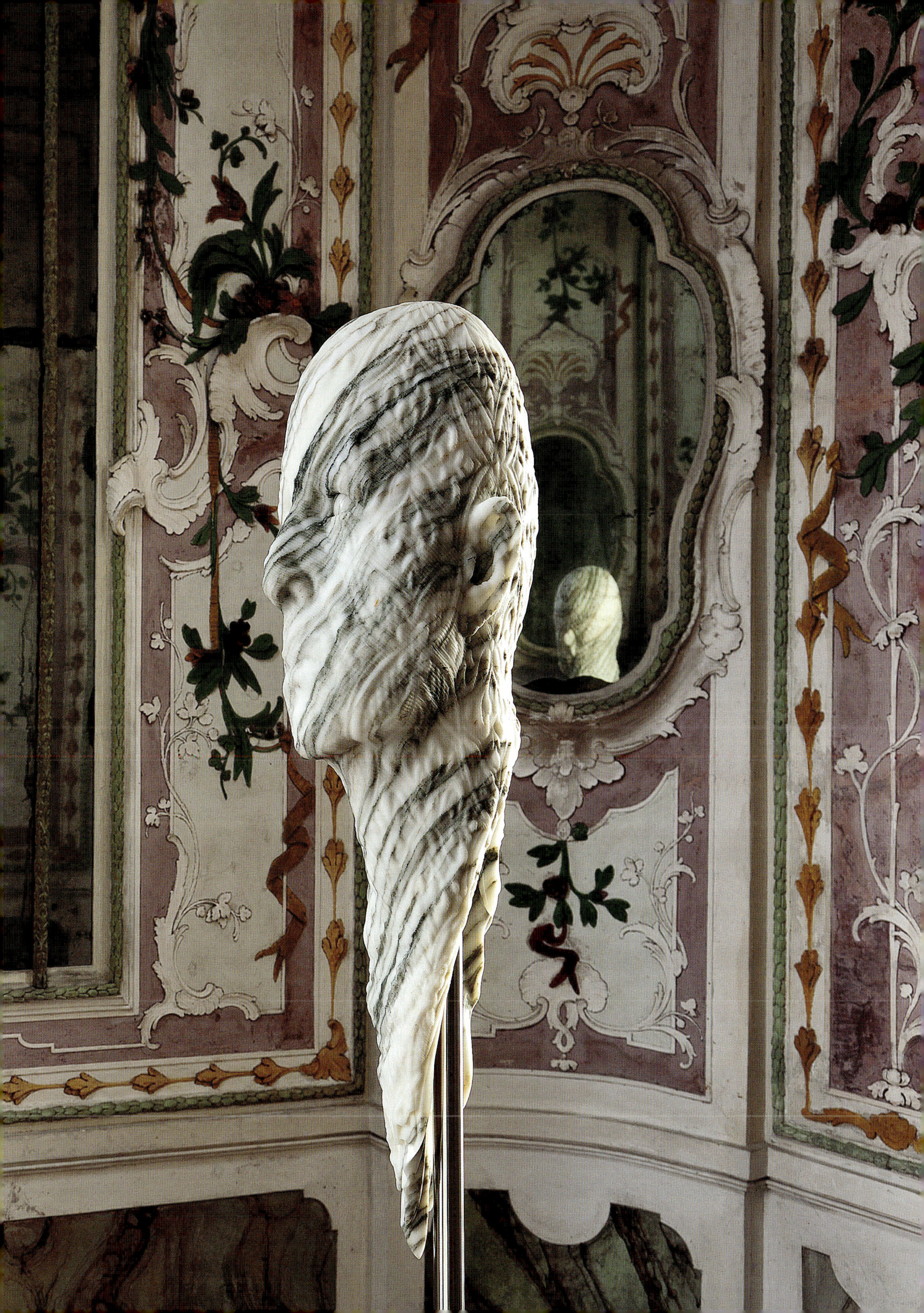

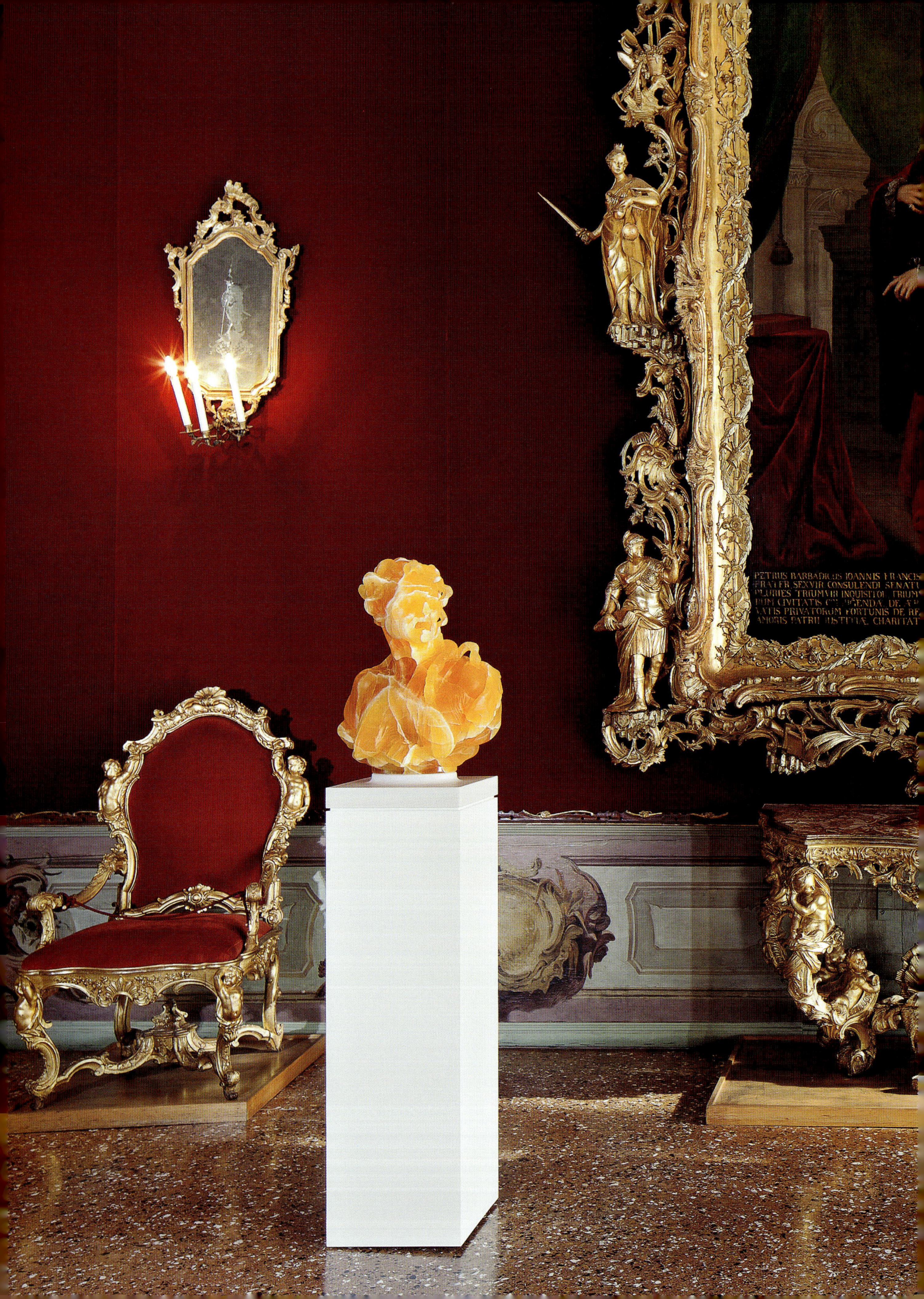

PETRUS BARBADICUS IOANNIS FRANCIS
FRATER SEXVIR CONSULENDI SENATU
PLURIES TRIUMVIR INQUISITOR TRIUM
RUM CIVITATIS COLLIGENDA DE A
VATIS PRIVATORUM FORTUNIS DE RE
AMORIS PATRII IUSTITIAE CHARITAT

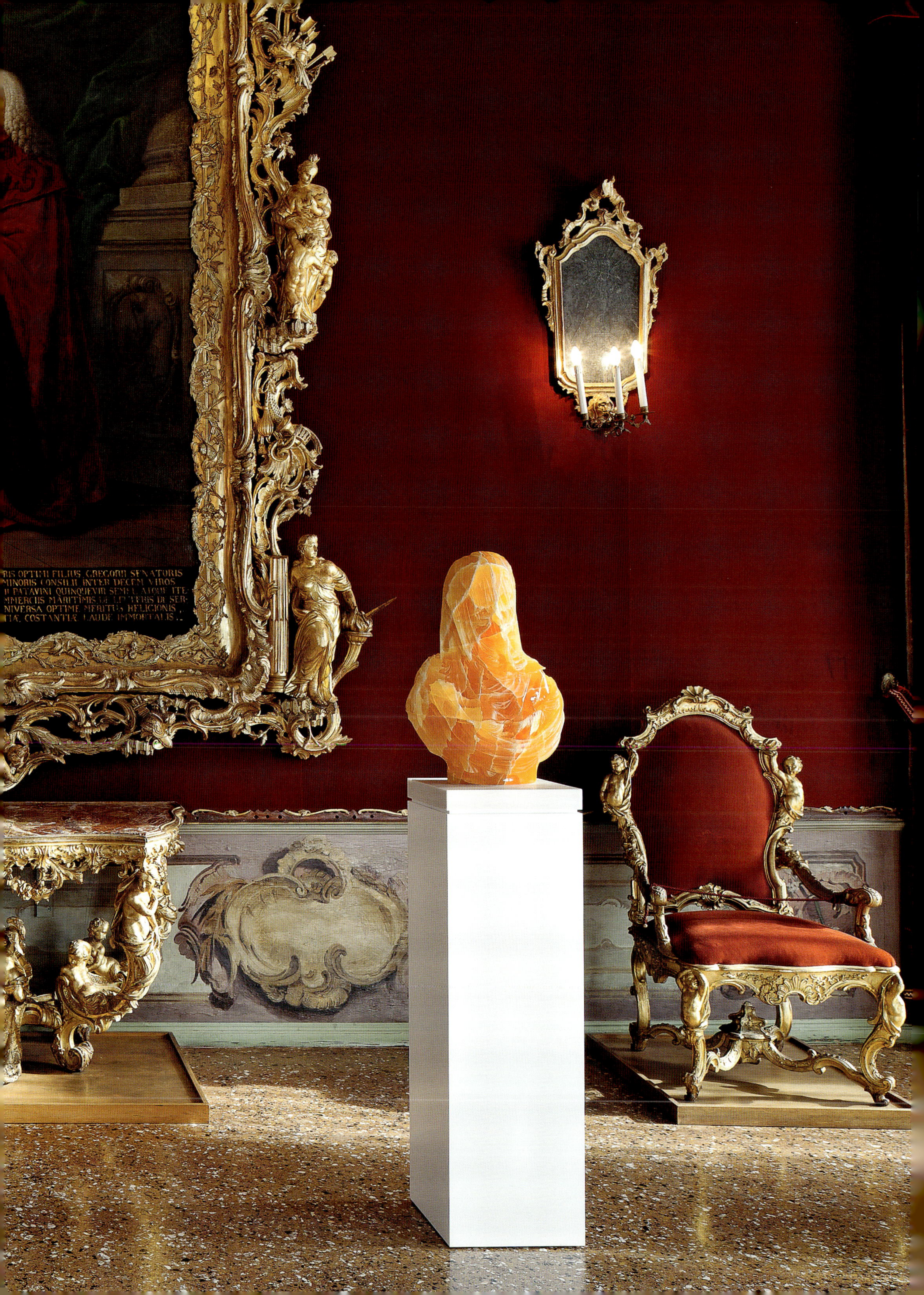

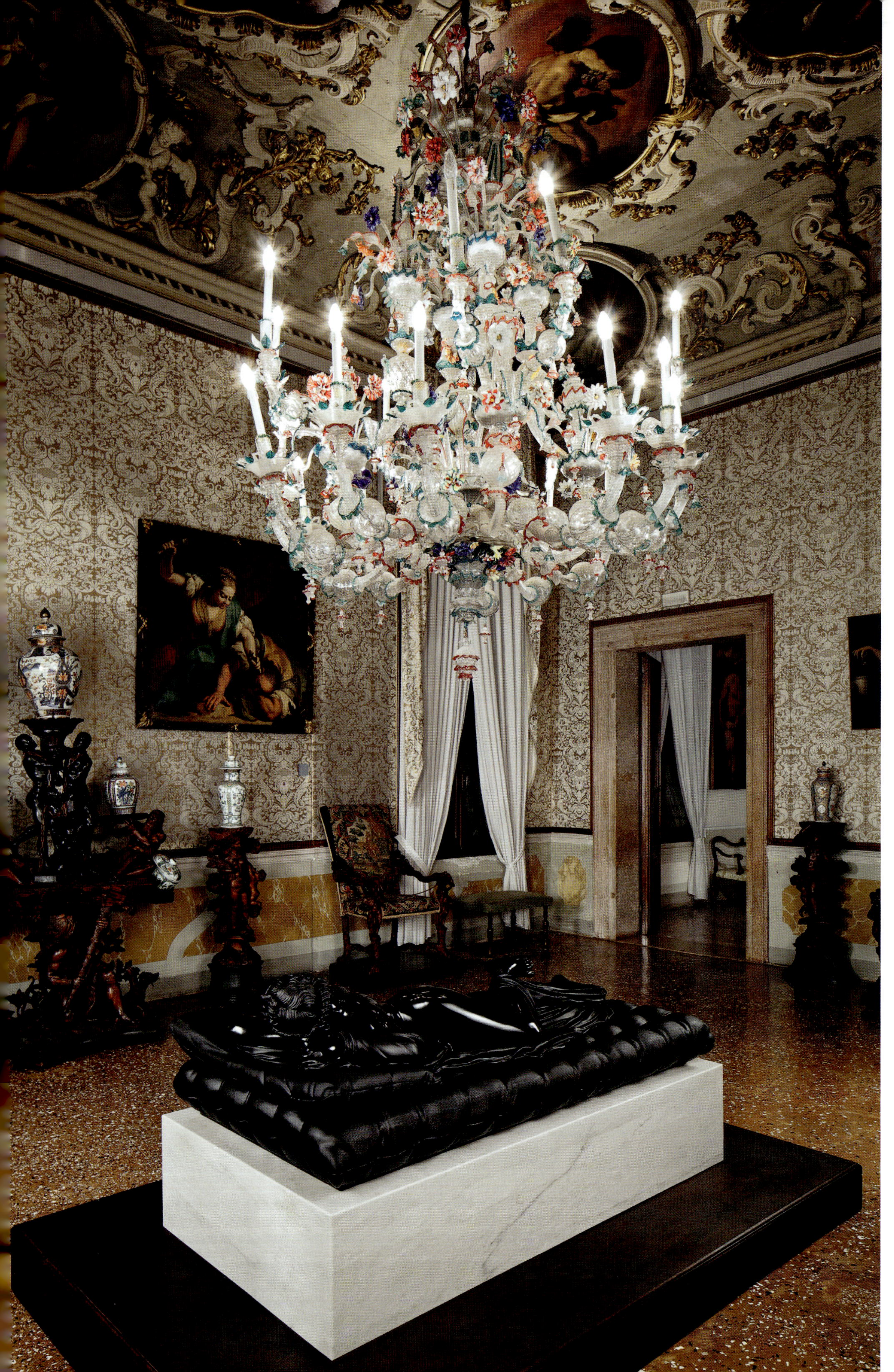

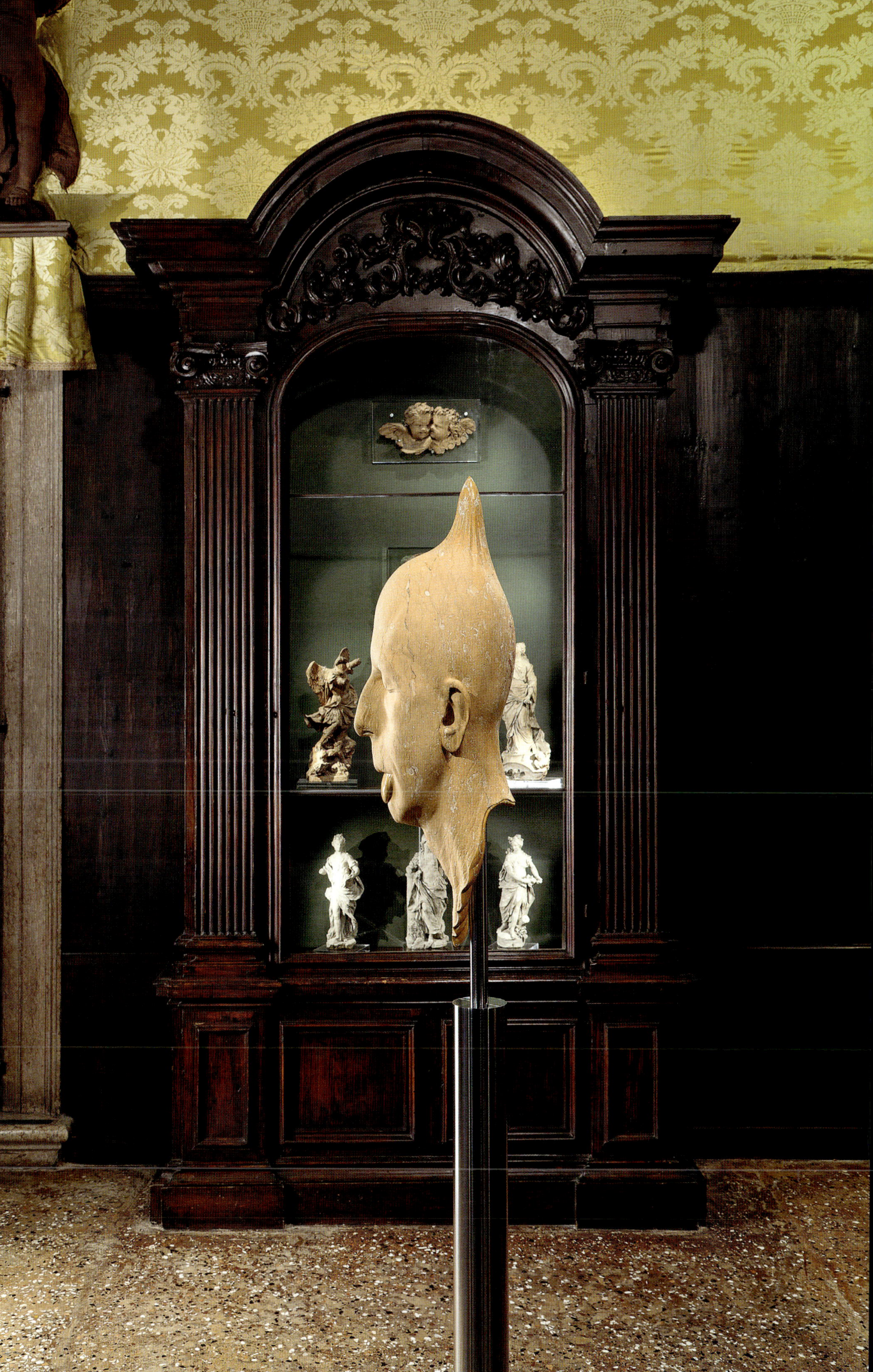

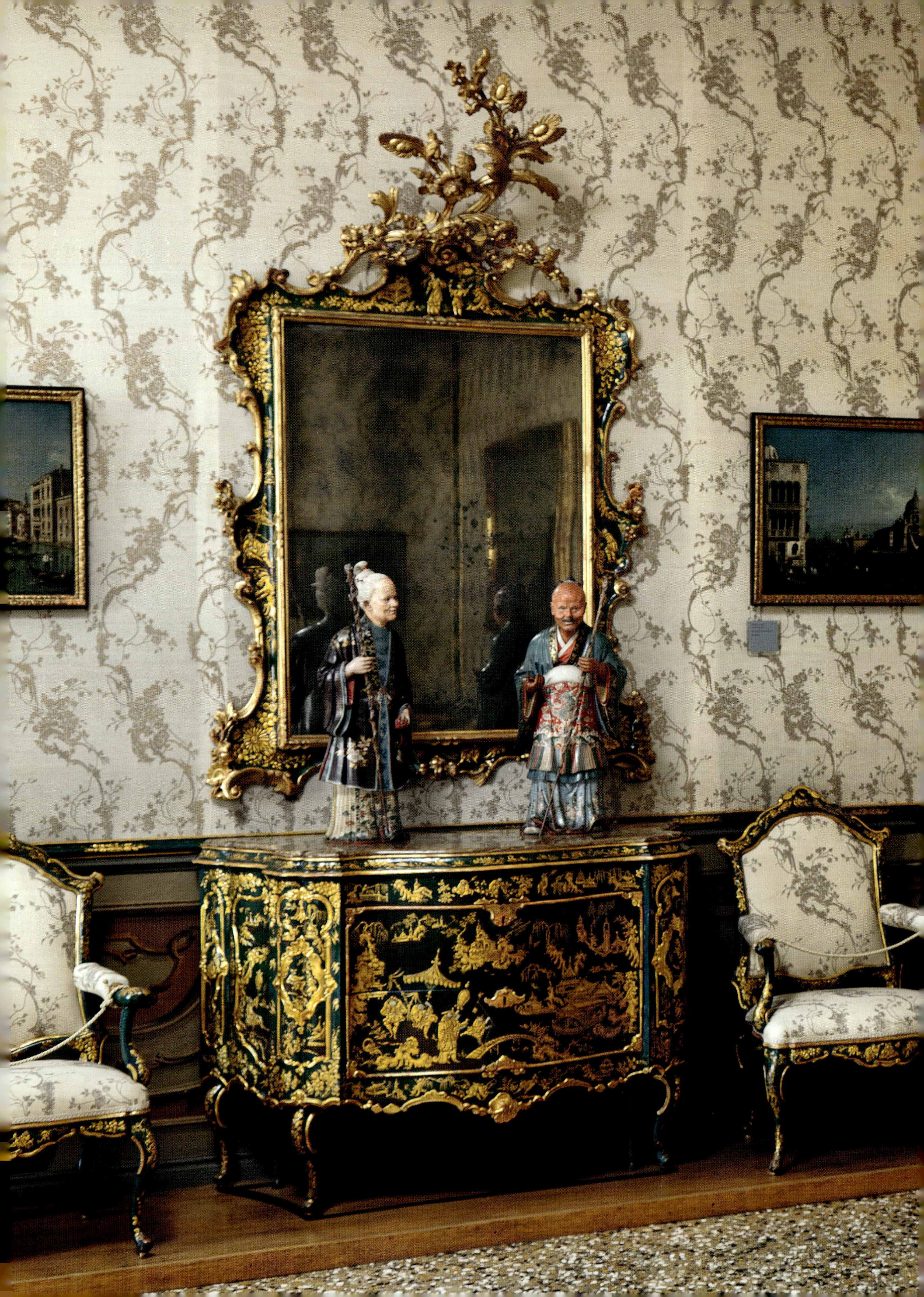

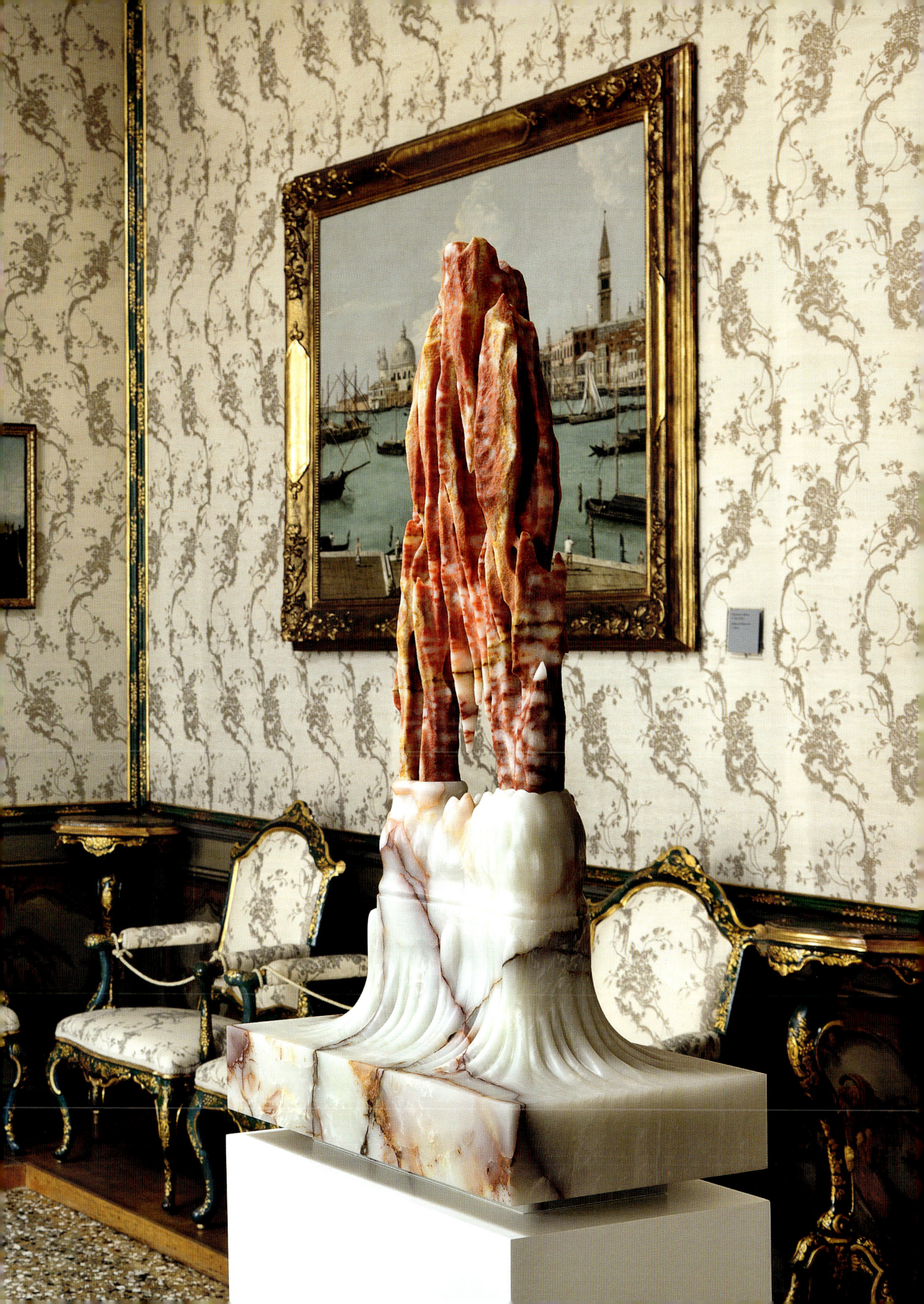

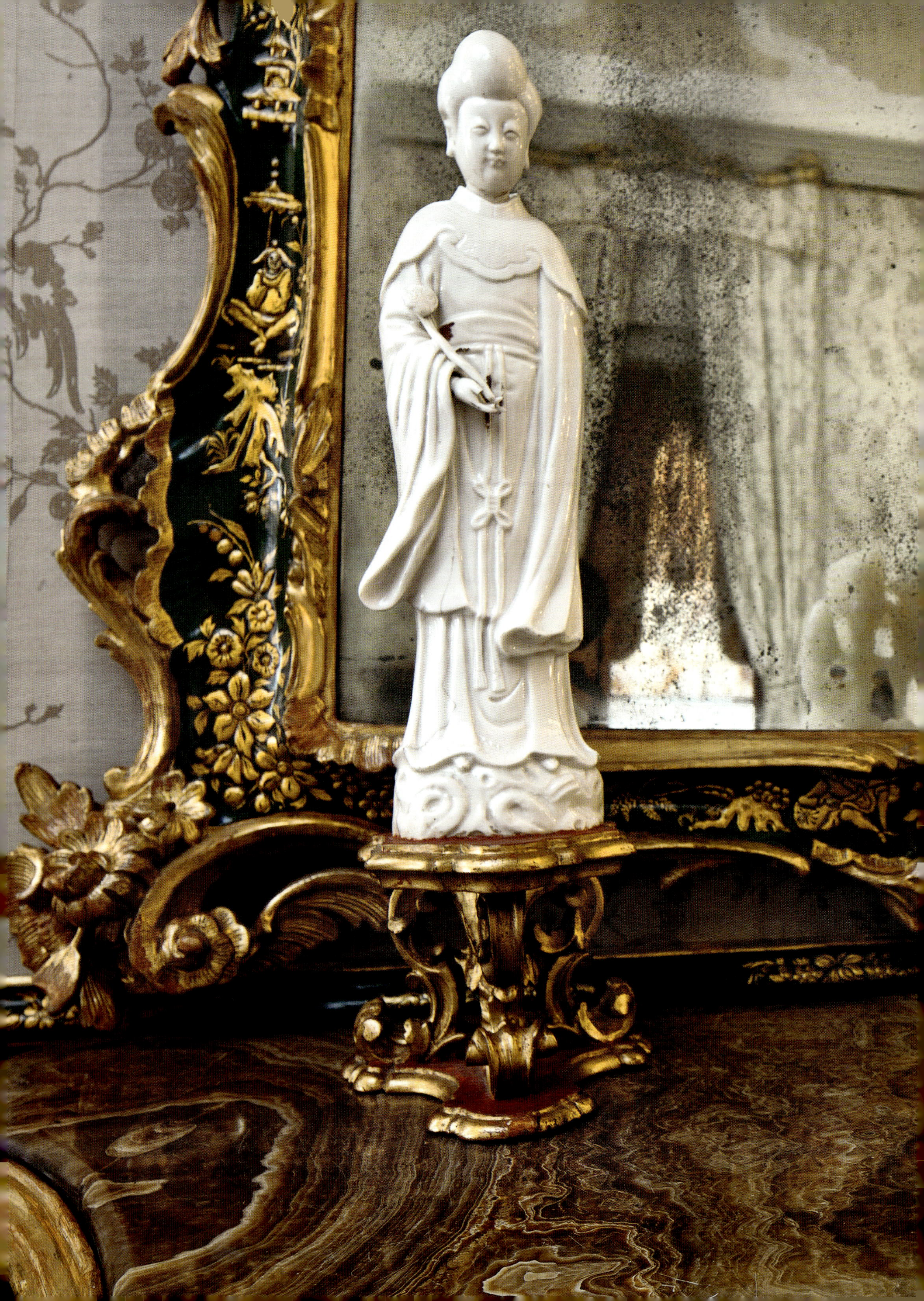

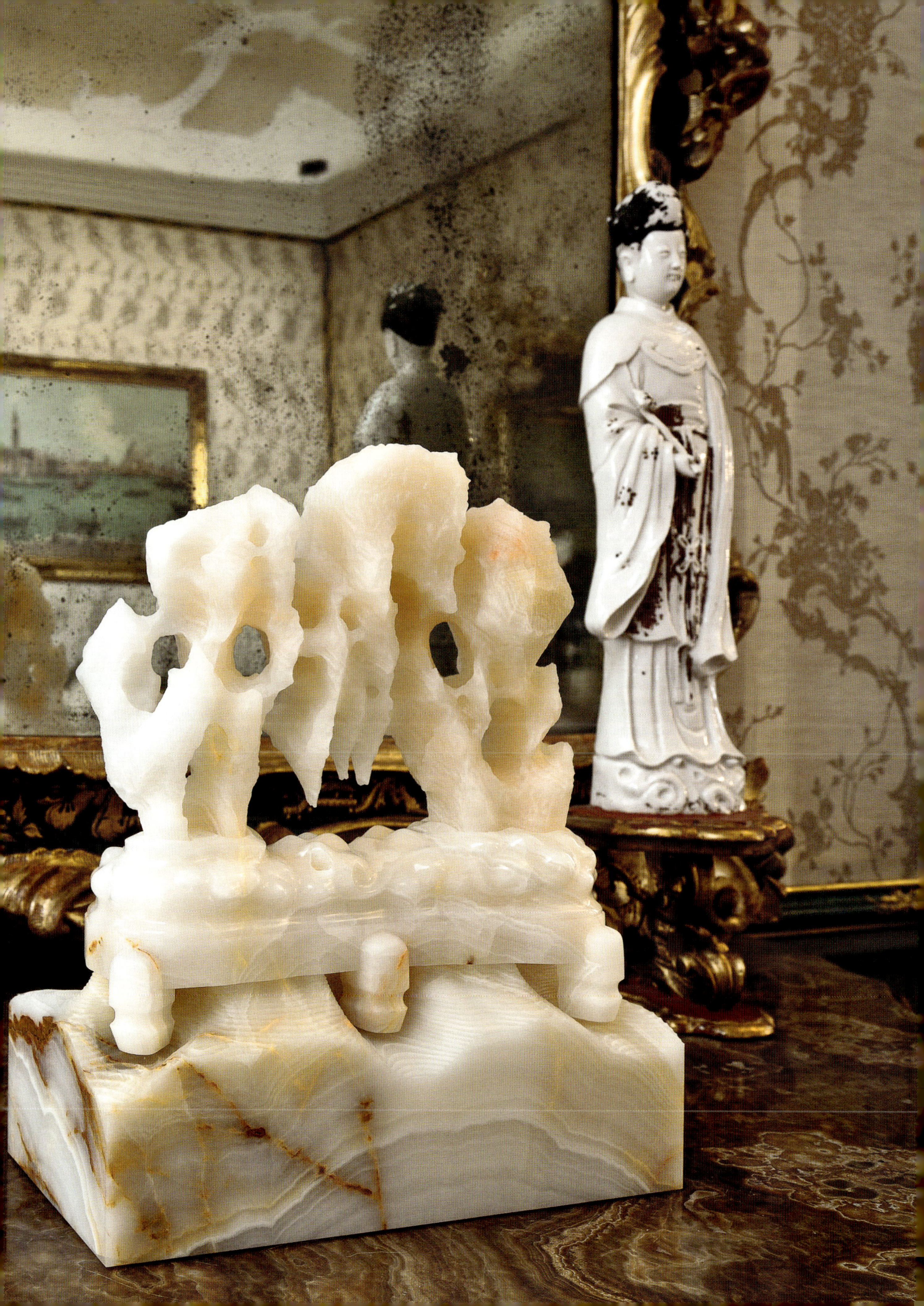

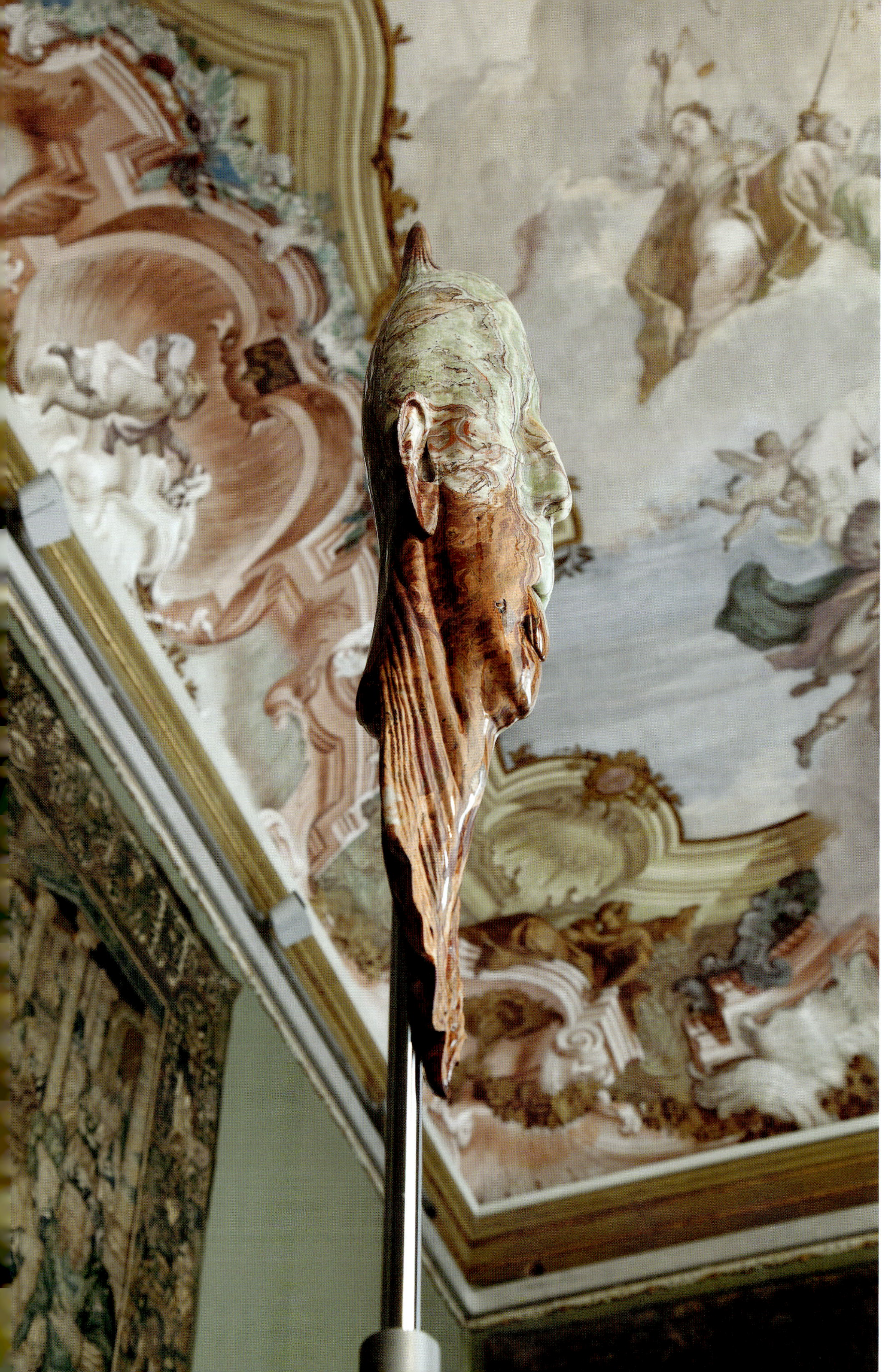

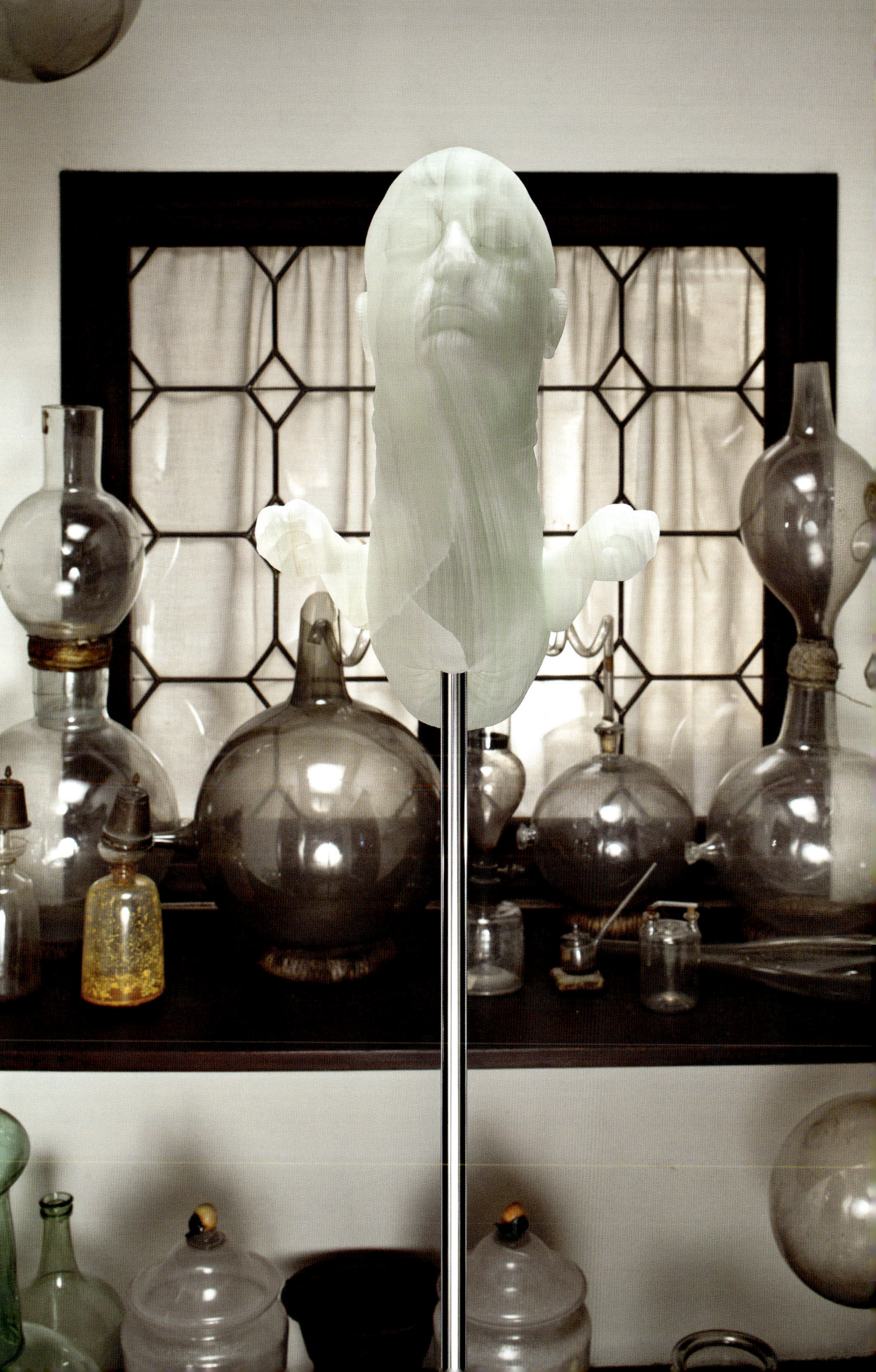

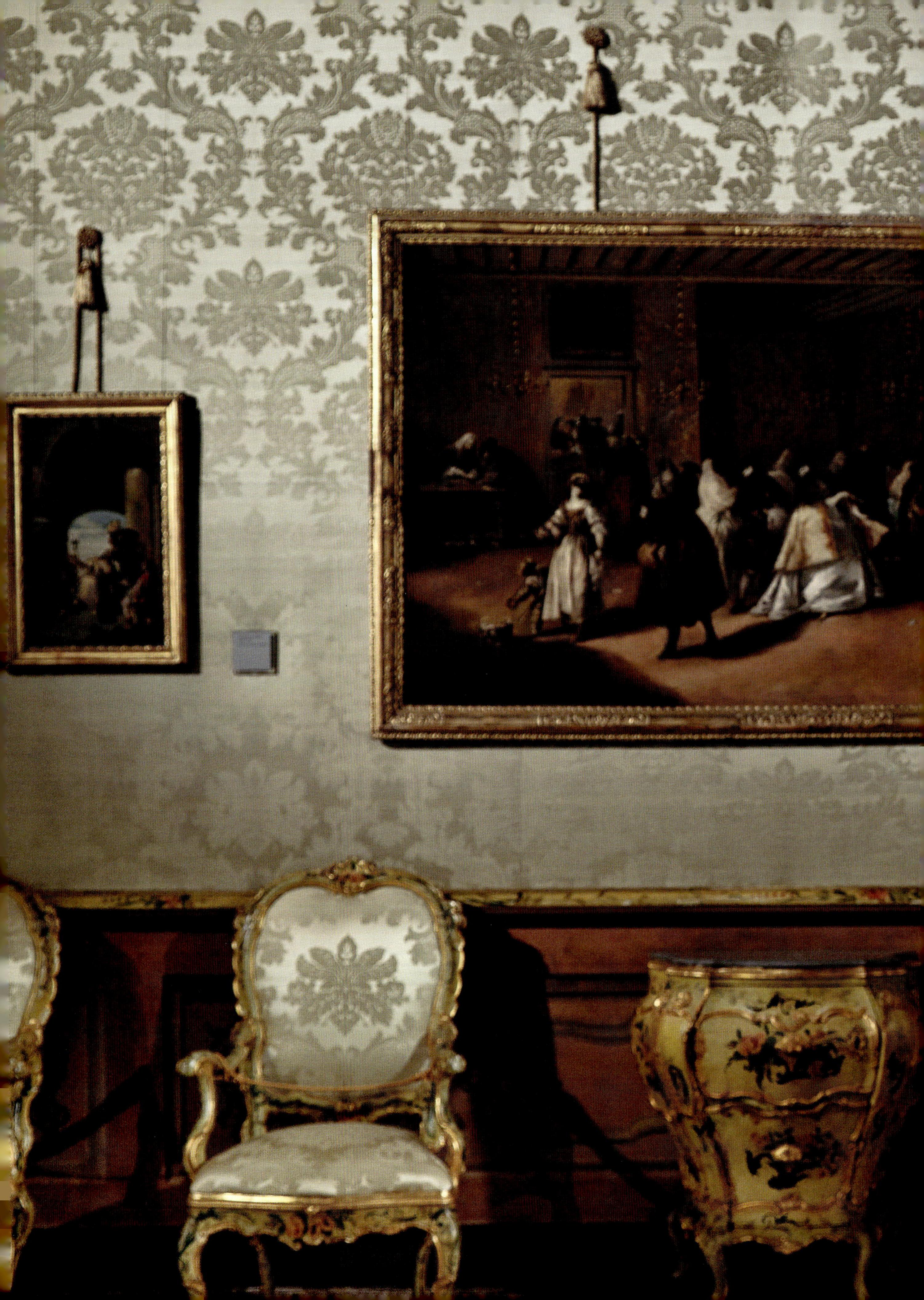

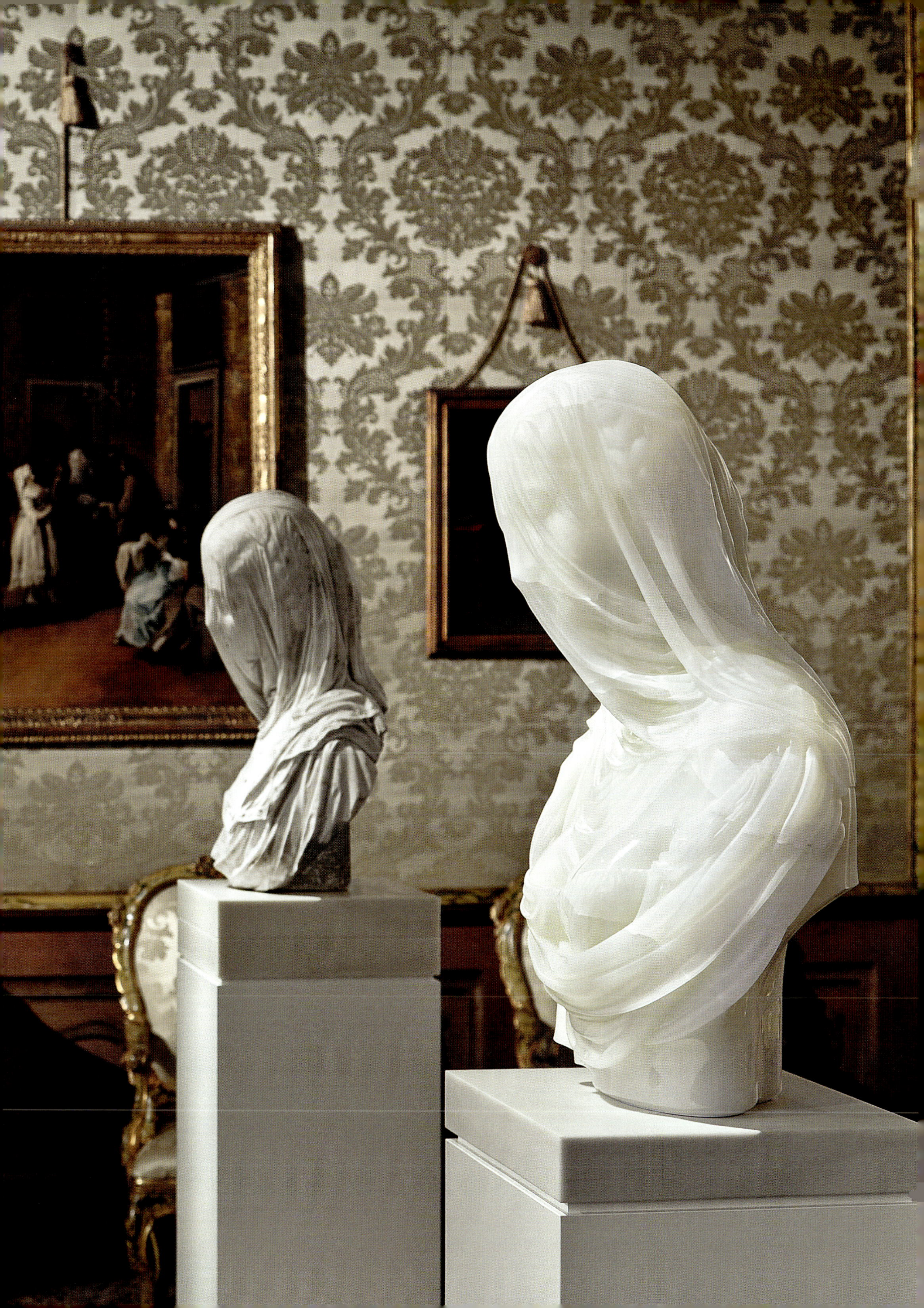

Conversazione con Barry X Ball

Bob Nickas

Bob Nickas: L'idea di mettere a confronto luoghi storici con le opere d'arte contemporanee non è nuova, in particolare in Italia. Il contrasto che scaturisce ad esempio dall'osservazione di un'opera di Arte Povera installata in un palazzo barocco è notevole e ormai quasi convenzionale: un oggetto povero in un interno ricco. La giustapposizione riesce a essere ancora sorprendente e soddisfacente, come ha dimostrato la mostra delle opere di Louise Bourgeois nel museo di Capodimonte. Negli ultimi anni si sono viste installazioni di arte contemporanea a Versailles, con opere di Jeff Koons e Takashi Murakami; anche se generalmente poco apprezzate dalla nobiltà attuale, hanno incontrato un grande successo di pubblico. Alcune sculture di Koons si combinano quasi senza soluzione di continuità con l'architettura e l'arredamento del palazzo, mentre purtroppo altre sembrano inserite nelle sale con Photoshop. Ma posso immaginare che le tue opere, al tempo stesso contemporanee e classiche, salveranno, per così dire, capra e cavoli a Venezia: possono essere considerate sia invasori stranieri sia, in molti casi, come se fossero presenti da sempre nelle sale di Ca' Rezzonico. Cosa pensi della sovrapposizione?

Barry X Ball: L'installazione di opere contemporanee in spazi storici "decorati" in maniera elaborata ha come corollario l'esposizione di opere storiche in candide gallerie contemporanee. Ammirare dipinti antichi in sale bianchissime, come nell'attuale mostra delle opere del Barocco italiano alla galleria Sperone Westwater di New York, è un'esperienza fortificante, qualcosa di nuovo ed emozionante, che ci consente di vivere queste opere come sorprendenti e diretti antenati dei dipinti contemporanei. Nel 2006, nella mostra di Boccioni al Palazzo Reale di Milano curata da Laura Mattioli, erano esposte alcune incredibili fotografie del 1913 della mostra di Boccioni presso la Galerie La Boëtie di Parigi nel 1913. Vi si vedono icone moderniste poste su alti piedistalli coperti da tessuti in una sala male illuminata, con una boiserie di legno e broccati alle pareti, pavimenti ricoperti da tappeti ed elementi architettonici riccamente intagliati: opere radicali in uno scenario tradizionale. Naturalmente allora non esistevano molti spazi così innovativi come le sculture di Boccioni! Tra 100 anni saremo indubbiamente altrettanto scioccati nel vedere le foto delle attuali installazioni nelle gallerie, oggetti galleggianti in camere di isolamento, cubiche e uniformi, palesemente incolori. Non ho molto da aggiungere a tutto ciò che è stato scritto sulle gallerie di arte contemporanea "white cube". Può essere che in generale si aneli a passare oltre o forse ora, ufficialmente liberi dal Modernismo, si desideri riallacciarsi a una storia dell'arte più antica. Mi piace confondermi con i vecchi. Sono sicuro che gli amministratori di Versailles sono stati ben contenti di avere ampliato il loro pubblico grazie alle installazioni di arte contemporanea.

BN: In che modo la tua mostra sarà diversa dagli interventi che abbiamo visto a Versailles e da altre parti?

BXB: Ciò che farò a Venezia si differenzia da quelle mostre per un elemento importante, cioè alcune delle sculture esposte sono state realizzate in base a opere storiche della collezione di Ca' Rezzonico. Non sto semplicemente piazzando le mie opere in un bel palazzo! Nel 2008, Filippo Pedrocco direttore del Museo di Ca' Rezzonico e Giandomenico Romanelli, direttore della Fondazione Musei Civici di Venezia, mi hanno generosamente consentito di accedere in via straordinaria alla *Dama Velata (La Purità)* di Antonio Corradini e a *La Invidia* di Giusto Le Court, busti di marmo dell'epoca barocca facenti parte della collezione permanente. Io e la mia squadra abbiamo eseguito la scansione digitale e fotografato per intero le due sculture, come primo passo nella creazione delle mie sculture *Purity* e *Envy*, le prime opere della serie *Masterpieces*. Alcune versioni di queste opere saranno inserite nella mostra. Sono particolarmente entusiasta delle installazioni che mettono direttamente a confronto le opere di Ca' Rezzonico con le sculture che ho realizzato io. Prima, durante e dopo la scansione in 3D, ho dedicato molto tempo a esplorare il museo e a documentarmi su di esso. Ho scoperto una gran quantità di collegamenti formali, stilistici e concettuali tra Ca' Rezzonico, la sua collezione e le mie opere in pietra; da qui l'ampliamento della mostra per includere diversi miei *Portraits*, tre *Scholars' Rocks* e il mio *Sleeping Hermaphrodite*.

BN: Che hai potuto esporre per breve tempo al Louvre, lo scorso anno, non lontano dal luogo nel quale è esposto l'originale. A Parigi, i due "ermafroditi" non si sono mai effettivamente incontrati, ma a Venezia le tue sculture e quelle che ti hanno ispirato saranno molto vicine.

BXB: Esatto. Grazie al processo della scansione delle opere di Corradini e di Le Court (e in seguito dell'*Ermafrodito* del Louvre), che permette una incredibile intimità con l'oggetto, ho potuto avere un contatto e una percezione di queste opere più intensi e completi persino dei loro creatori. L'intimità si è estesa alla mia esperienza a Ca' Rezzonico nel suo complesso, grazie ai molti giorni trascorsi a lavorare in quel luogo e ad assorbirne lo spirito. Recentemente sono tornato in diverse occasioni, per camminare nel palazzo e cercare corrispondenze specifiche con le mie opere. Suppongo che il motivo per il quale ne ho trovate così tante sia dovuto al fatto che nel periodo nel quale ho conosciuto e amato Ca' Rezzonico ho realizzato un bel po' di sculture che, sebbene non direttamente collegate al museo come *Purity* e *Envy*, sono profondamente influenzate, anche se in maniera subliminale, dal museo e da ciò che esso contiene. Tutto, dai colori delle pietre che ho scelto di lavorare ai motivi "barocchi" sulla superficie delle teste di alcuni miei ritratti, a soggetti particolari, ha una controparte diretta nelle decorazioni, nell'arredamento e nelle opere d'arte di Ca' Rezzonico. Spero che questi collegamenti siano immediatamente evidenti, anche se ho cercato in tutti i modi di evitare uno schema di installazione strettamente didattico. A volte ho scelto sculture che penso possano dare un brivido di piacere accanto a ciò che le circondava, mentre altre volte ho cercato, come hai accennato tu, di creare una situazione nella quale si sarebbero quasi fuse con l'ambiente.

BN: Tra i molti interventi che hai pianificato, uno dei miei preferiti è l'idea di collocare McCaslin Homunculus nella ricostruzione della farmacia nel museo. Su uno sfondo di vasi e brocche allineati su scaffali, la figura distorta probabilmente assomiglierà a un campione medico, qualcosa di enormemente deformato che appartiene al passato, e in questo senso qualcosa di fantascientifico, uno sguardo affascinante ma terrificante sul futuro. Deve dimostrare di essere uno dei momenti più evocativi e nel contempo inquietanti di una mostra attentamente orchestrata. Quali sono le installazioni che più ti soddisfano personalmente?

BXB: Le molte raffigurazioni, spesso anacronisticamente distaccate, di africani, "Mori" e schiavi a Venezia richiamano l'attenzione sul fatto che la città è stata ed è il "crocevia del mondo," un luogo d'incontro di molteplici popoli e culture. Il mio temporaneo ritorno in Italia – un ironico omaggio al grande diplomatico di origine veneta, Antonio Canova – della versione trasformata di un'opera requisita da Napoleone, l'*Ermafrodito Borghese*, amplierà l'ambito della mostra abbracciando razze e generi. L'esposizione sarà dominata dalla raffigurazione di donne – giovani, vecchie, belle, brutte, pie, sexy – e spero che la presentazione nella sala dei Brustolon, di una bellissima figura nera bisex addormentata, palesemente radiosa nel suo nudo erotismo, che si sveglia circondata dai maschi africani scolpiti dal Brustolon, ne costituirà l'apice sensuale e provocante. La mia versione dell'*Ermafrodito* aggiungerà un nuovo capitolo all'opera nel suo complesso, una favola che abbraccia più epoche. Creata originariamente in Grecia, probabilmente in bronzo, fu copiata in marmo greco nell'antica Roma, dissotterrata nella Roma barocca, restaurata da David Larique, collocata su un letto di marmo italiano dal ventunenne Gianlorenzo Bernini, installata nella villa del cardinale Scipione Borghese e spostata al

Louvre nel XIX secolo. Ora, divenuto un solido monolite e trasfigurato, l'*Ermafrodito* è pronto per un viaggio nel XXI secolo a Venezia, una città tanto ricca e stratificata quanto la scultura originaria.

BN: Il palazzo e il suo contenuto riflettono la ricchezza, il potere e lo status dell'aristocrazia veneziana. Per diversi aspetti, il museo rappresenta una specie di *time capsule* del XVIII secolo che rende reali quelle famiglie, nobili o semplicemente ricche, mostrandone il ruolo di mecenati per architetti, artisti e artigiani. Vi sono affreschi fantastici, alcuni di Tiepolo, arazzi, dipinti, mobili e naturalmente cristalli spettacolari. Le tue opere, almeno per un po', entreranno a far parte di questo tesoro. Per te, artista che ha sempre fatto affidamento su mecenati che non fossero solo dei collezionisti, scultore di ritratti su commissione che pretende un'esecuzione artigianale perfetta, Ca' Rezzonico rappresenta probabilmente il contesto migliore per le tue opere. Vedere il tuo *Sleeping Hermaphrodite* in un appartamento di Park Avenue è tutt'altra cosa che ammirarlo in questo magnifico palazzo. È da un po' che pensavi a questa mostra. Man mano che si avvicina la realizzazione di questo programma, che sensazioni ti dà il progetto?

BXB: Fantastiche! Con questa mostra ho scelto di tuffarmi in acque sconosciute, e non è un gioco di parole con Venezia. Quando mi sono imbarcato nel progetto delle sculture di ritratti a metà degli anni '90, ho preso consapevolmente la decisione di realizzare qualcosa completamente al di fuori delle situazioni a me familiari e lontano dall'ambito della mia esperienza, qualcosa di strano e sconcertante, nella convinzione che il disagio contraddistingua il percorso verso il nuovo. Sebbene ritenga che la mostra abbia un suo senso, l'esperienza in se stessa appare meravigliosamente strana, cosa che del resto speravo avvenisse. Sono cresciuto e sono stato educato come cristiano protestante di stretta osservanza nei sobborghi di Los Angeles negli anni '50 e '60, dove esistevano ben poche costruzioni che avessero più di vent'anni. Mio padre e gran parte dei miei amici lavoravano nell'industria aerospaziale della California meridionale, all'epoca in forte espansione, con tecnologie all'avanguardia. Disneyland è stata inaugurata l'anno in cui sono nato e Tomorrowland era la mia vera chiesa. Credevo veramente che il futuro sarebbe stato creato dalla rivoluzionaria tecnologia occidentale del Nuovo Mondo. Al college, il mio artista preferito era l'iconico proto-radicale Marcel Duchamp. Mi piacevano anche Donald Judd, James Turrell e Robert Ryman, per come rompevano quasi completamente con il passato per costruire qualcosa di nuovo. Per un bizzarro contrasto, ora sono in procinto di esporre in un antico palazzo veneziano, che rievoca il cattolicesimo, con molte delle mie sculture direttamente legate, concettualmente e fisicamente, con le opere storiche che esso ospita. È tutto così "sbagliato", ma in qualche modo sembra giusto.

BN: Chi avrebbe mai detto che un artista proveniente dalla West Coast degli anni '60 (con tutte le relative sensazioni di "luce e spazio"), da Duchamp (e le tue opere sono tutto meno che "ready-made") e dai Minimalisti, avrebbe finito per realizzare "capolavori" così straordinari e classici, anche se di un classicismo perverso. Eppure chiunque segua la traiettoria delle tue opere, dai primi oggetti, i pannelli d'oro riduttivi e luccicanti che riecheggiano icone religiose e pale d'altare, alle sculture più recenti degli ultimi dieci anni, può individuare i collegamenti. Il tuo percorso, come possiamo immaginarlo, da Venice, in California a Venezia, in Italia, può non essere stato diretto e certamente ha comportato un "viaggio nel tempo" da parte tua; sembra però che tu sia arrivato a una destinazione inaspettata verso la quale sei sempre stato diretto. Non posso fare a meno di pensare a uno dei tuoi primi collezionisti importanti, il conte Panza, rappresentato nella mostra di Ca' Rezzonico con l'installazione in nove parti *Pseudogroup of Giuseppe Panza* (1998-2001). Se oggi fosse qui, sono sicuro che si domanderebbe: "ma dove mi hanno cacciato?"

BXB: Il conte Panza è stato molto generoso con me. L'anno scorso, la sua morte è stata una grande perdita per tutti quelli che lo conoscevano. In particolare, è leggendaria la sua attività di mecenate nei confronti degli artisti americani. Ha sostenuto il mio studio praticamente da solo per diversi anni, dalla fine degli anni '80 alla metà degli anni '90. Al termine di questo periodo, mi ha presentato Laura Mattioli, che è diventata un'altra grande sostenitrice della mia arte. Il conte Panza accettò che si facesse l'impronta del suo viso (due volte in un giorno!) proprio all'inizio del mio progetto di ritratti scolpiti. Lavorando con questi calchi, ho realizzato le teste *Pseudogroup*, i miei primi ritratti in pietra. Esporli a Ca' Rezzonico susciterà una sensazione dolce e amara nello stesso tempo. Il conte Panza era un uomo distinto e modesto. Probabilmente si sarebbe trovato in imbarazzo vedendosi commemorato in una scultura. La sua sensibilità altamente raffinata lo portava a cercare l'arte della purezza, della luce e della spiritualità. Non ha mai visto *Pseudogroup* finito, un'opera che io considero un tributo sincero alla sua ricchezza umana. Spero che abbia capito che quest'opera è stata creata per affetto.

BN: Di tutte le opere esposte a Venezia, l'installazione Panza è probabilmente la più contemporanea. Le opere dall'aspetto più antico sarebbero le *Scholars' Rocks*, tre delle quali saranno incluse nella mostra. I tuoi ritratti in pietra hanno un rapporto concreto con il paesaggio e tu specifichi sempre i luoghi nei quali è stata estratta la pietra: il marmo in Macedonia, Italia e Portogallo; l'onice in Messico, Pakistan e Iran. Le *Scholars' Rocks* hanno un riferimento diretto con le montagne, a forme ideali esistenti in natura che sono state trasportate all'interno e sono considerate oggetti di meditazione. Come sei arrivato a elaborare questo soggetto?

BXB: I soggetti dei miei ritratti e le pietre che ho scelto sono interdipendenti. Negli ultimi anni, ho trascorso molto tempo a curiosare nelle cave e nei cantieri di pietre negli Stati Uniti e in Europa. In genere quando mi imbatto in una bella pietra la acquisto, anche se non prevedo di utilizzarla immediatamente. Il risultato è che ho raccolto una gran quantità di pietre, probabilmente più di cento tonnellate. Mi piace passeggiare tra le mie pietre, tenendo in mano disegni e progetti di sculture, cercando di trovare il giusto mix di forma e materiale, o a volte quello che è clamorosamente il mix "sbagliato". Dopo più di trent'anni a New York City, sono diventato molto cittadino, quindi sistemare il mio mucchio di pietre è quanto più mi fa sentire in comunione con la natura! Gran parte della pietra da scultura è estratta e venduta in blocchi rettangolari. Invece l'onice messicana, uno dei miei materiali preferiti, si presenta in grossi pezzi ineguali, venati, bucherellati, fessurati, in massi dalle forme strane con croste ossidate. Ispirato da queste formazioni, ho avuto l'idea perversa di scolpire pietre dalle pietre. Come modello, ho comprato una "scholars' rock" falsa e stereotipata da un rigattiere della Second Avenue. Volevo che le mie sculture fossero *ready-made* "naturali" al contrario, riflessioni pietrificate sia sulla tradizione delle "scholars' rocks" cinesi sia sulla selezione naturale, oltre che gesti duchampiani paralleli: ri-contestualizzazione e selezione industriale. Ho aggiunto un sottile bordo ondulato realizzato in gesso attorno alla base di legno del modello per le mie *Stretched Scholars' Rocks*. Nelle versioni in pietra che ne ho tratto i basamenti si allungano verso l'alto come un liquido che prende forma, e le pietre sopra di essi, traforate e allungate verticalmente, terminano in picchi frastagliati ad arco. Corrispondono alle parti superiori decorate con foglie degli specchi rococò presenti nelle sale di Ca' Rezzonico che ospiteranno le mie pietre. Voglio che queste opere, pur intensamente artificiali e scolpite a mano, siano una celebrazione della natura.

BN: Il marmo e l'onice non sono propriamente materiali contemporanei.

BXB: È vero. Per secoli la pietra è stata il principale materiale con cui si è espressa la scultura, ma più recentemente è diventata, con poche eccezioni in gran parte ironiche, un materiale quasi declassato. Spero che i miei piccoli monumenti, pesanti ma eterei, solidi ma trasparenti, forniscano una ragione concreta per riconsiderare la pietra come medium adatto all'arte contemporanea d'avanguardia. Le *Scholars' Rocks* sono l'esempio più chiaro dell'equilibrio che sto tentando di raggiungere nel mio lavoro tra ciò che faccio e ciò che accetto come dato di fatto.

BN: In un mondo di perfezionisti del *laissez-faire,* ti distingui veramente. Puoi lavorare per molti anni all'ideazione e alla realizzazione di un singolo pezzo, sempre mantenendo standard molto elevati di esecuzione manuale. Come Ca' Rezzonico, questo modello dell'artista appartiene più a un altro secolo che al nostro, mentre l'incontro con le tue opere nel palazzo per molti versi rappresenta il punto più alto possibile nella presentazione della tua arte. Poiché non riesco a immaginare che sarai in grado di creare qualcosa nel *Roden Crater* di James Turrell, mi domando quale sarà il tuo prossimo passo.

BXB: Altri *Portraits* e *Masterpieces*! Con questi due gruppi di opere, penso di avere a disposizione qualcosa che mi offre talmente tante possibilità che potrei non esaurirle mai. Anche così, continuo a sperimentare ossessivamente nuove tipologie di sculture. Nel mio studio ci sono sempre sculture ben lontane dall'essere completate. Non solo le mie opere dialogano con quelle di artisti morti da tempo, ma nel mio studio, tra i diversi pezzi, avviene una strana confusione di tempi. Così, mentre io e la mia squadra impregniamo di resina un ritratto di pietra (la fase finale di un viaggio iniziato anni prima), mi occupo contemporaneamente della scansione digitale di una scultura storica in un museo in Europa, una delle fasi iniziali del lungo e complesso processo di creazione delle mie opere.

BN: Non solo ci sono molte sculture che stanno appena incominciando a prendere forma mentre altre si avvicinano al traguardo finale, ma anche il lavoro di ricerca e sviluppo richiesto dalle tue opere, sia materiale che storico, è un'attività che non finisce mai. È come se stessi dirigendo più orchestre contemporaneamente. Mentre negli ultimi due mesi i preparativi per la mostra di Venezia si stanno intensificando, quale tipo di scenario potrebbe incontrare chi visitasse il tuo studio?

BXB: Recentemente un visitatore avrebbe visto: rifinire a mano delle pietre per nuove versioni di *Envy* e *Purity*; lavorare su modelli ottenuti con una fotocopiatrice rapida in 3D per sculture, ispirati a *Forme uniche nella continuità dello spazio* di Boccioni, il mio primo *rif* su un'icona modernista; fissare ai relativi piedistalli alcuni ritratti in pietra appena terminati; definire ulteriori dettagli della pelle e dei capelli di un modello in cera in scala ridotta per il ritratto di Jean-Marc Bustamante; sabbiare una formazione naturale in onice iraniana del peso di diverse tonnellate che diventerà l'"Africa Bed" di un enorme *Ermafrodito con Incubo* ispirato a Fuseli e costituito da più componenti, una scultura che sto realizzando su commissione di Thomas Olbricht; ripulire e scolpire virtualmente il file digitale del *Monumento funebre di Ilaria del Carretto* di Jacopo della Quercia, un'opera intensa e spettacolare, forse la prima vera scultura del Rinascimento, della quale ho eseguito la scansione a Lucca l'ottobre scorso; preparare la scansione dello stranissimo *San Bartolomeo* del Duomo di Milano. Nello stesso tempo scrivo continuamente lettere ed eseguo test, vado per musei e visito fiere tecniche, preparo i piani per le mie opere future. Anche se smettessi oggi di raccogliere informazioni, impiegherei più di dieci anni per completare le opere che ho in corso.

In Conversation with Barry X Ball

Bob Nickas

Bob Nickas: The idea of confronting historical sites with works of contemporary art is certainly not new, especially in Italy. The contrast when looking at, say, a work of Arte Povera installed in a Baroque palazzo is very sharp and, by now at least, almost formulaic: what we have is a poor object in a rich interior. Still, the juxtaposition can be startling but also satisfying, as with the Louise Bourgeois exhibition at the Capodimonte museum. In recent years, there have been interventions with contemporary art at Versailles. Though generally not appreciated by the current nobility, works installed there by Jeff Koons and Takashi Murakami have met with popular success. Some sculptures by Koons blended almost seamlessly with the architecture and decor of the palace, while others unfortunately appeared to have been Photoshopped into its rooms. But I can imagine that your works, which are simultaneously contemporary and classical, will have it both ways in Venice: they can be seen as both strange invaders and, in many cases, to have always lived in the rooms of Ca' Rezzonico. How do you see the overlay?

Barry X Ball: A corollary to the installation of contemporary works in elaborately "decorated" historical spaces is exhibiting historical works in clean contemporary galleries. Seeing ancient paintings in stark white rooms—as in the current show of Italian Baroque works at Sperone Westwater gallery in New York—is a bracing experience, something fresh and exciting that enables us to experience those works as surprisingly direct antecedents of contemporary paintings. In the 2006 Boccioni exhibition at the Palazzo Reale in Milano, which Laura Mattioli curated, there were some incredible 1913 photos of the Boccioni sculpture show at Galerie La Boëtie in Paris—Modernist icons placed on high, fabric-draped pedestals in a dark room, replete with wainscoting, brocade-covered walls, carpeted floors, and richly-carved architectural elements: radical works in a traditional setting. Of course, in 1913 there weren't many spaces as innovative as the Boccioni sculptures! In one hundred years we will undoubtedly be equally shocked to see photos of current gallery installations—objects floating in uniform, glaringly colorless cubic isolation chambers. I can't add much to all that has been written about the contemporary white cube gallery. There may be a general yearning to move to the next thing, or perhaps now that we are officially free of Modernism, to reconnect with the longer history of art. I like mixing it up with the old guys. I'm sure the Versailles administrators have been happy to have their audience expanded to the contemporary art set.

BN: How will your show be different from the interventions we've seen in Versailles and elsewhere?

BXB: What I'll be doing in Venice differs in one important way from those shows in that some of my exhibited sculptures have been specifically made "after" historical works in the Ca' Rezzonico collection. I'm not just plopping my works down in a fancy palace! In 2008 Dr. Pedrocco of Ca' Rezzonico and Dr. Romanelli of the Civic Museum Foundation of Venice generously granted me extraordinary access to Antonio Corradini's *Dama Velata (La Purità)* and Giusto Le Court's *La Invidia,* Baroque-era marble busts in the permanent collection. My team and I digitally scanned and comprehensively photographed both sculptures as the first step in creating my *Purity* and *Envy* sculptures, the initial works in the *Masterpieces* series. A few versions of these works of mine will be in the exhibition. I am particularly excited about the installations that directly pair the Ca' Rezzonico works with my corresponding sculptures. Before, during, and after the 3-D scanning, I spent a lot of time reading about and exploring the museum. I discovered a wealth of formal, stylistic, and conceptual links between Ca' Rezzonico, its collection, and my stone works—hence the expansion of the show to include several of my *Portraits*, three *Scholars' Rocks*, and the *Sleeping Hermaphrodite.*

BN: Which you were able to briefly exhibit at the Louvre last year, not far from where the original is installed. In Paris, the two "hermaphrodites" never actually met, but in Venice your sculptures and those which inspired them will be in close proximity.

BXB: That's right. And in the incredibly intimate process of scanning the Corradini and the Le Court, and later the Louvre *Hermaphrodite,* I may have had more intense, complete contact with and perception of those works than their creators had. The intimacy extended to my experience of Ca' Rezzonico as a whole, having spent many days working there and absorbing its spirit. I've returned on several occasions recently, to walk through the palace, looking for specific correspondences with my work. I suppose the reason I found so many is that during the time I have known and loved Ca' Rezzonico, I've made quite a few sculptures which, although not as directly linked to the museum as *Purity* and *Envy,* are intensely, though subliminally, influenced by the museum and its contents. Everything from the colors of the stones I have chosen to work with, to the "Baroque" surface patterning on some of the portrait heads, to particular subjects have direct counterparts in the Ca' Rezzonico decoration, furnishings, and artworks. I hope that those connections are immediately apparent, although I have worked hard to avoid a strictly didactic installation scheme. At times I chose sculptures that I thought would create a bit of luscious frisson with their surroundings, while at others I tried to, as you alluded, set up a situation where they would almost meld with the room.

BN: Of the many interventions that you've planned, one of my favorites is your idea to place the McCaslin Homunculus in the museum's recreated pharmacy. Against the backdrop of various vessels and jars lined up on shelves, the distorted figure will probably look like a medical specimen, something from the past gone very much awry, and in this sense something almost sci-fi, a fascinating yet terrifying glimpse of the future. It should prove to be one of the more evocative, as well as disturbing, moments in a highly orchestrated show. What would you say are some of the moments in the installation that are personally satisfying for you?

BXB: The many, often anachronistically insensitive, depictions of Africans, "Moors," and slaves in Venice call attention to the fact that the city was and is the "crossroads of the world," a meeting place for a wide range of peoples and cultures. My temporary repatriation to Italy—in ironic homage to that great patriotic diplomat of the Veneto, Antonio Canova—of a transformed version of a Napoleonic acquisition, the *Borghese Hermaphroditus*, will expand the exhibition's scope to encompass both race and gender. The exhibition will be dominated by the depiction of women—young, old, beautiful, ugly, pious, sexy—and I hope the *mise-en-scène* in the Brustolon room, with a beautiful sleeping black bisexual figure, openly resplendent in its naked eroticism, awakening amidst the profusion of Brustolon's carved African males, will be its sensual, provocative climax. My version of the *Hermaphrodite* will add another chapter to the work's complex, multi-era tale. Originally created in Greece—probably in bronze—it was copied in Greek marble in ancient Rome, unearthed in Baroque-era Rome, restored by David Larique, "bedded" with Italian marble by the twenty-one-year-old Gianlorenzo Bernini, installed in Cardinal Scipione Borghese's Villa, and removed in the nineteenth century to the Louvre. Now monolithically consolidated and transfigured, the *Hermaphrodite* is ready for a twenty-first century voyage to Venice, a city as rich and layered as the sculpture.

BN: The palazzo and its contents reflect the wealth, power, and status of Venetian aristocracy. In every way the museum is an incredible eighteenth-century time capsule, offering a real sense of those families, both noble and simply moneyed, and how they served as patrons for architects, artists, and artisans. There are fantastic frescoes, including some by Tiepolo, tapestries, paintings, furniture and, of course, spectacular glass, and your works, temporarily at least, will become a part of this repository. As an artist who has always relied on patrons as opposed to those who are merely collectors, someone who produces commissioned sculptural portraits, who insists on the most exacting craftsmanship, Ca' Rezzonico is probably the ultimate setting for your work. It's one thing to see your *Sleeping Hermaphrodite* in a Park Avenue apartment, and quite another to see it on display in this magnificent palazzo. This is a show that you've envisioned for some time now. As these plans come closer to being realized, how does the project feel to you?

BXB: Fantastic! With this show, I have chosen to dive all the way into unfamiliar waters—no Venice pun intended. When I embarked on my portrait sculpture project in the mid-nineties, I made a conscious decision to do something completely outside my comfort zone and far from my area of expertise, something weird and deranged, in the belief that discomfort marks the path to the new. Although I think the show makes sense, the actual experience feels, as I had hoped, wonderfully strange. I grew up and was raised a strict Fundamentalist Protestant Christian in the Los Angeles suburbs in the fifties and sixties, where very little in the surrounding built environment was more than twenty years old. My father and those of most of my friends worked in the then-booming Southern California aerospace industry, on the cutting-edge of technology. Disneyland opened the year I was born, and Tomorrowland was my real church. I really believed that the future was being created on the bleeding western edge of the New World. In college, my favorite artist was that iconic proto-radical Marcel Duchamp. I also loved Donald Judd, James Turrell, and Robert Ryman because of the way they broke almost completely with the past to build something new. In bizarre contrast, I am now on the verge of exhibiting in an ancient Venetian palazzo, redolent of Catholicism, with many of my sculptures directly intertwined—conceptually and physically—with the historical works it contains. This is so "wrong," but somehow it feels right.

BN: Who would have predicted that an artist coming from the West coast in the sixties, with the whole vibe of "light and space" from Duchamp—and your works are anything but ready-mades—and the Minimalists, would end up crafting such over-the-top, classical "masterpieces," even if it is a perverse classicism. And yet anyone who follows the trajectory of your work, from your earliest objects, the reductive, shimmering gold panels which echo religious icons and altarpieces, to your most recent, the stone sculptures of the last ten or so years, can trace the connections. Your path, as we might imagine it, from Venice, California to Venice, Italy, may not have been direct, and certainly involved some "time travel" on your part, but you seem to have arrived at an unexpected destination you were bound for all along. I can't help but think of one of your first serious collectors, Count Panza, represented in the Ca' Rezzonico show with the nine-part installation, *Pseudogroup of Giuseppe Panza* (1998-2001). If he were here today, I'm sure he would be wondering: Just what have I gotten myself into?

BXB: Mr. Panza was extremely generous to me. His death last year was a great loss for all who knew him. His patronage of American artists, in particular, is legendary. He almost single-handedly supported my studio for several years from the late eighties to the mid-nineties. At the end of this period, he introduced me to Laura Mattioli, who has gone on to be another strong advocate of my art. Mr. Panza agreed to be life-cast—twice in one day!—at the very beginning of my portrait sculpture project. Working from these casts, I made the *Pseudogroup* heads, my first stone portrait sculptures. It will be bittersweet to show them at Ca' Rezzonico. Mr. Panza was a genteel, modest man. Perhaps he would have been embarrassed to see himself personally memorialized sculpturally. His highly refined sensibilities led him to seek out art of purity, light, and spirituality. Mr. Panza never saw the finished *Pseudogroup*, which I intended as a sincere tribute to him in all his human complexity. I hope he knew that this work was created out of love.

BN: Of all the works in Venice, the Panza installation is probably the most contemporary. The most ancient-appearing works would be the *Scholars' Rocks*, three of which you'll be including in the show. Your portraits in stone have a material relation to landscape, and you always identify the places from which the stone has been quarried: marble from Macedonia, Italy, and Portugal; onyx from Mexico, Pakistan, and Iran. Scholars' rocks directly refer to mountains, to ideal forms in nature which have been brought inside, and are meant to serve as meditational devices. How did you come to work with this subject?

BXB: The subjects of my portraits and the stones I have chosen are interrelated. I have spent a lot of time in the last several years poking around quarries and stone yards in the U.S. and Europe. I generally buy beautiful stone when I come across it, even when I have no immediate plans to use it. As a result I've amassed quite a large rock collection— probably over 100 tons worth. I like to stroll among my stones, with sculpture drawings and maquettes in hand, trying to find just the right—or sometimes, obstreperously, the "wrong"—mix of form and material. After thirty-plus years in New York City, I'm a very urban guy, so combing my rock pile is about as close as I get to communing with nature! Most sculpture stone is quarried and sold in rectangular blocks. Mexican onyx, by contrast, one of my favorite materials, comes in rough chunks—veined, pitted, fissured, oddly shaped boulders with crusty oxidized rinds. Inspired by those formations, I came up with the perverse idea of carving rocks from rocks. For my model, I bought a fake, stereotypical "scholars' rock" at a Second Avenue junk shop. I intended for my sculptures to be like "natural" inverse ready-mades, petrified commentaries on both the tradition of Chinese scholars' rocks and natural selection, as well as the parallel Duchampian gestures: re-contextualization and industrial selection. I added a clay-sculpted, rippled penumbra around the model's wooden base for my *Stretched Scholars' Rocks*. In the resultant pulled stone versions, the "liquidemergence" socles stretch upward, and the vertically extended perforated upper stones terminate in jagged arched peaks. These will correspond to the foliate tops of the Rococo mirrors in the Ca' Rezzonico rooms where my rocks will be displayed. I want these works, although intensely artificial and hand carved, to celebrate nature.

BN: Marble or onyx isn't exactly a contemporary material.

BXB: That's true. For centuries, stone was the primary medium of sculpture, but in recent times it has become, with a few, mostly ironic exceptions, an almost déclassé material. Weighty, airy, solid, penetrated—I hope my diminutive monuments make a sensual case for stone's reconsideration as a medium for creating advanced contemporary art. My *Scholars' Rocks* are the most direct examples of the balance I am trying to achieve in my work between what I do and what I accept.

BN: In a world of laissez-faire perfectionists, you really stand apart. You may work for many years on the conception and realization of a single piece, and you've always had very high, exacting standards for your craftsmanship. Like Ca' Rezzonico, this model of the artist belongs more to another century than to our own, while the meeting of your work in the palazzo in many ways represents a pinnacle for the exhibition of your art. Since I can't imagine you'll be able to install anything in James Turrell's *Roden Crater*, I'm wondering where you'll go from here.

BXB: More *Portraits* and *Masterpieces*! With these two bodies of work, I feel I am on to something that has so many possibilities that I may never exhaust them. Even so, I continue to obsessively experiment with completely new kinds of pieces. There are always sculptures in my studio that are years apart in terms of being finished. Not only is my work in dialogue with that of artists long dead, even at my studio, among my own sculptures, some strange time-shifting goes on. So while my team and I are impregnating a stone portrait with resin, the final step of a journey that started years earlier, I'm simultaneously involved in the digital scanning of a historical sculpture in a museum in Europe—one of the beginning stages in the long, convoluted process of creating my work.

BN: Not only are many sculptures just starting to appear in nascent form as others near the finish line, but your R&D, the research and development, both material and historical, that your work demands, is a never-ending activity. It's as if you're conducting a number of orchestras at the same time. As preparations for the show in Venice have intensified over the past couple months, I'm wondering what sort of scene someone visiting your studio might have encountered?

BXB: A recent studio visitor would have seen the following: hand stone carving of new versions of both *Envy* and *Purity*; work on rapid-prototyped models for sculptures inspired by Boccioni's *Unique Forms of Continuity in Space*—my first riff on a Modernist icon!; the attachment of some just-completed stone portraits to their pedestal assemblies; the addition of skin and hair detail to a reduced-scale wax portrait model of Jean-Marc Bustamante; sandblasting of a multi-ton natural Iranian Onyx formation that will become the "Africa Bed" for a huge, multi-component, Hermaphrodite-cum-Fuseli's-*Nightmare* commissioned sculpture that I'm making for Thomas Olbricht; cleanup and virtual sculpting of the digital file of Jacopo della Quercia's *Ilaria del Carretto*, a poignant, drop-dead gorgeous work—maybe the first true Renaissance sculpture—that I scanned in Lucca in October; and preparations for the scanning of the fantastically-strange St. Bartholomew in the Milano Duomo. At the same time, I am always writing letters and running tests, hanging out in museums and visiting technical trade fairs—setting the stage for my future work. Even if I stopped gathering data today, I wouldn't complete the pieces I have in progress for a decade or more.

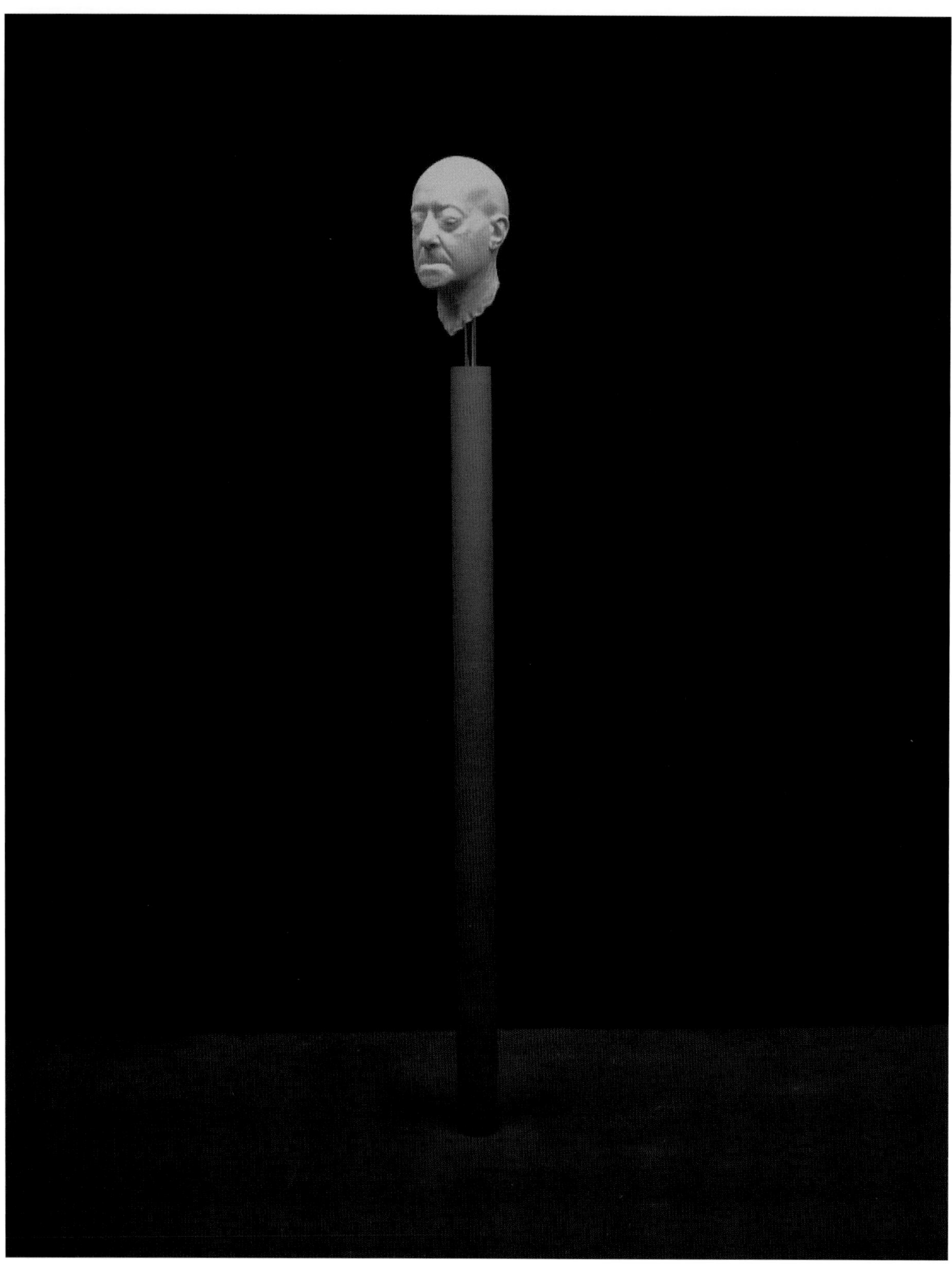

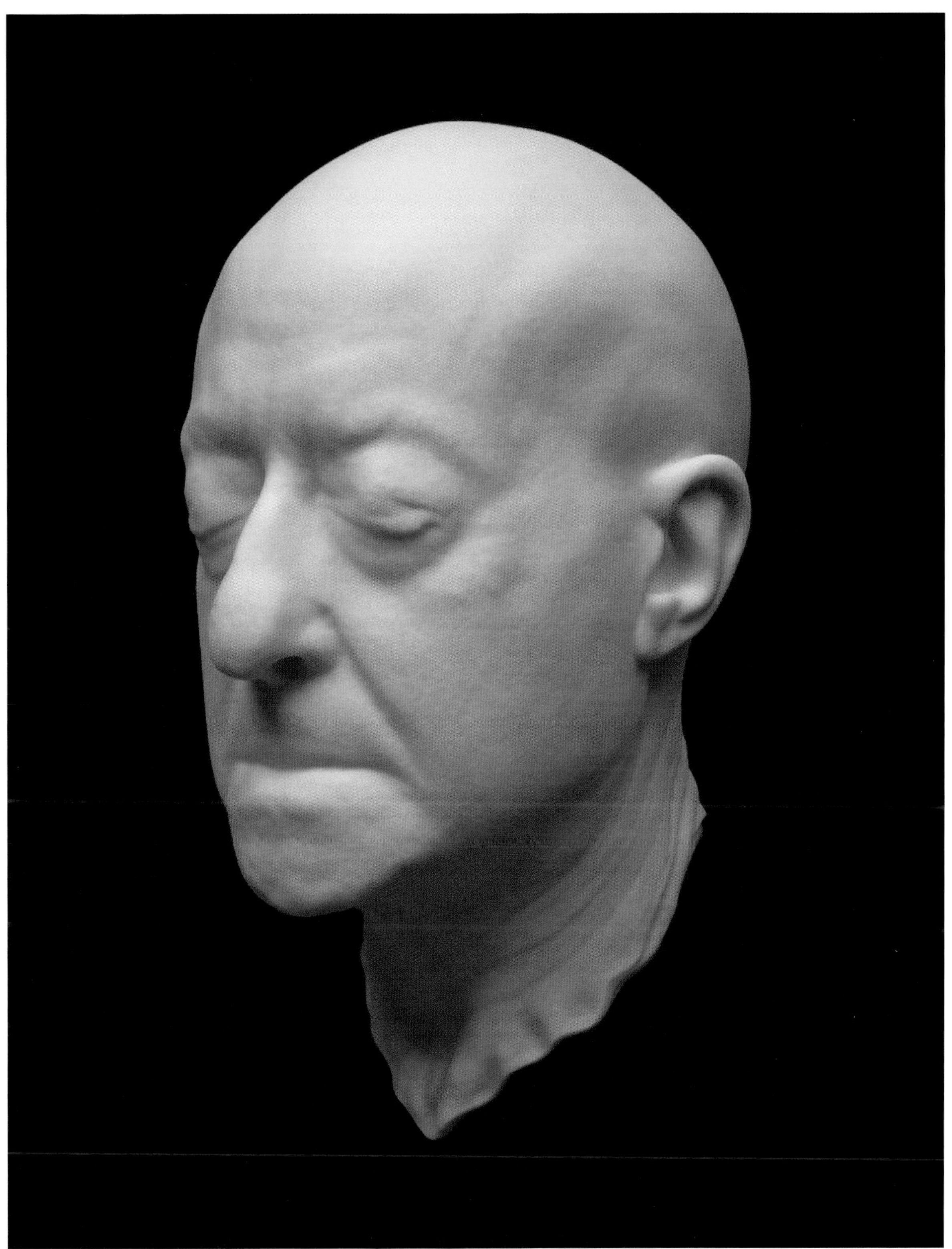

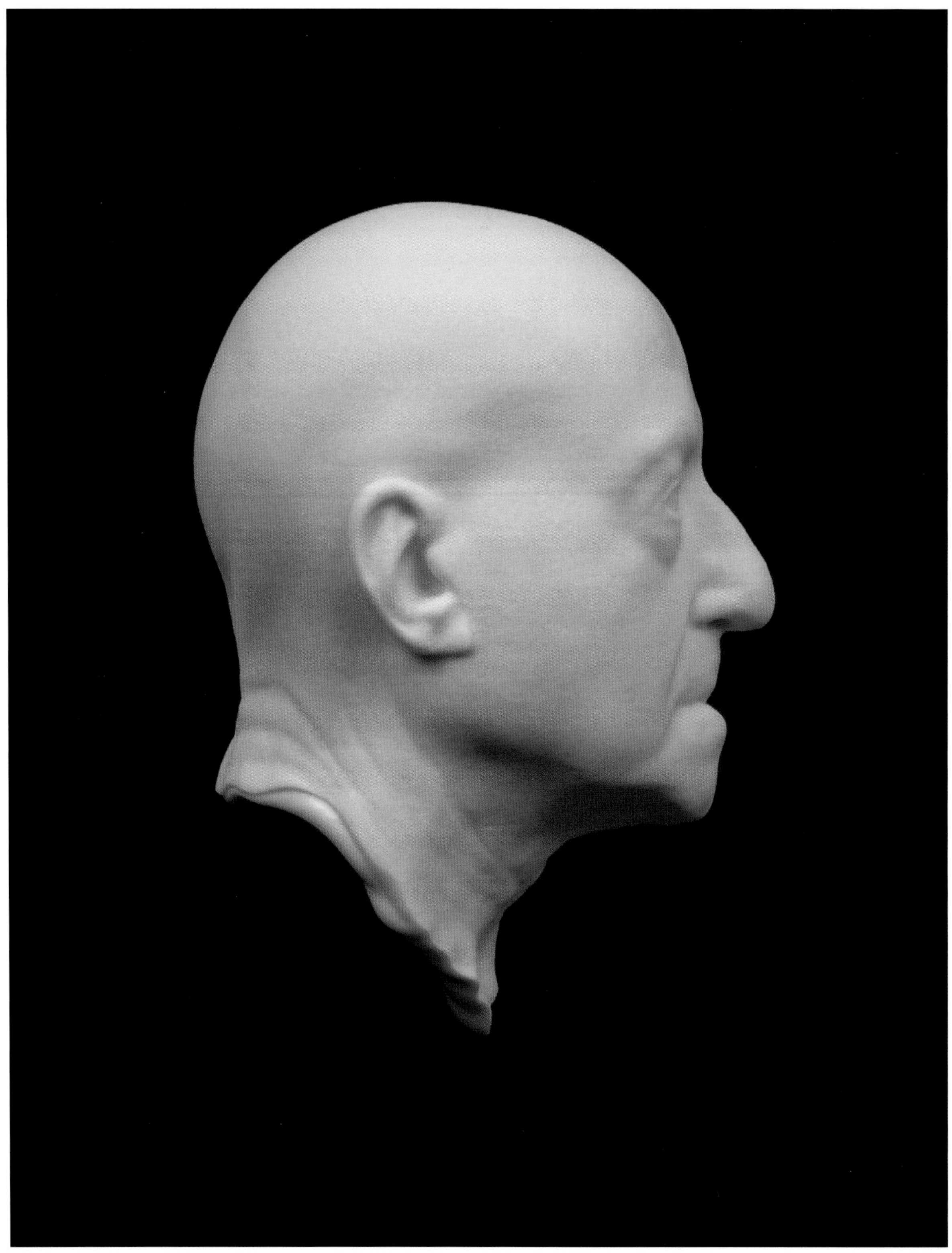

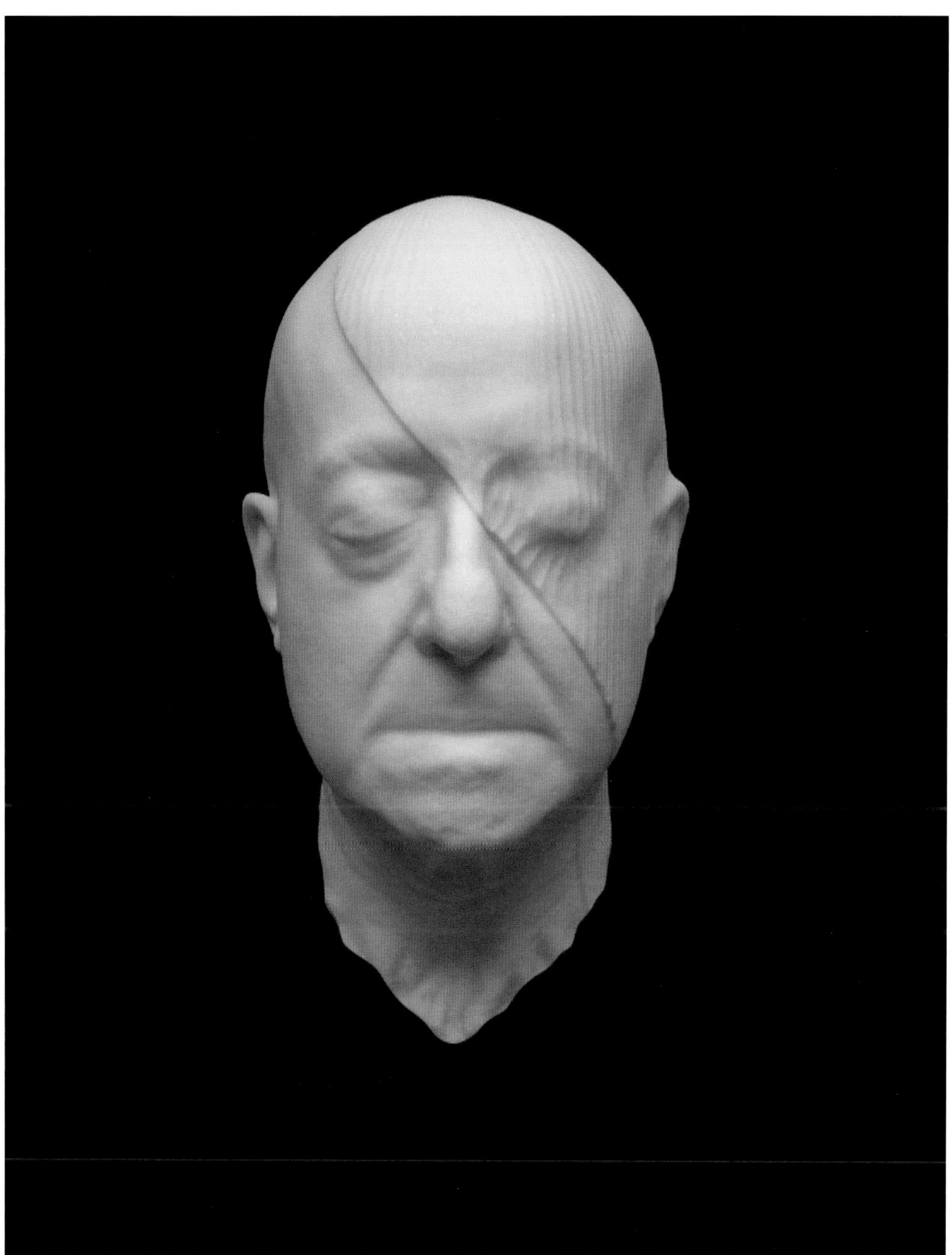

Memoria e desiderio: i ritratti

Elena Forin

L'immagine non appartiene al presente[1] diceva Deleuze, perché è nell'immagine che si manifestano quelle relazioni e quei rapporti temporali che discendono dalla storia, e che costituiscono la storicità del presente come *"memoria* e *desiderio"*. Da qui inizia questo breve pensiero su Barry X Ball, da questa temporalità e da questa doppia vocazione, in cui si ritrovano le radici e le motivazioni della sua indagine, dei suoi interessi e del suo procedere.

Oggettività e copia
Presente e passato nel lavoro di Barry X Ball si sono sempre intrecciati in un sistema di intensi legami e analogie e in una lettura della forma che tocca in profondità le motivazioni dell'opera.

Scansionare in 3D una scultura esistente, o fare dei ritratti a partire da un calco reale, significa per l'artista non tanto dar voce alla precisione realistica delle attuali tecnologie, quanto piuttosto affrontare il tema dell'oggettività paradossalmente intesa come *copia*, e superare poi questo stesso concetto attraverso la vocazione (e quindi il desiderio) della materia di raccontarsi come forma autonoma di immagine e di pensiero. Il soggetto reale (la persona ritratta) e quello rappresentato (l'opera) raccontano nelle opere di Barry X Ball diverse personalità e differenti espressioni, dimostrando quanto al di là della riproducibilità tecnica, emerga una inevitabile e pregnante unicità. Esempio chiave di questo aspetto è il doppio ritratto di Jeanne Greenberg Rohatyn, il cui volto è addirittura sdoppiato in un'immagine allo specchio: il soggetto è lo stesso, e nasce da un identico studio plastico, eppure queste facce, nella loro identità, non potrebbero essere più diverse. Le venature, le increspature cromatiche e i difetti della pietra, in queste opere diventano elementi formali imprescindibili per un racconto viscerale e interno alla scultura, intesa non come occasione o come genere, ma come parola poetica intrinseca e connaturata alla forma.

Il manto della decorazione
Il tempo non è niente di temporale diceva Heidegger[2], eppure è nel tempo che le cose *sono*. Allo stesso modo possiamo declinare l'idea dello stile nell'opera di Barry, che, analogamente al tempo, è forma d'essere della sua indagine. La replicabilità – tecnica e non estetica – della forma, e l'unicità di questo suo coniugare il presente e il passato

anche attraverso il concetto di stile, sono elementi imprescindibili in tal senso, che in questa mostra al museo del Settecento veneziano emergono in maniera ancor più forte e intrigante rispetto ad altre occasioni.

Il corpo della materia ad esempio, tanto rilevante nei pastelli di Rosalba Carriera e di Gian Antonio Lazzari, nel loro morbido dar corpo alle forme e alle suggestioni atmosferiche e ambientali, si ritrova nei ritratti di Laura Mattioli e Lucas Michael realizzati in aggregato di lapislazzuli (pp. 62, 63). Queste due opere condividono con i ritratti della Carriera e di Lazzari una simile vocazione pittorica, una stessa delicatezza nell'affrontare la massa, e una certa curiosa affinità nella potenza dell'insieme, che, per l'appunto, unisce garbo e solidità.

Nella sala con il ritratto di Clemente XIII, papa Rezzonico, il doppio ritratto di Jeanne Greenberg Rohatyn già citato riformula l'idea del fasto, della ricchezza e della decorazione del dettaglio che è nella grande opera di Mengs, ma che si ritrova anche nelle tappezzerie della sala e che si manifesta ancor di più nella versione che l'artista realizza in marmo nero belga, in cui il pattern è ancora più evidente in tutta la sua elegante raffinatezza. Le superfici sono trattate a più livelli e a molteplici riprese, creando non solo disegni, ma anche striature omogenee e regolari, che producono quasi l'effetto di un tessuto aderente sul volto, coperto dal manto della decorazione e da questo nuovamente interpretato.

Al di là di ogni semplice fisiognomica, e a ristabilire il ritratto come portatore di significati sociali, un'altra testa di Lucas Michael allungata all'inverosimile sembra fare eco alle gesta degli arazzi e riportare, insieme all'autoritratto *Rococo Scream* (p. 126), alla potenza delle più ufficiali forme di ritratto, qui virate in una iconografia resa quasi impossibile, ma stilisticamente intensa e rilevante come negli esempi del nostro più straordinario passato.

La resa psicologica non è assente, e anzi, seppur derivata da altri intenti, in queste due opere in particolare, pare raccontare le derive dell'individuo di oggi, al medesimo tempo frammentato nella sua fragilità e sciolto nel fluire delle cose.

Una menzione particolare va certamente fatta per la prima opera che accoglie gli spettatori e che dà inizio alla mostra, *Pseudogroup of Giuseppe Panza* (1998-2001), un insieme di nove piccoli ritratti in cui l'artista guarda il suo soggetto da diverse angolature, sottoponendolo a letture talvolta iconografiche come nel caso della *Bloodless Purity* (pp. 50, 51), altre volte formali come ne *L'Ecorché Grisaille* (p. 53), o tematiche in *The Contemplative Life*. In questo gruppo, il più vecchio in termini di tempo, Barry X Ball sembra aver gettato la traccia per tutti i suoi ritratti successivi ed è da qui, in questo intreccio tra classicità e barocco, che iniziano anche questa straordinaria mostra e questo stupefacente percorso tra le forme della memoria e i desideri del tempo.

<hr>

1. G. Deleuze, *Le cerveau, c'est l'écran*, in Id., *Deux régimes de fous. Textes et entretiens, 1975-1995*, a cura di D. Lapoujade, Éditions de Minuit, Paris 2003, p. 270.
2. In M. Heidegger, *Tempo e Essere*, (edizione a cura di C. Badocco), Longanesi, Milano 2007, p. 19.

Memory and Desire: Portraits

Elena Forin

"Image does not belong to the present,"[1] Deleuze once said, meaning that it is precisely in the image that we find the bonds and temporal relationships that descend from history and that constitute the historicity of the present as *memory* and *desire*. This brief reflection upon Barry X Ball begins from here, from this concept of time and from this twofold calling, where the roots of and reasons for his exploration, his interests, his process can all be found.

Objectivity and Copy

In Barry X Ball's oeuvre, present and past have always intermingled in a system of intense bonds and analogies, and in an interpretation of the form that profoundly touches the motivations for the work.

For this artist, scanning an existing sculpture in 3-D, or creating portraits starting with an actual life-cast, does not so much mean bestowing a voice on the realistic precision of modern-day technologies as facing the theme of objectivity paradoxically intended as a *copy*, to then move beyond this very concept through the calling (and therefore the yearning) of the material that narrates itself as an autonomous form of image and thought. In Barry X Ball's oeuvre, the real subject (the person portrayed) and the represented one (the artwork) recount various personalities and different expressions, thus revealing how beyond technical reproduction there emerges an inevitable uniqueness laden with meaning. A key example of this aspect is the dual portrait of Jeanne Greenberg Rohatyn, whose face is doubled in a mirror image: the subject is the same being born from an identical plastic study, and yet these faces, in their identicalness, could not be more different. The veining, the color blotching and the flaws in the stone are unavoidable formal elements in a visceral narration within the sculpture itself, intended not as an opportunity or genre, but rather as the poetic word intrinsic and innate to form.

The Cloak of Decoration

Heidegger once said, "Time itself is nothing temporal,"[2] and yet it is in time that things *are*. Similarly, we may also conceive of the idea of style in Barry's work, which, analogous to time, is the form of being in his research. Replicating form—technically not aesthetically— and the uniqueness of joining present and past, also through the concept of style, are unavoidable elements in this sense, which in this exhibition at the Museo del Settecento Veneziano emerge in an even stronger and more intriguing way than on other occasions.

For example, the way the body of material, which is so important in the pastel works of Rosalba Carriera and Gian Antonio Lazzari, gently shapes the forms and evokes mood and setting, can be found in the portraits of Laura Mattioli and Lucas Michael executed in lapis lazuli aggregate (pp. 62, 63). These two works share with Carriera's and Lazzari's portraits a similar painterly calling, the same delicacy in dealing with the mass, and a certain curious affinity in the works overall power, which, in fact, combine gentleness and solidity.

In the room with the portrait of Clement XIII, Pope Rezzonico, the above-mentioned dual portrait of Jeanne Greenberg Rohatyn reformulates the idea of lavishness, of wealth, of detailed decoration featured in Mengs' great work, which can also be found patterned wallcoverings here, and which emerge even more in the artist's Belgian black marble version, where the pattern is even more evident in all its elegant refinement. The surfaces are treated on various levels and repeatedly, creating not just designs, but also homogeneous and regular grooving, which almost produces the effect of a tight-fitting fabric upon the face, covered by the cloak of decoration and thus newly interpreted.

Beyond every simple physical feature, and reinstating the portrait as a bearer of social meaning, another head of Lucas Michael stretched out in an unusual way seems to echo the feats of the tapestries, and, along with the artist's 'Rococo Scream' self-portrait (p. 126), harks back to the power of the more official forms of portraiture, interpreted here with an iconography rendered almost impossible, but stylistically intense and important as in the examples of our most extraordinary past.

A psychological slant is not absent here; rather, though derived from other intents, these two works in particular seem to narrate the drifting of today's individual, who is at the same time fragmented in his fragility and melted into the flow of things.

Special mention must certainly be made of the first work that welcomes visitors and actually opens the exhibition, the *Pseudogroup of Giuseppe Panza* (1998–2001), an ensemble of nine small portraits where the artist looks at his subject from different angles, interpreting him from different points of view, at times iconographically, as in the case of *Bloodless Purity* (pp. 50, 51), or formally, as with *L'Ecorché Grisaille* (p. 53), or thematically, as in *The Contemplative Life*. In this group, the oldest in terms of chronology, Barry X Ball seems to have laid the foundations for all of his subsequent portraits, and it is from here, in this intermingling of the classical and the Baroque, that this extraordinary exhibition and this astonishing itinerary amidst the forms of memory and the desires of time can begin.

1. G. Deleuze, "Le cerveau, c'est l'écran," in *Deux régimes de fous. Textes et entretiens, 1975-1995*, ed. D. Lapoujade (Paris: Éditions de Minuit, 2003), 270.
2. M. Heidegger, *On Time and Being* (Chicago: University of Chicago Press, 2002).

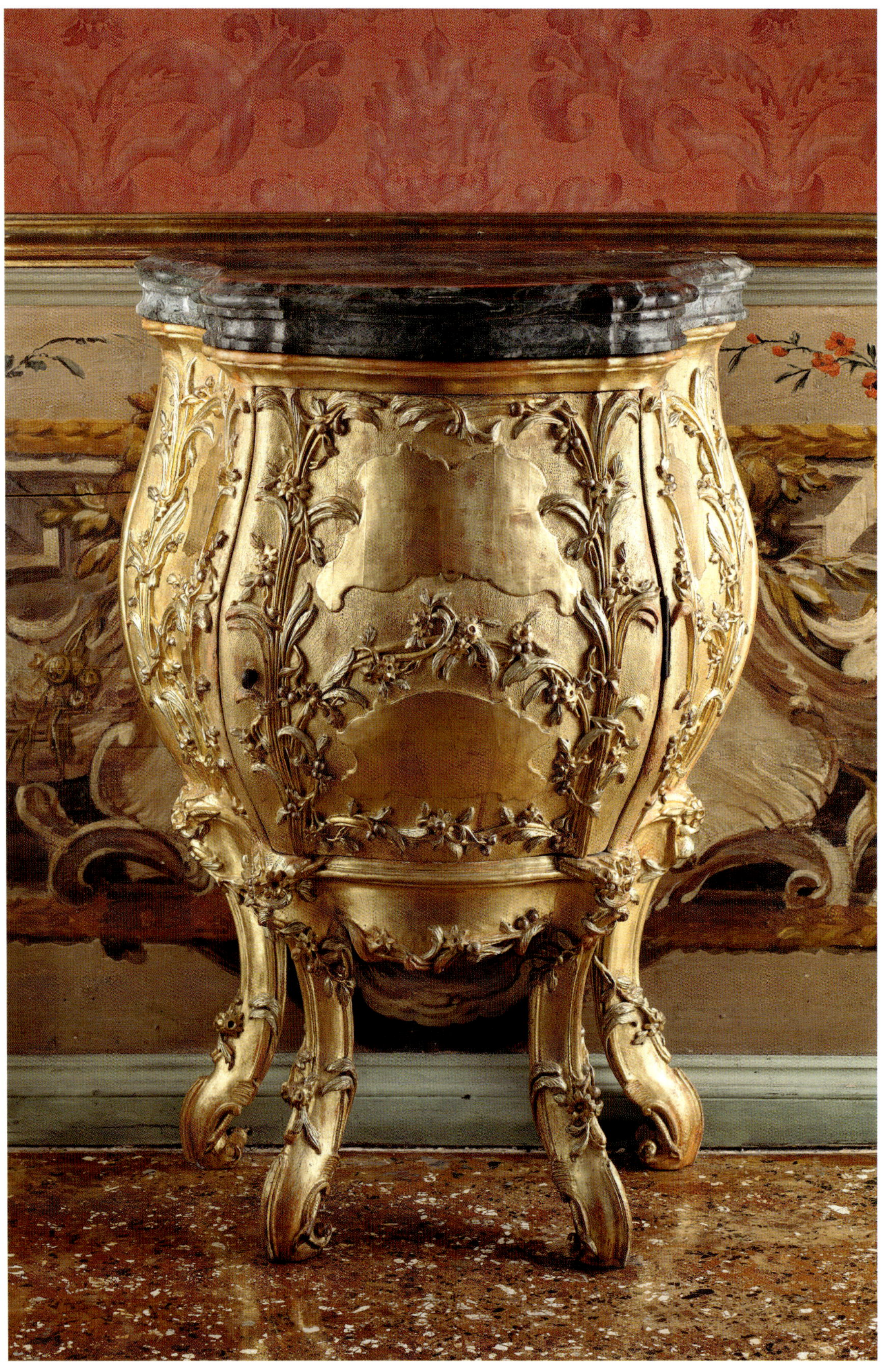

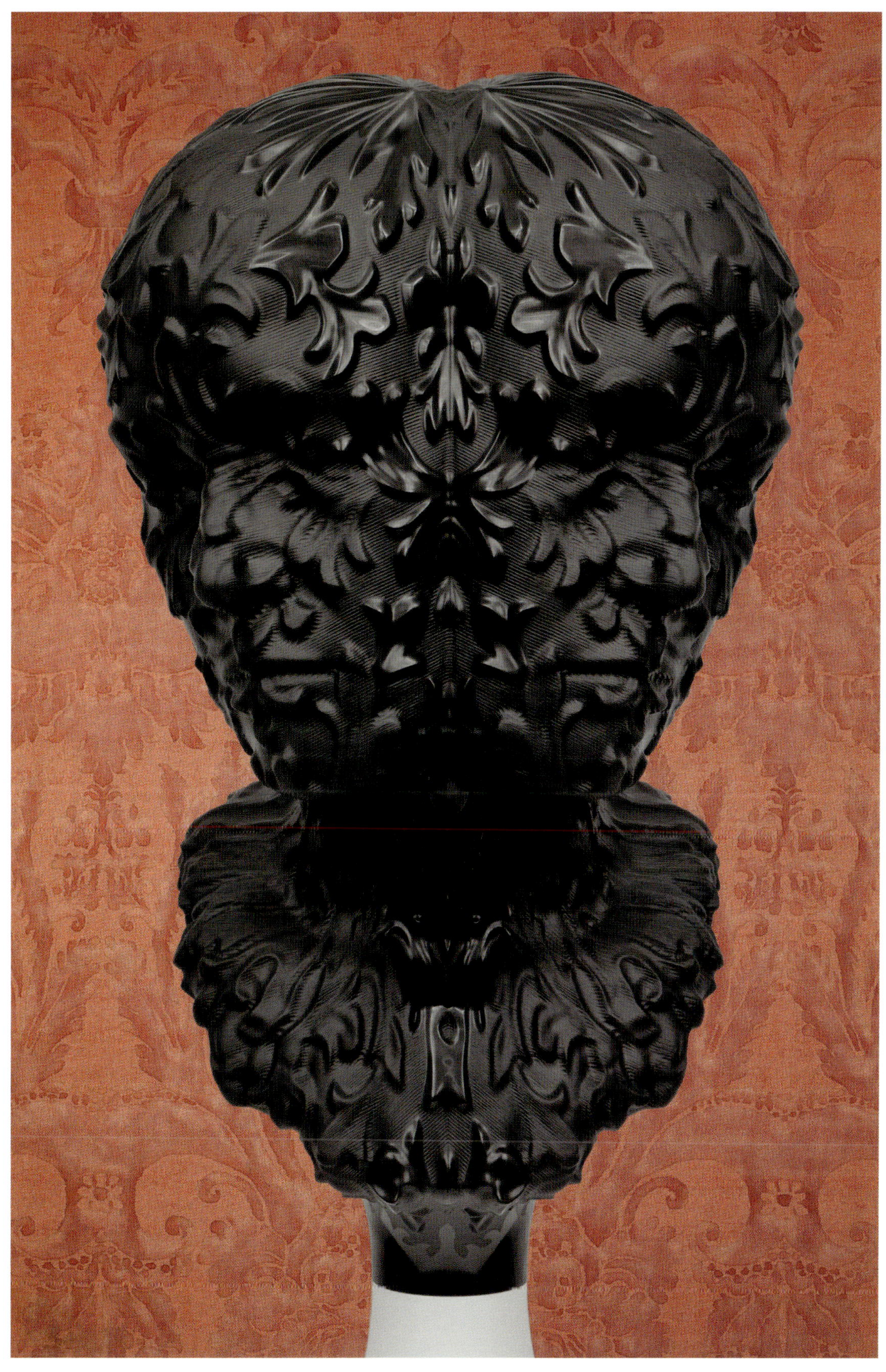

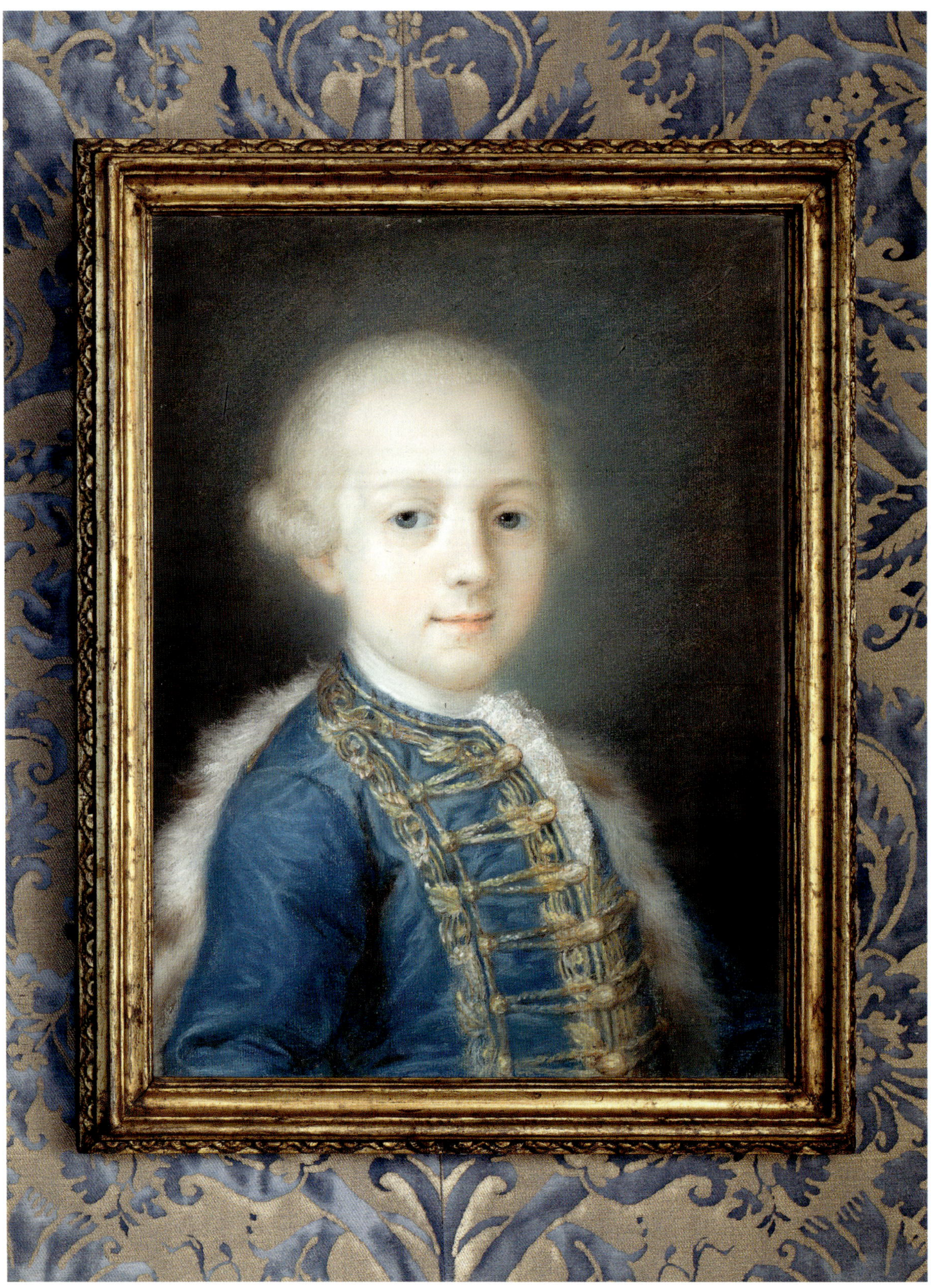

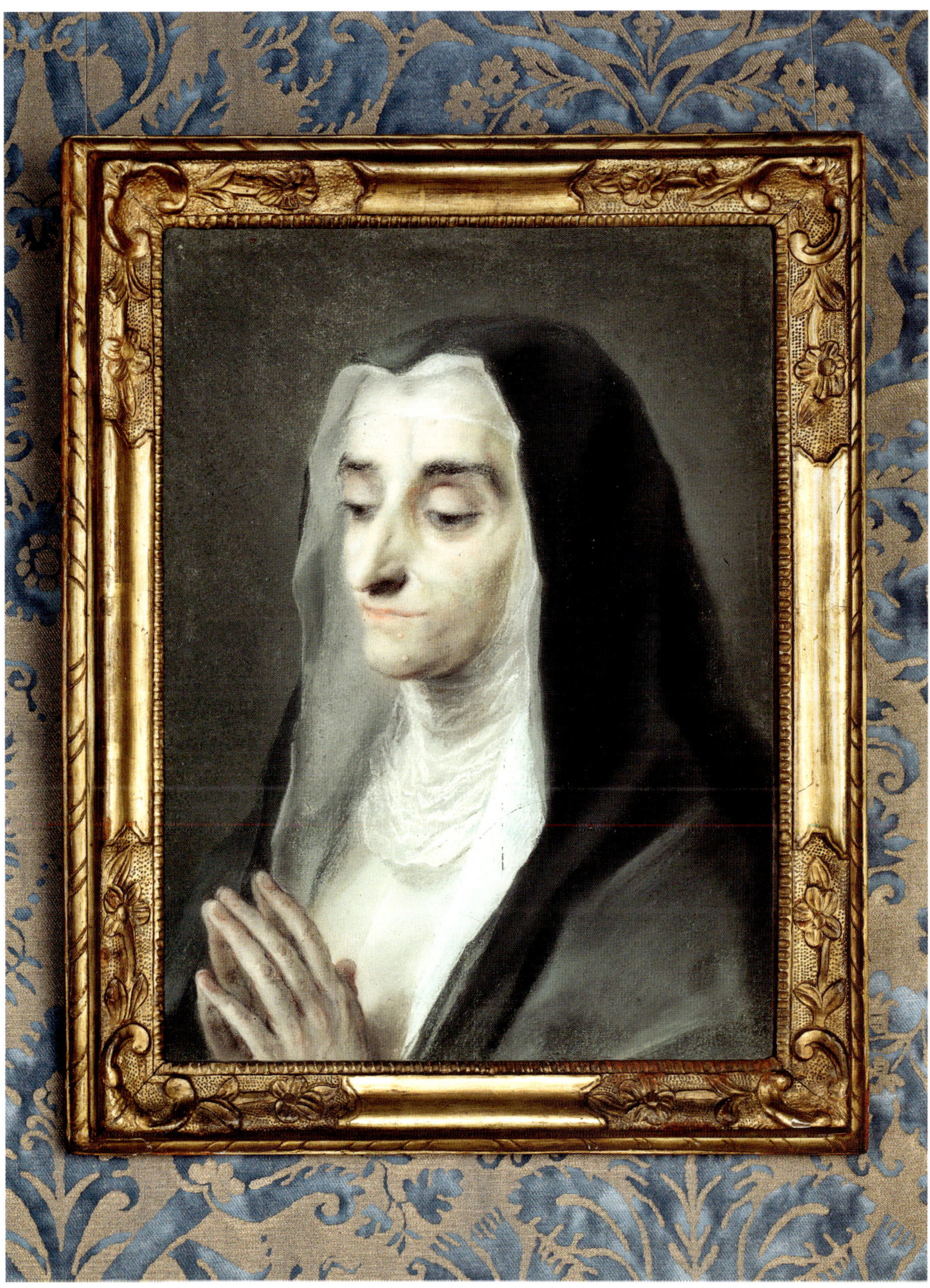

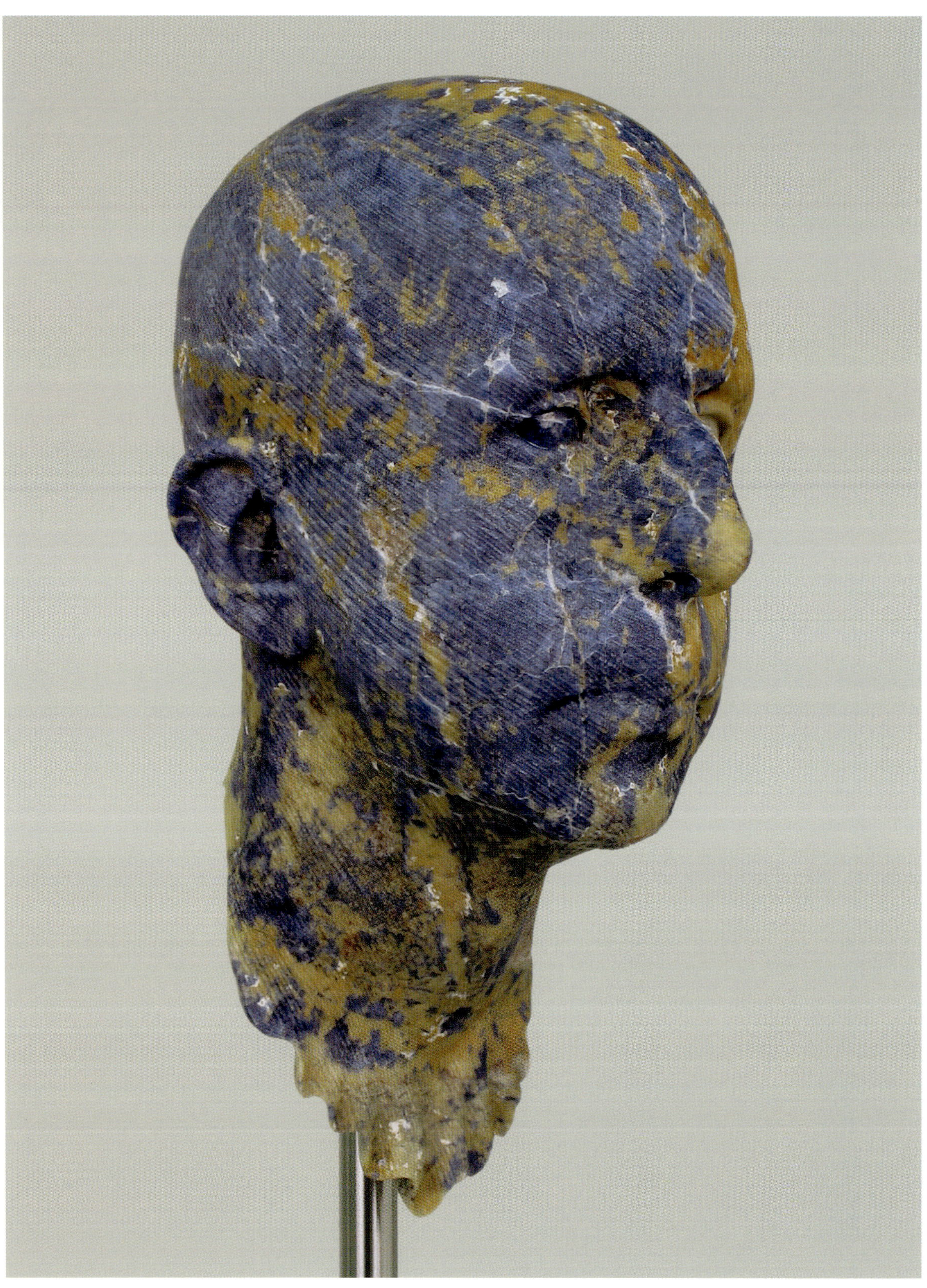

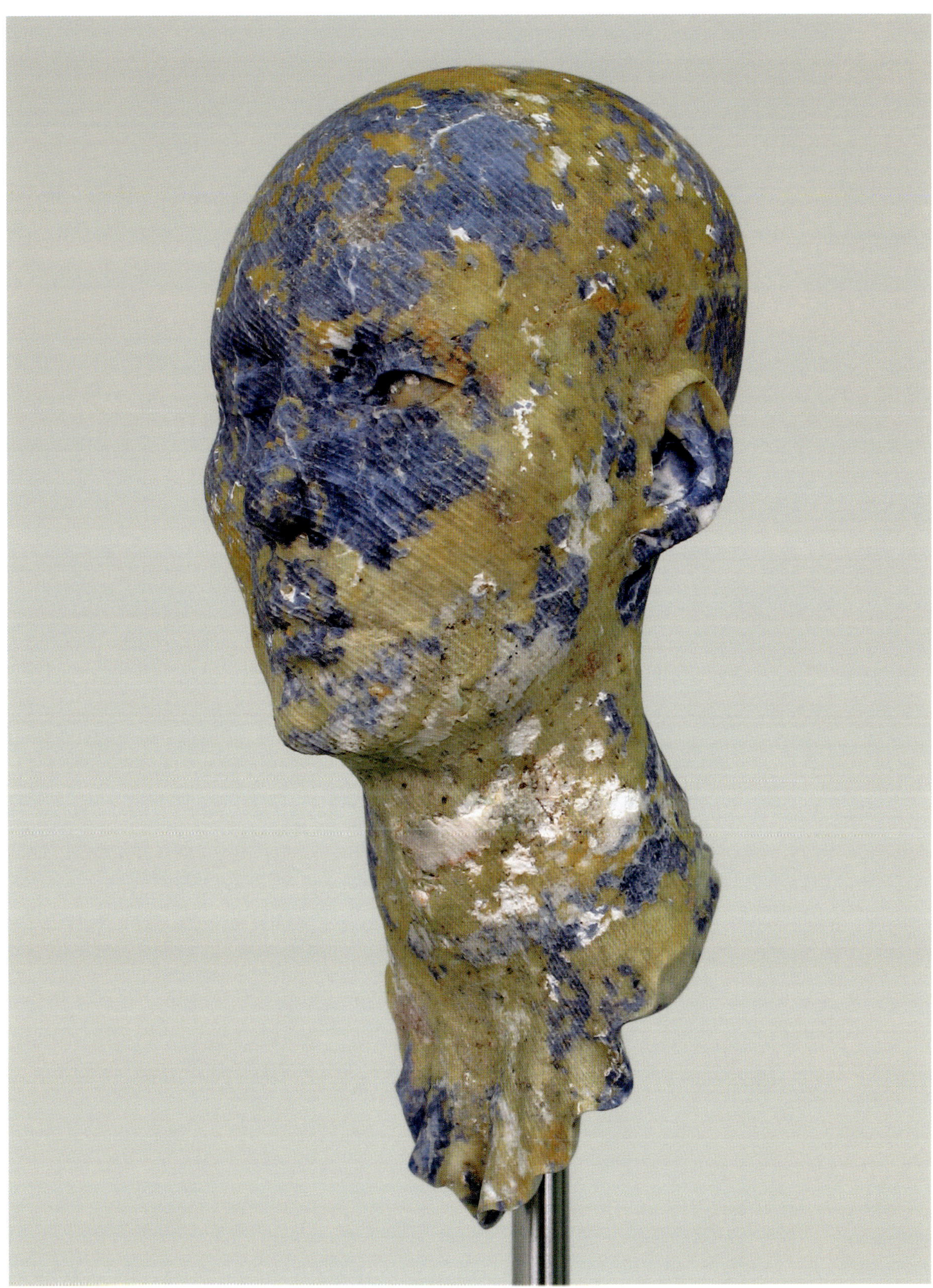

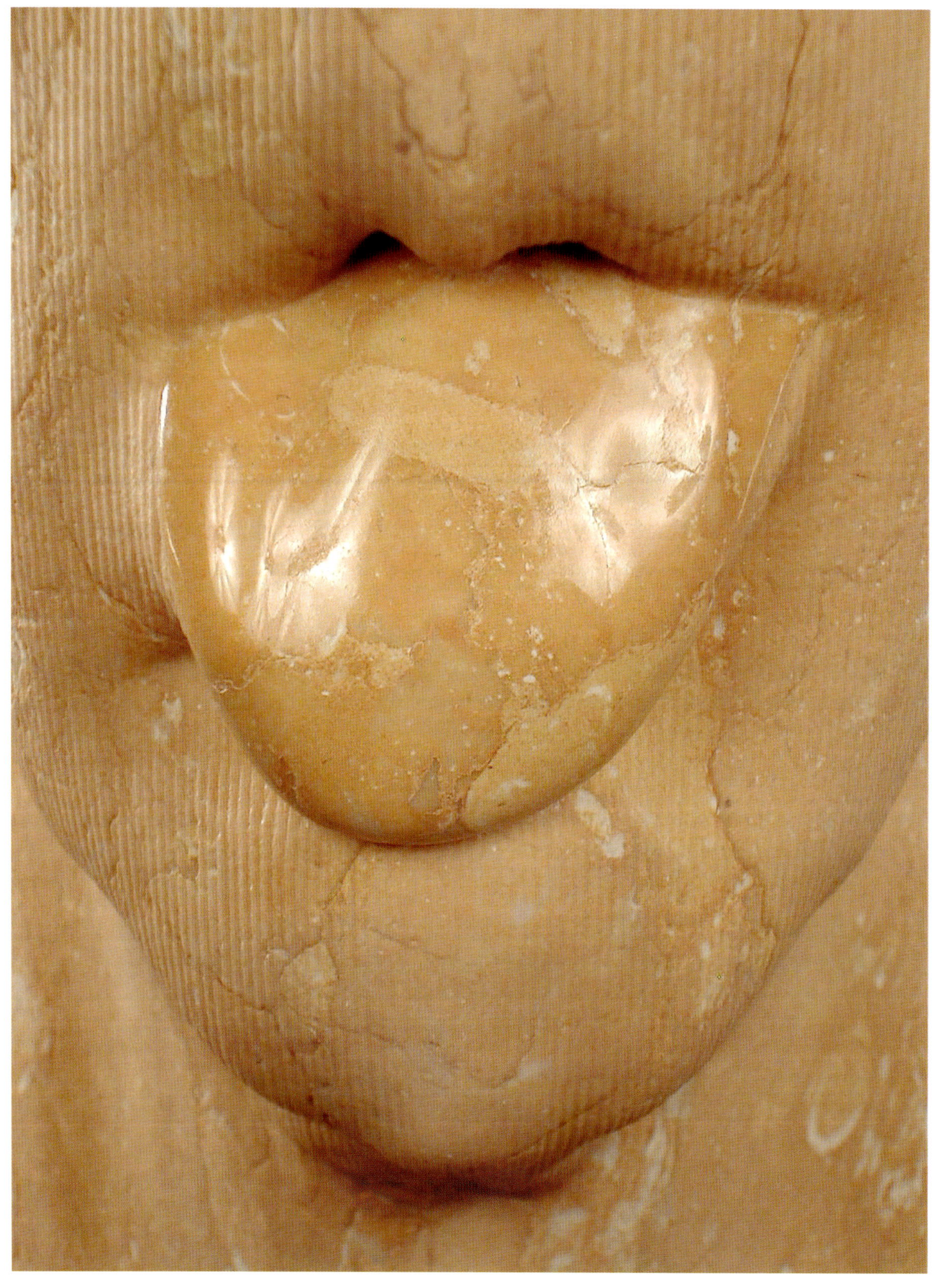

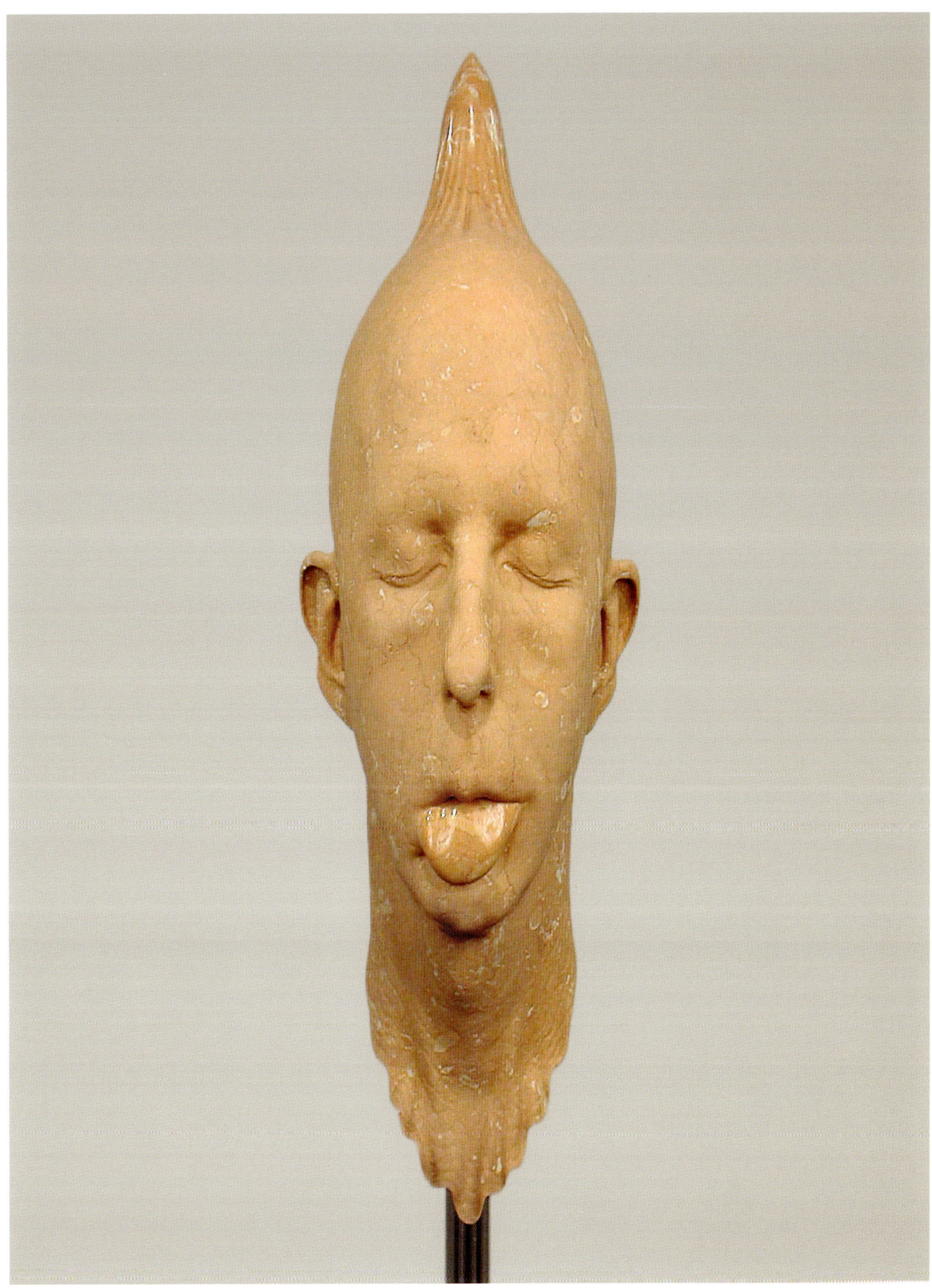

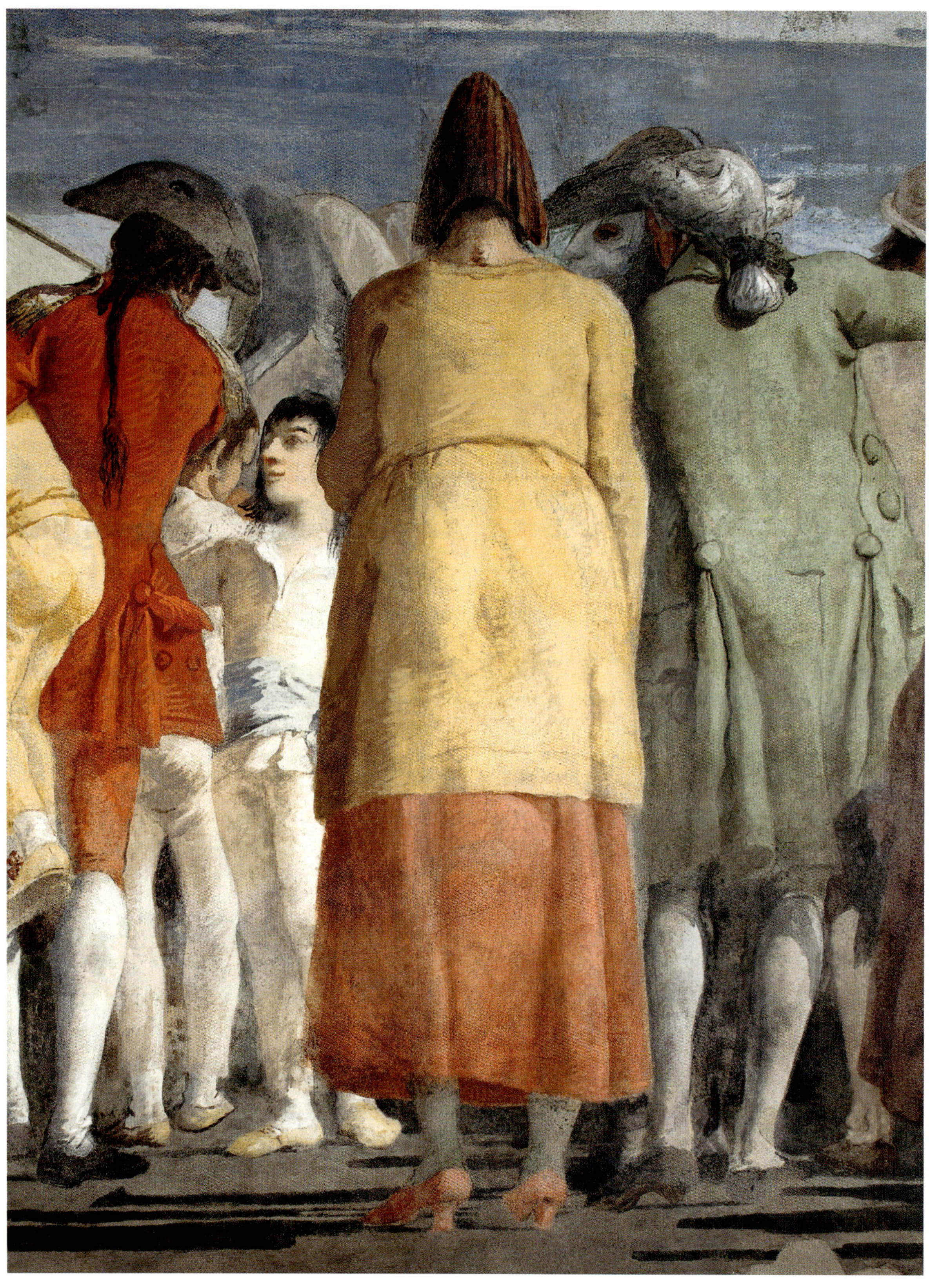

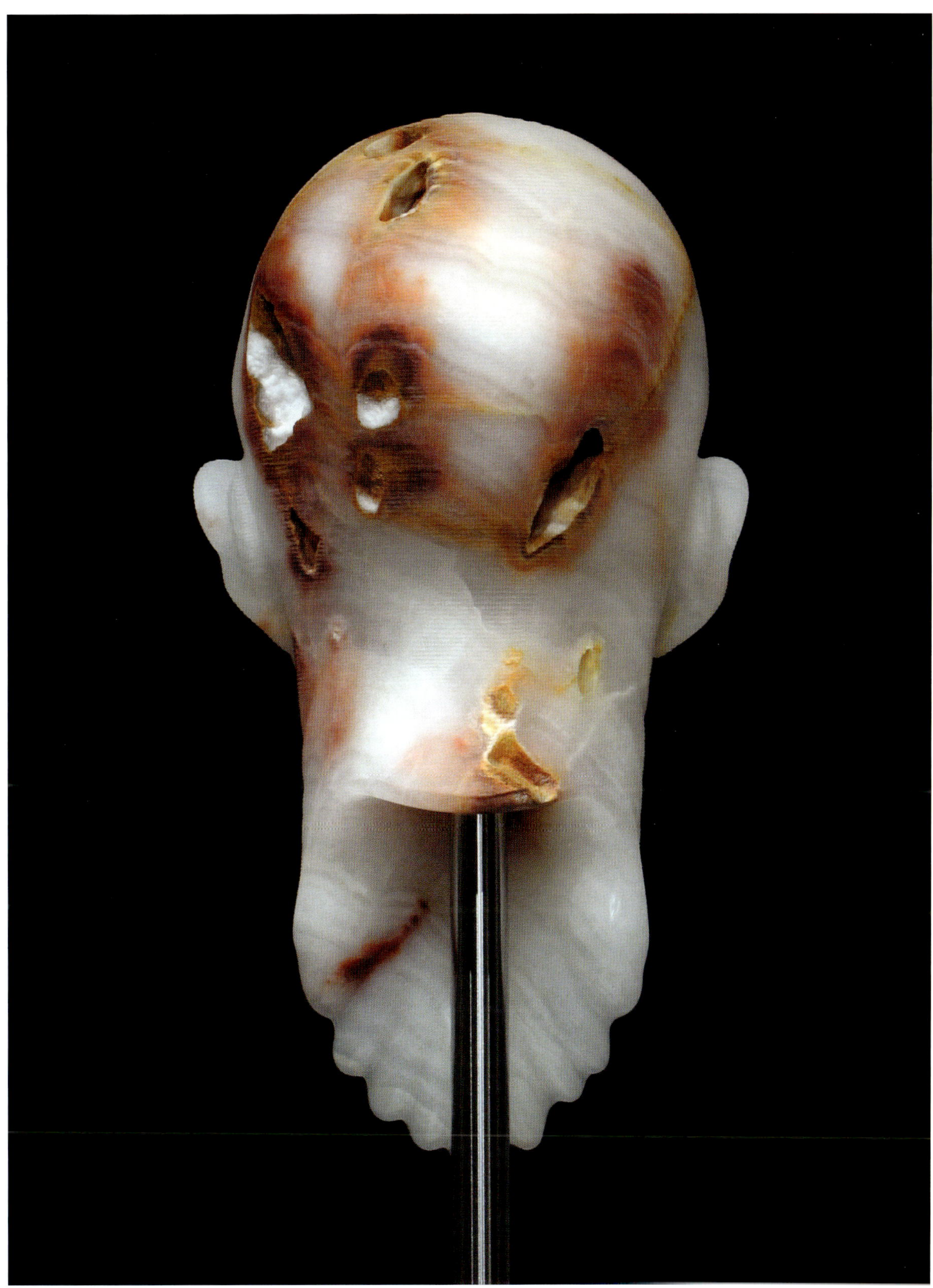

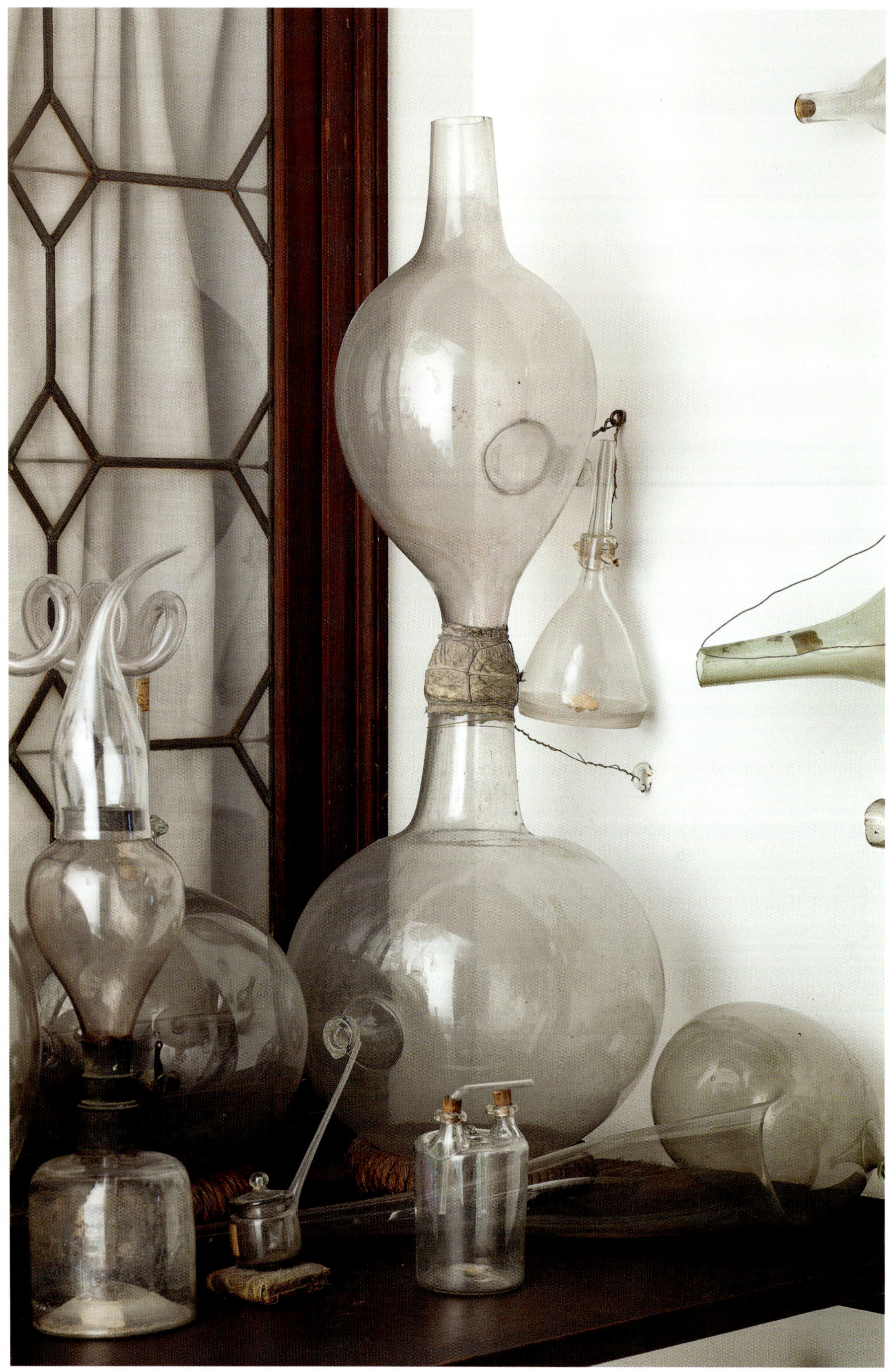

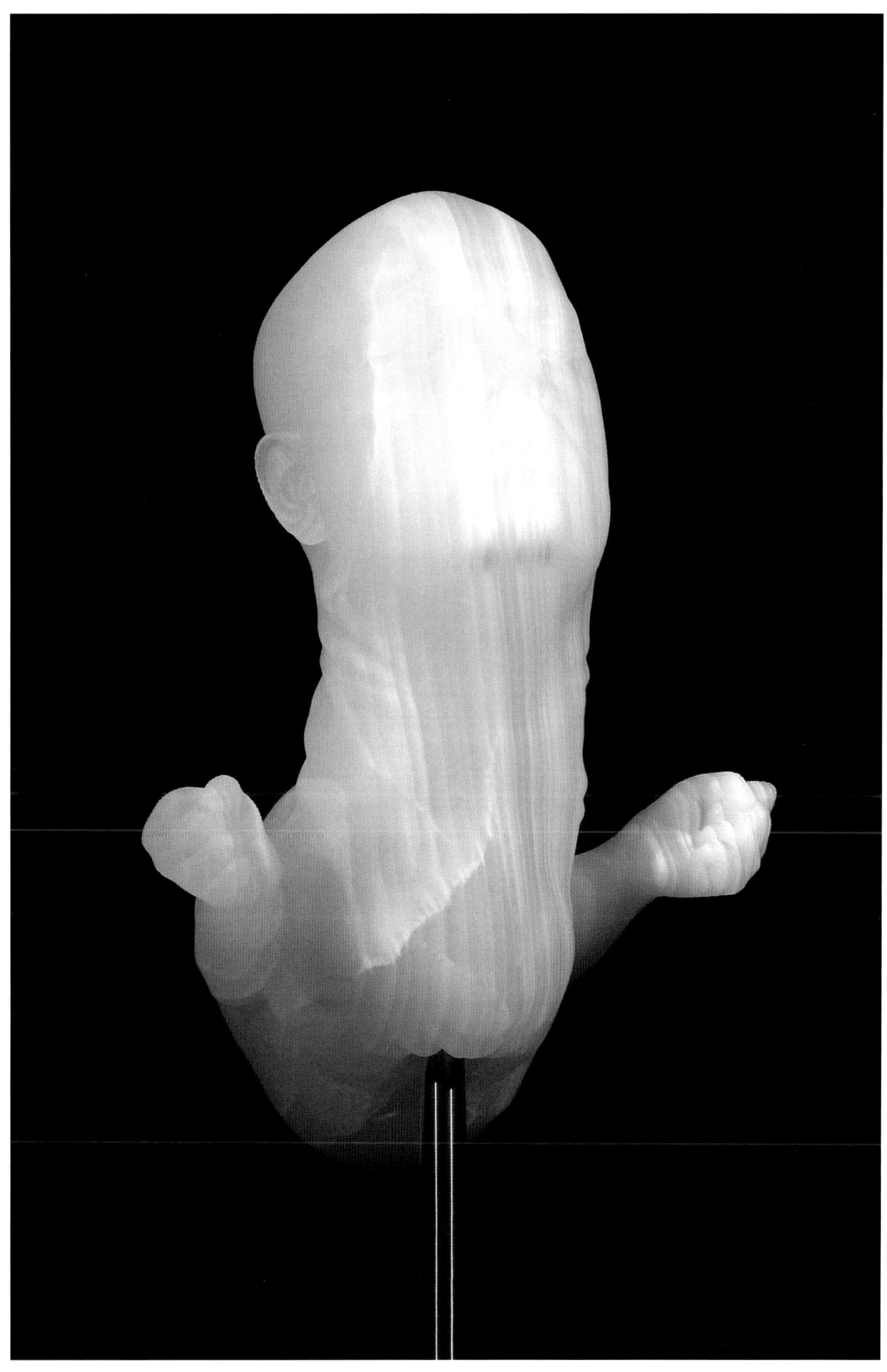

Note sui *Masterpieces*

Laura Mattioli

In una lettera indirizzata al collezionista Mihail Lari nell'ottobre 2009, Barry X Ball scrive: "Arso dalla passione, cerco di ritornare indietro nel tempo, a secoli prima della rivoluzione dell'arte moderna, per trovare il modo di fare qualcosa di altrettanto rivoluzionario".

E ancora: "In generale, mi sono assegnato il difficile compito di realizzare delle nuove sculture che siano ancora più perfette di quella "perfettissima" di Corradini, un capolavoro della scultura barocca".

L'artista sceglie una scultura, *La Purità* di Antonio Corradini, particolarmente celebre già presso i contemporanei per la resa virtuosistica del bel volto femminile coperto da un velo – nota perciò anche come la *Dama Velata* – per creare un'opera che vuole essere ancora più perfetta e rivoluzionaria. Per realizzare i suoi *d'après* sceglie altri esempi antichi di bellezza indiscussa e di eccezionale maestria tecnica, quali l'*Ermafrodito dormiente* del Louvre, il cui letto consacrò a Roma la fama di eccellenza del giovane Bernini, e *La Invidia* di Giusto Le Court, scultore originario delle Fiandre e stabilitosi a Venezia dove divenne uno dei maestri più noti del primo Barocco.

Egli dichiara in questo modo la sua poetica: la qualità del modellato costituisce il primo, fondamentale elemento per la valutazione della qualità artistica di un oggetto. Superare i più famosi virtuosi del Barocco italiano è una sfida che si combatte sul terreno della tecnica. Per Ball la tecnica non è un mero accessorio dell'idea, ma elemento culturale specifico di ogni periodo storico. Ad esempio, la capacità tecnica di coltivare la terra caratterizza la civiltà umana dal Neolitico in poi, così come la "civiltà industriale" è legata a una rapida evoluzione tecnologica, che trasforma profondamente la società e la cultura. Ritornando alla definizione greca di arte con la parola τέχνη, lo scultore americano ritiene che ogni opera d'arte sia connotata dalla cultura in cui viene prodotta non solo in termini stilistici – quali furono definiti dalla storiografia artistica tra la fine del Settecento e la prima metà dell'Ottocento – ma innanzitutto tecnici. Ad esempio, una cattedrale gotica è caratterizzata dall'uso di pilastri a fascio, volte e archi a sesto acuto, contrafforti, vetrate in sostituzione di muri pieni, forte slancio verticale, scarso uso di affreschi a fronte di un maggior numero di sculture… ma tutti questi elementi sono di fatto riconducibili prima che allo "stile gotico" alle caratteristiche tecniche della costruzione, così come lo "stile modernista" di Le Corbusier è intrinsecamente legato all'uso del cemento armato.

Tecnica e stile dunque s'identificano nel caratterizzare culturalmente l'oggetto artistico e gli innovativi metodi di lavorazione ideati da Barry X Ball costituiscono la prima trasformazione del prototipo antico in opera d'arte contemporanea. La scansione digitale in 3D del modello, il suo completamento e la sua trasformazione a computer con un programma appositamente elaborato che permette per la prima volta di "scolpire in modo virtuale", l'uso di sofisticati robot per sgrezzare il marmo conferiscono all'opera una presunta "obiettività" che sembra relegare l'intervento dell'artista ai singoli particolari che egli decide consapevolmente di modificare.

Riferendosi a *Purity*, nella citata lettera a Lari, l'artista scrive: "Ho volutamente reso il mio velo e il mio panneggio più morbidi e fluenti, meno spigolosi di quelli di Corradini. Nelle mie opere il velo è qualcosa di più di un rivestimento, è la forma stessa". In una lettera dell'agosto 2008 al critico francese Jean-Pierre Criqui dichiara: "Scegliendo come modello una delle famose figure velate di Corradini, mi propongo di esasperare l'effetto di totale opacità fino al punto in cui la superficie che ricopre la figura non raggiunga la stessa consistenza della figura coperta". Con la giustificazione di rendere l'opera "più perfetta", egli introduce una serie di alterazioni sostanziali del modello settecentesco: completa il retro facendone un'opera tridimensionale invece che frontale; usa marmi abitualmente non utilizzati per la scultura figurativa; crea immagini speculari rispetto a quelle originarie per enfatizzare la loro origine informatica; elimina la croce latina e la decorazione lungo il bordo del suo velo; corregge alcune incongruenze nel panneggio di Corradini; aumenta la dimensione del seno e lucida le parti nude del corpo per differenziarle dal tessuto, trattato invece con una finitura contrastante; restaura le piccole lacune dovute al tempo; crea un piedistallo che forma un corpo unico con la figura.

Il controllo dell'artista sulla scultura finita sembrerebbe totale e sottoposto a un processo razionale che conferisce al suo lavoro un'esplicita valenza concettuale. Grazie alla mediazione della macchina, l'artista distacca la materia da un rapporto diretto con la sua persona e cerca di impedire all'opera di esprimere i suoi sentimenti, occasionali e personali, e il suo *ego*. Questa reminiscenza della sua formazione, compiutasi sotto l'influenza del minimalismo, non è di fatto modificata dalla minuziosa lavorazione finale a mano: le migliaia di ore necessarie per modellare e polire dilatano nel tempo il rapporto con l'oggetto, togliendogli ogni possibilità di portare il segno di gesti impulsivi. L'uso di pietre naturali introduce tuttavia in questo processo un elemento solo parzialmente controllabile: ogni centimetro quadrato di marmo è diverso dall'altro, così come ogni foglia di un albero ha una forma unica e ogni persona umana impronte digitali differenti. L'artista può solo studiare dall'esterno il blocco di pietra e cercare di capire con la sua esperienza dove si trovino linee, fessure, cavità; può scegliere il verso del taglio e come orientare le stratificazioni, ma ogni materiale naturale rimane sostanzialmente un elemento incontrollabile e unico nel suo aspetto finale. Barry X Ball accetta questa realtà della natura, che sfugge al controllo umano, e si confronta con essa per trasformare i buchi dell'onice messicana in elementi che accrescono il carattere espressionista della sua scultura, le venature in pattern che arricchiscono il movimento delle superfici. Come nella vita, egli cerca di trasformare le difficoltà in positività, le caratteristiche più problematiche in occasioni. Scolpire diventa metafora della lotta dell'uomo per controllare il suo destino.

In generale, le variazioni del modello originale introdotte dall'artista nei suoi *Masterpieces* tendono a creare nuove immagini più sintetiche e universali, più plastiche e sensuali, più autonome e armoniche rispetto all'esempio antico, per accentuarne la bellezza e la forza espressiva. Se da un lato Barry X Ball rende esplicite le sue fonti storiche, identificabili in specifiche sculture del Barocco italiano (più di quanto non faccia nei suoi ritratti, in cui i modelli antichi sono evocati, ma si fondono con i lineamenti del personaggio), il suo discorso si estende concettualmente a tutte le epoche e a tutti gli stili, di cui i singoli casi non sono altro che prototipi. Le questioni sostanziali che egli affronta concretamente con le sue opere – invece che teoricamente con un discorso critico – riguardano la storia dell'arte, il concetto di "stile", la possibilità di una bellezza "universale" e il perdurare del valore dell'opera d'arte attraverso i secoli. Si tratta di riflessioni concrete sull'uomo: su come egli rappresenti se stesso, i suoi sentimenti, le sue paure e i suoi desideri; su come, nel tempo e ancora oggi, egli intenda se stesso e dia forma al suo essere, al suo volto e al suo corpo. Un corpo che nell'antichità greca e romana era concepito come un'unità organica, in cui la vita fluisce e unifica le varie parti, ma che si trasforma nei secoli in una macchina composta da pezzi che possono anche essere sostituiti senza intaccare l'identità della persona. Rivisitare i capolavori del passato significa ripercorrere l'idea del Sé, l'essenza dell'autocoscienza stessa, che gli uomini hanno rappresentato per millenni in modo esplicito o subliminale.

Subito dopo l'11 settembre 2001 Barry X Ball mi scrisse che dal suo studio a Brooklyn aveva assistito al tremendo spettacolo della distruzione delle Torri Gemelle. Quel giorno la scomparsa di centinaia di persone, dei cui corpi in molti casi non è rimasta alcuna traccia, rafforzò in lui la consapevolezza dell'importanza della raffigurazione umana.

Notes on *Masterpieces*

Laura Mattioli

In a letter to the collector Mihail Lari, in October 2009, Barry X Ball writes: "Fueled by love, I'm reaching way back to a time centuries before the Modernist Revolution, searching for a way to make something equally revolutionary." And also: "In general, I have set for myself the difficult task of making new sculptures that are 'more perfect' than the 'perfect' Corradini, a 'Masterpiece' of Baroque sculpture."

The artist chose a sculpture, *La Purità* (Purity) by Antonio Corradini, particularly famous even when it was first made by the Italian artist, thanks to the virtuosic execution of the lovely, veiled female face—and therefore also known as *Dama Velata* (or Veiled Lady)—to make a work that he intends to be even more perfect and revolutionary. In order to create his *d'après*, he selected other ancient examples of undisputed beauty and exceptional technical mastery, such as the *Sleeping Hermaphrodite* at the Louvre, whose tufted bed consolidated the young Bernini's reputation for excellence in Rome, and *La Invidia* (Envy) by Giusto Le Court, a native of Flanders who became the leading early Baroque sculptor in his adopted city of Venice.

The artist declares his poetics thusly: the quality of the sculpting constitutes the first, fundamental element necessary to assess the artistic value of an object. Surpassing the famous masters of Italian Baroque art is a challenge that takes place on the grounds of technique. For Ball, technique is not merely an accessory to an idea, but rather a cultural element specific to each historical period. For example, the technical ability to cultivate the land has characterized human civilization from the Neolithic period onwards, just as "industrial civilization" is bound to rapid technological evolution, which profoundly changes society and culture. Returning to the Greek definition of art with the word *techné* (τέχνη), this American sculptor declares that every work bears witness to the culture in which it was produced, not only in terms of style—as defined by artistic historiography between the latter half of the eighteenth and the first half of the nineteenth centuries—but above all in terms of technique. For example, a Gothic cathedral stands out for the use of pillars, vaults and lancet arches, buttresses, walls made of stained glass windows, spectacular verticality, limited use of frescoes in comparison to sculptures . . . but all these elements can in fact be traced back to the technical characteristics of the construction which led to a "Gothic style," just as Le Corbusier's "Modernist style" is innately bound to the use of reinforced concrete.

Technique and style are critical to the cultural character of the artistic object, and the innovative working methods conceived by Barry X Ball constitute the first transformation of the ancient prototype into a work of contemporary art. The 3-D digital scanning of the historic model, the refinement and alteration of the resultant digital clone by computers running programs that, for the first time, allow one to "sculpt virtually," and the use of sophisticated robots to shape stone endow the work with an "objectivity," while affording the artist complete control over which details he intentionally decides to modify.

In referring to *Purity*, in the above-mentioned letter to Lari, the artist writes: "My sculptural treatment of the veil and drapery is intentionally softer, more flowing, less sharp than that of the Corradini. In my work, the veil has become more than a covering—it is the form itself." In a letter dated August, 2008 to the French critic, Jean-Pierre Criqui, he states: "By selecting one of Corradini's famous 'veiled' figures as a 'model,' I want to expand my use of integral obfuscation to the point where the surface covering achieves co-equal status with the figure concealed." With the justification of rendering the work "more perfect," the artist introduces a series of substantial alterations to the eighteenth-century model: his work is in-the-round instead of frontal; he employs types of stone not normally used for figurative sculptures; he mirrors the image of the original (thereby emphasizing the technical origin of his creation); he eliminates the Latin cross from the woman's veil and the decoration along its edge; he corrects some of Corradini's drapery errors; he enlarges the size of the breasts and polishes the exposed section of skin so as to differentiate it from the fabric (which has a contrasting matte finish); he restores the damage caused by the passage of time; he creates a pedestal that becomes one with the figure.

The artist's control over the finished sculpture would seem total, the product of a rational process that gives his work explicit conceptual value. Due to his use of machines, the artist is able to maintain objective detachment from the material, from a direct relationship with his own being. He strives to prevent the work from expressing transient personal sentiments, from reflecting his ego. This approach, informed by Minimalism (a continuation of his early adherence to that movement's principles), is, in fact, reinforced by the final painstaking work done by hand. The thousands of hours required to carve and polish ensures his objective relationship with the sculptures during their creation, taking away any possibility of impulsive gestures. However, the use of natural stones in this process introduces an element only partially controllable: every square centimeter of stone is unique, just as every leaf on a tree has a different shape and every human being has a singular set of fingerprints. The artist can only see the exterior of his stone blocks. Using his considerable experience, he attempts to work around cracks, fissures, and cavities; he carefully determines the direction and depths of the cuts, but, in the end, every natural material is, substantially, an uncontrollable and unique element. Barry X Ball works with this reality of nature, accepting those factors that evade human control, emphasizing "flaws," transforming the holes of Mexican onyx into "wounds" that heighten the expressive quality of his sculptures, the veins into patterns that enrich the movement of the surfaces. As in life, he tries to transform difficulty into positivity, the most problematic characteristics into opportunities. Sculpting becomes a metaphor for man's struggle to control and shape his destiny.

In general, the modifications to the original models which the artist effects in his Masterpieces tend to create new images that are more concise and universal, more plastic and sensual, more autonomous and harmonious than the original versions, in order to accentuate their beauty and power of expression. Barry X Ball makes his historical sources explicit, identifiable as specific Italian Baroque sculptures (more so than with his portraits, in which ancient models are evoked and blended together with the features of the subjects). His discourse is then conceptually extended to all eras and all styles, where each single example is but a part of a greater whole. The issues he addresses with his work (physically, not theoretically through critical discourse) are grand themes: the history of art, the concept of "style," the possibility of "universal" beauty, and the persistence of an artwork's relevance over centuries. These are, by extension, concrete reflections on man: on how he represents himself, his feelings, his fears, and his desires; on how, in the past and even today, he understands himself—his being, his face, and his body. In ancient Greece and Rome, the body was conceived of as an organic whole, through which life flowed and unified the separate parts. This holistic vision was transformed over the centuries into the concept of the body-as-machine, a whole composed of elements that may be replaced without undermining the identity of the individual. Reinterpreting masterpieces of the past means reconsidering the idea of Self, the core idea of human consciousness, a concept that has been represented, overtly and subliminally, for millennia.

Right after September 11, 2001, Barry X Ball wrote to me that from his Brooklyn studio he witnessed the tremendous destruction of the Twin Towers. That day the disappearance of hundreds of people whose bodies, in many cases, vanished into thin air, strengthened his belief in the importance of human representation.

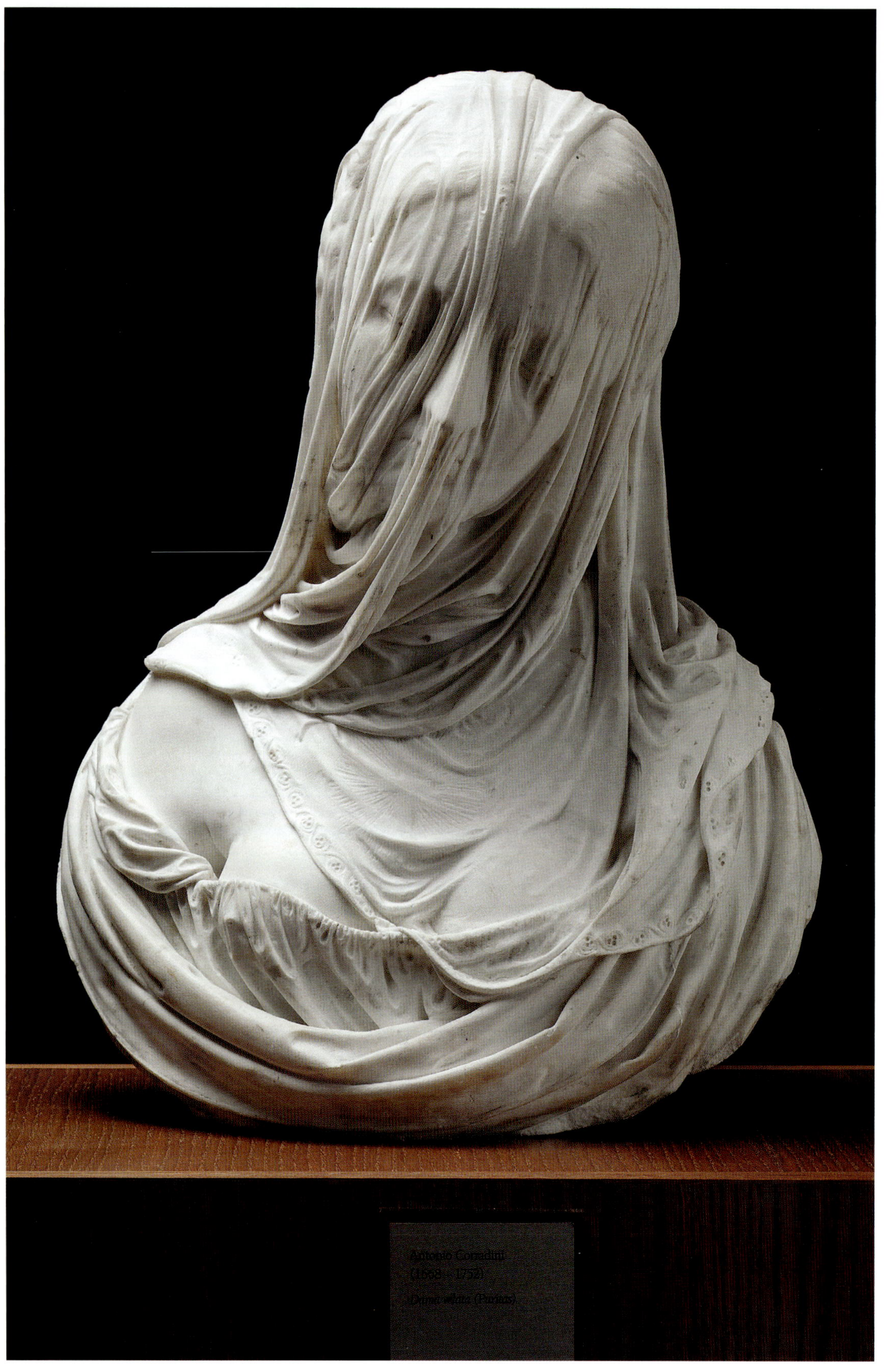

Antonio Corradini
(1668 – 1752)
Donna velata (Pudicizia)

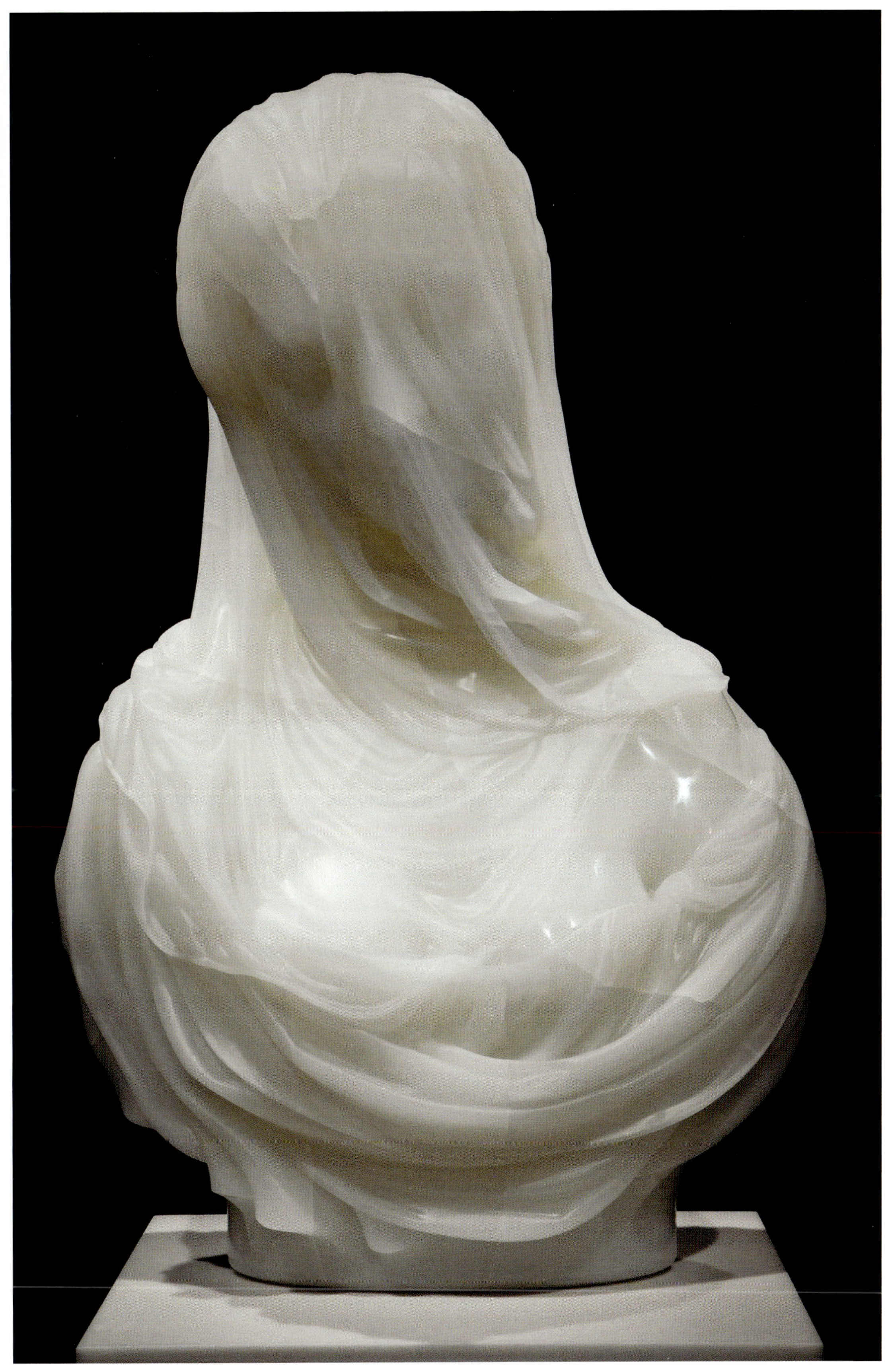

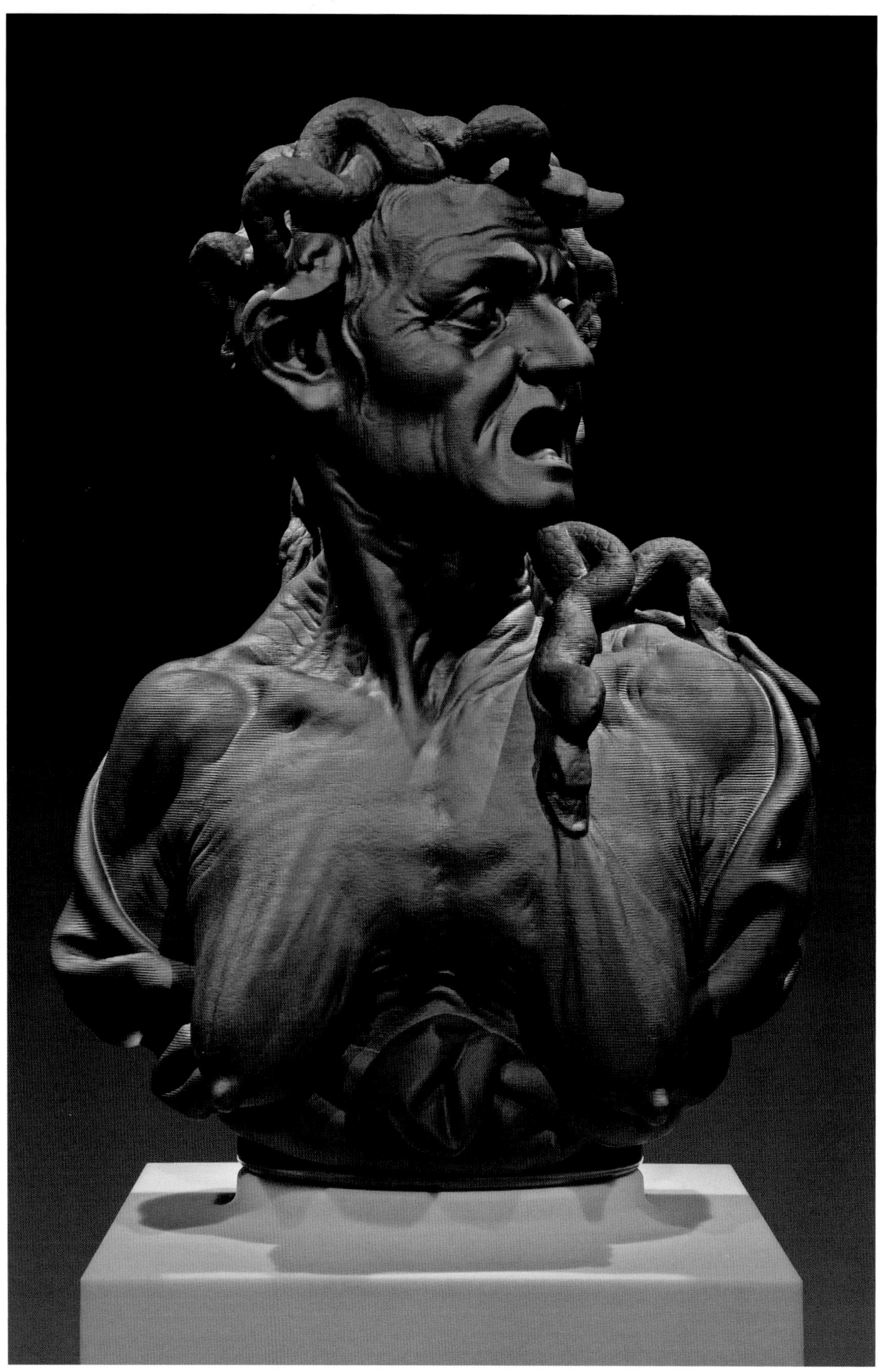

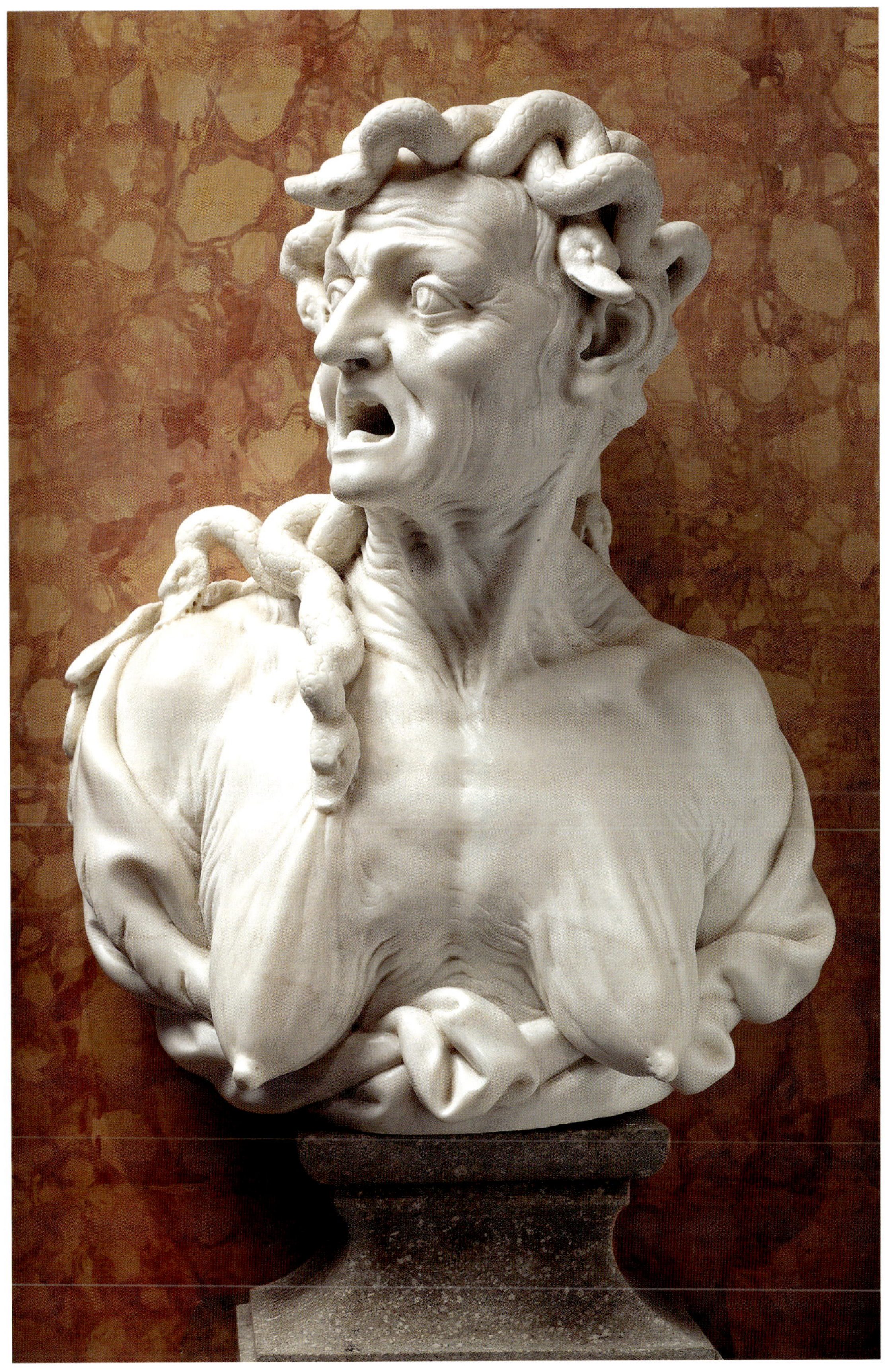

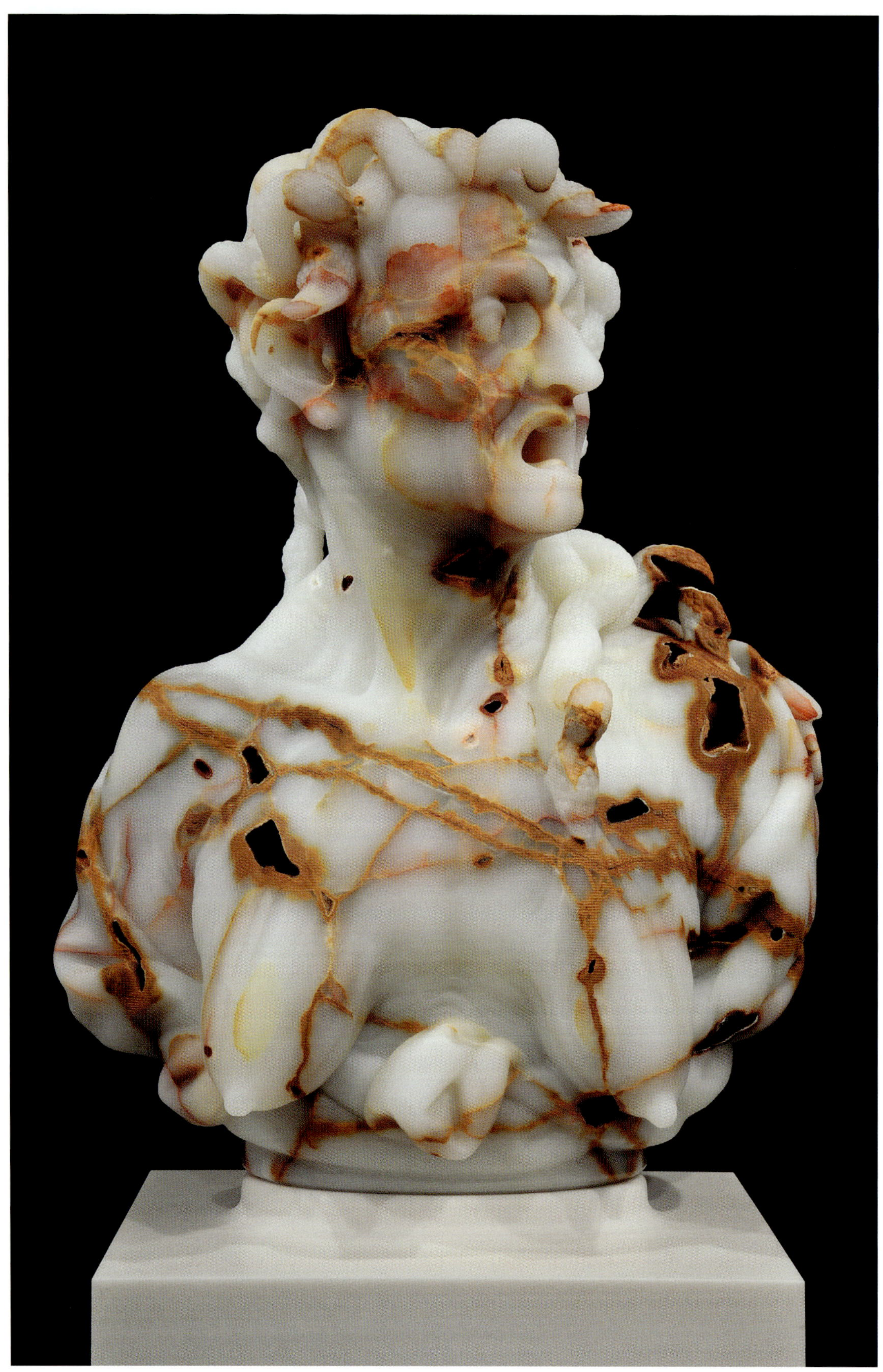

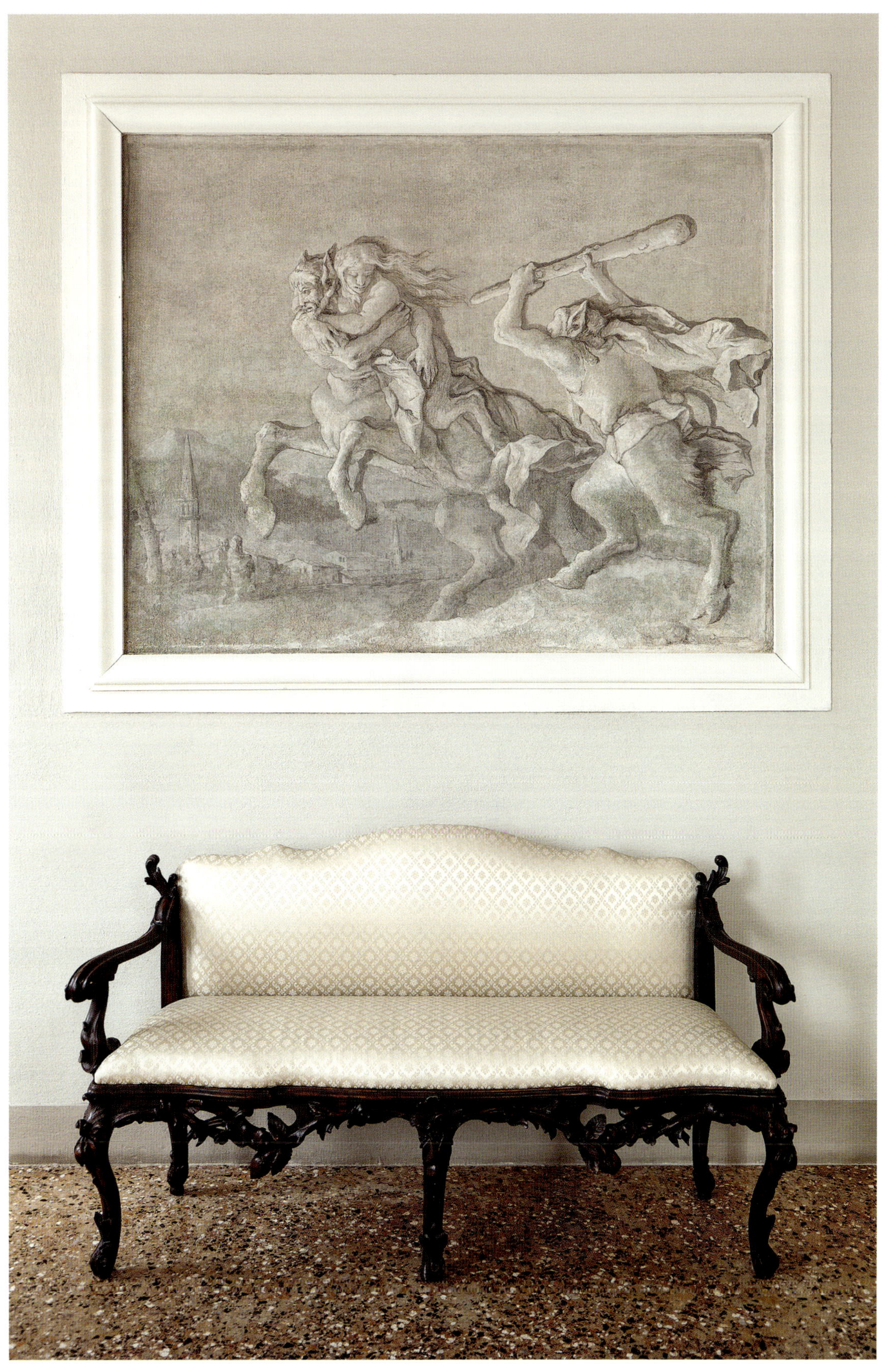

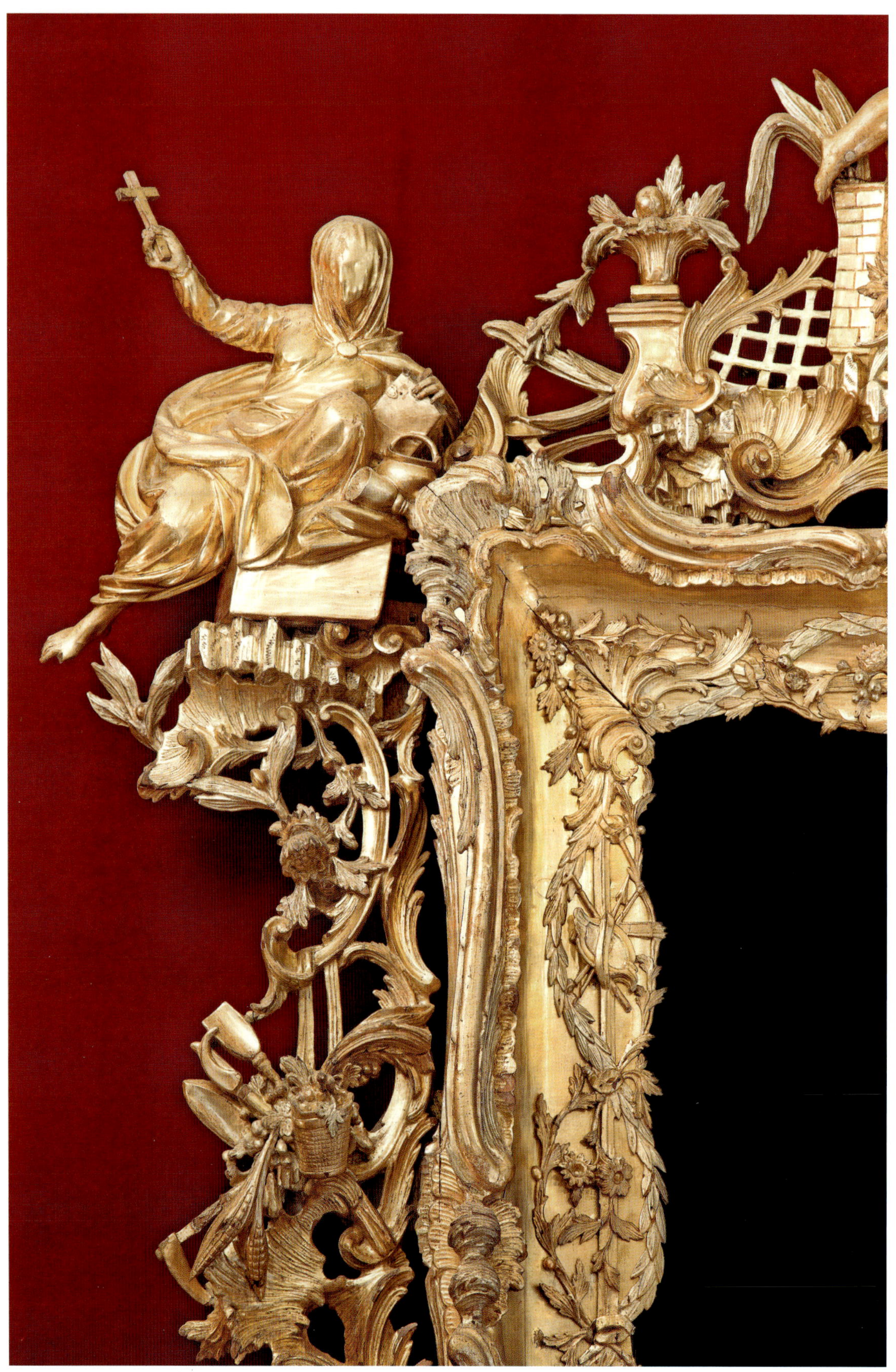

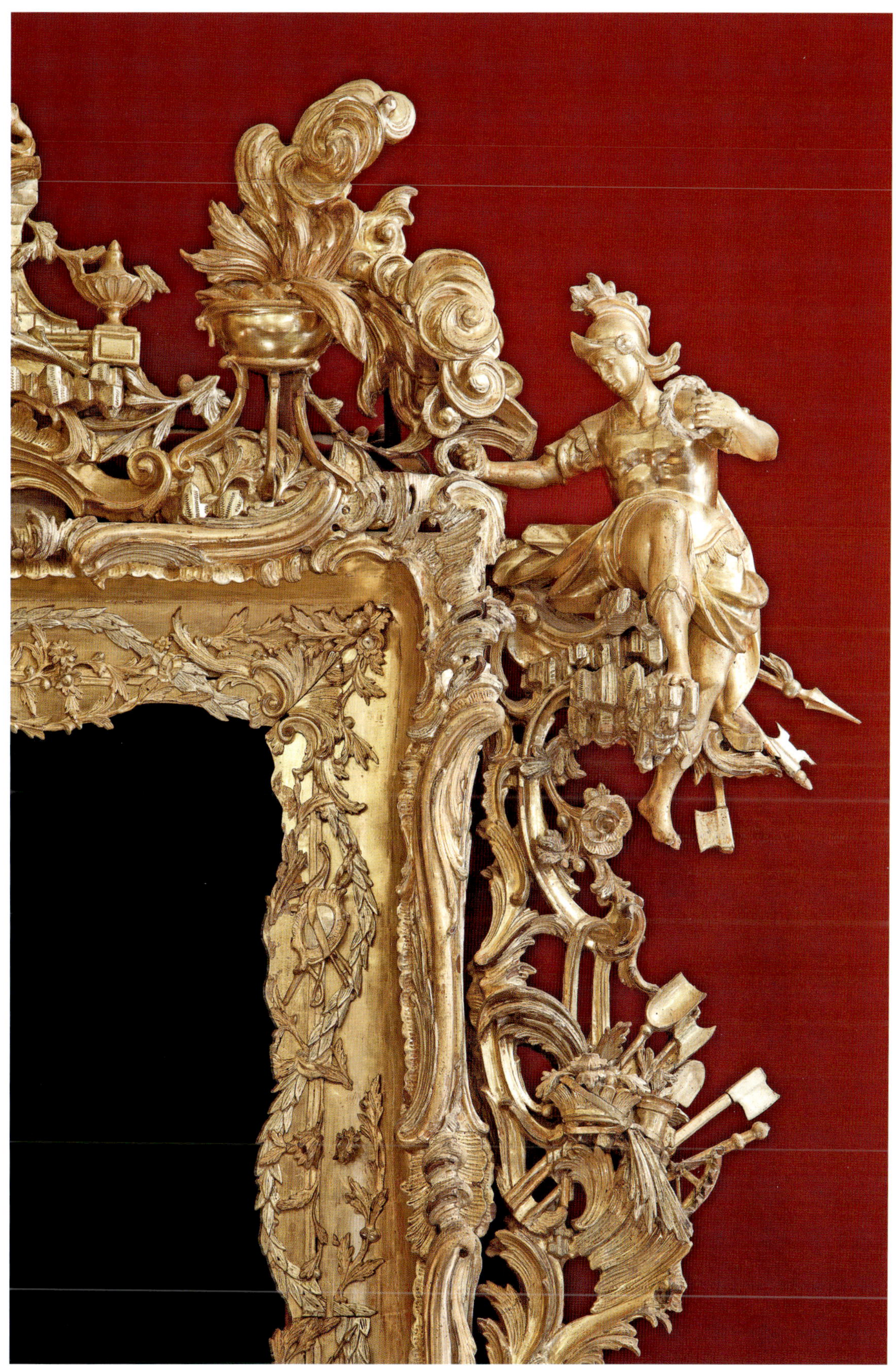

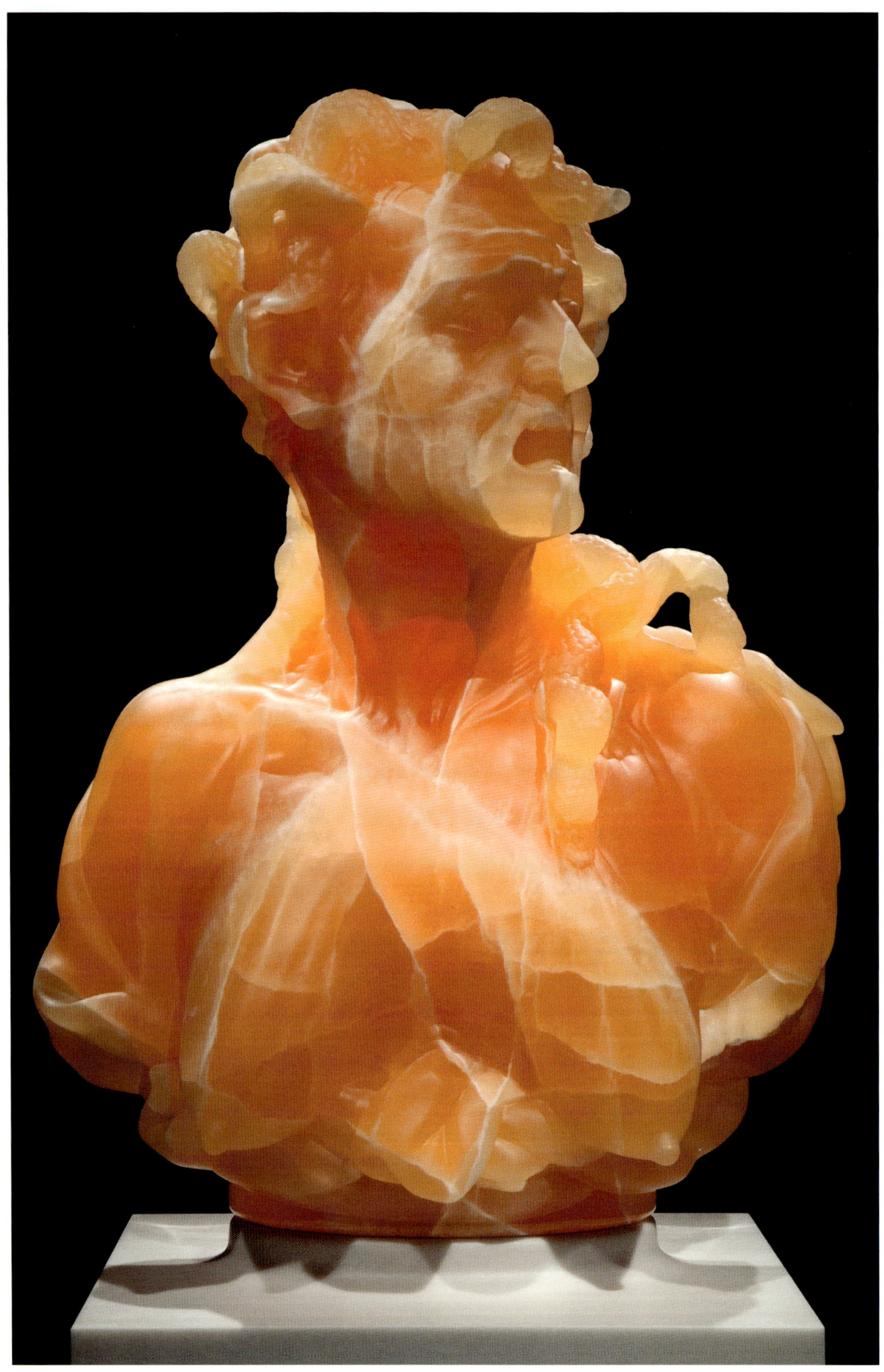

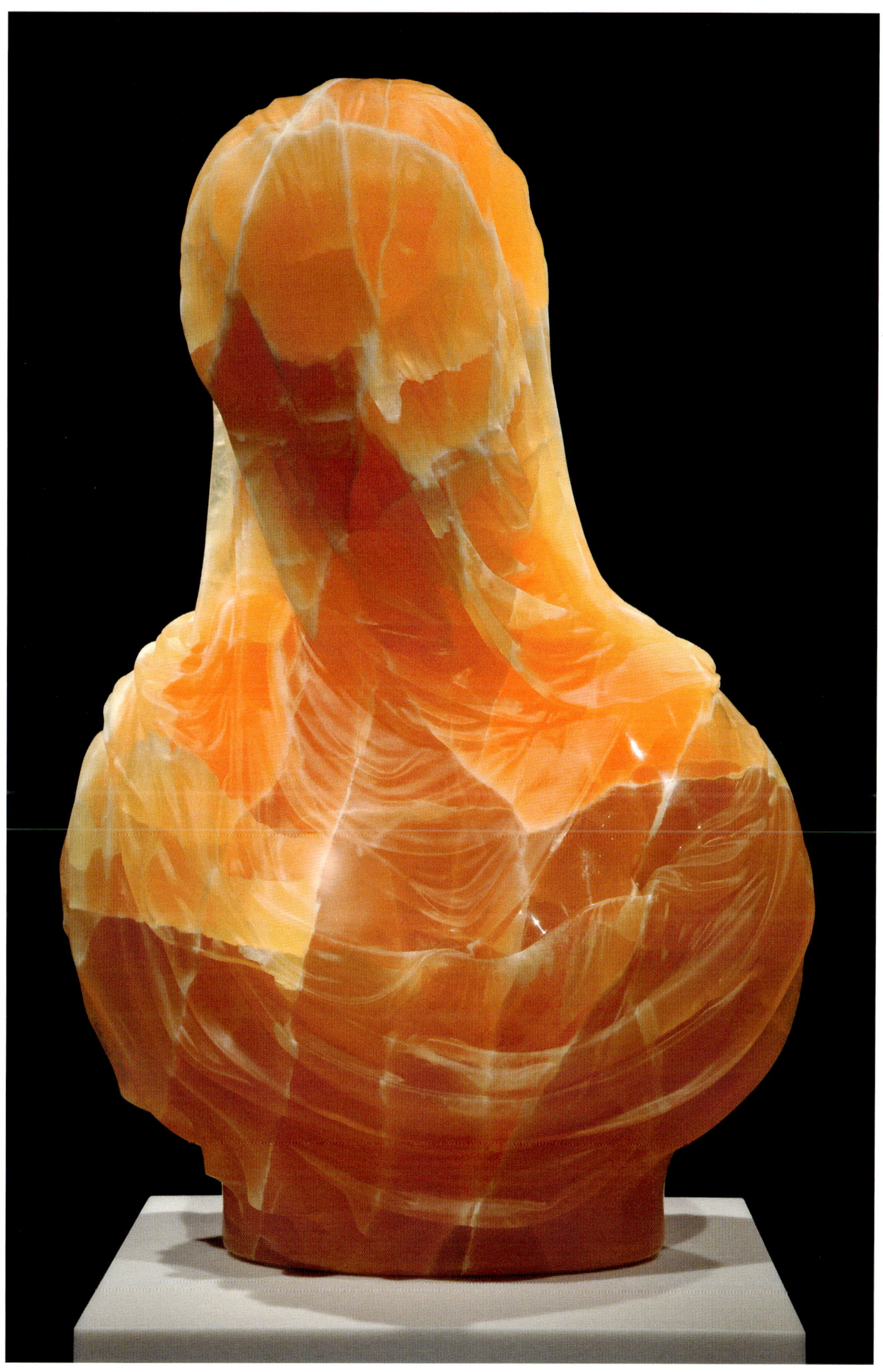

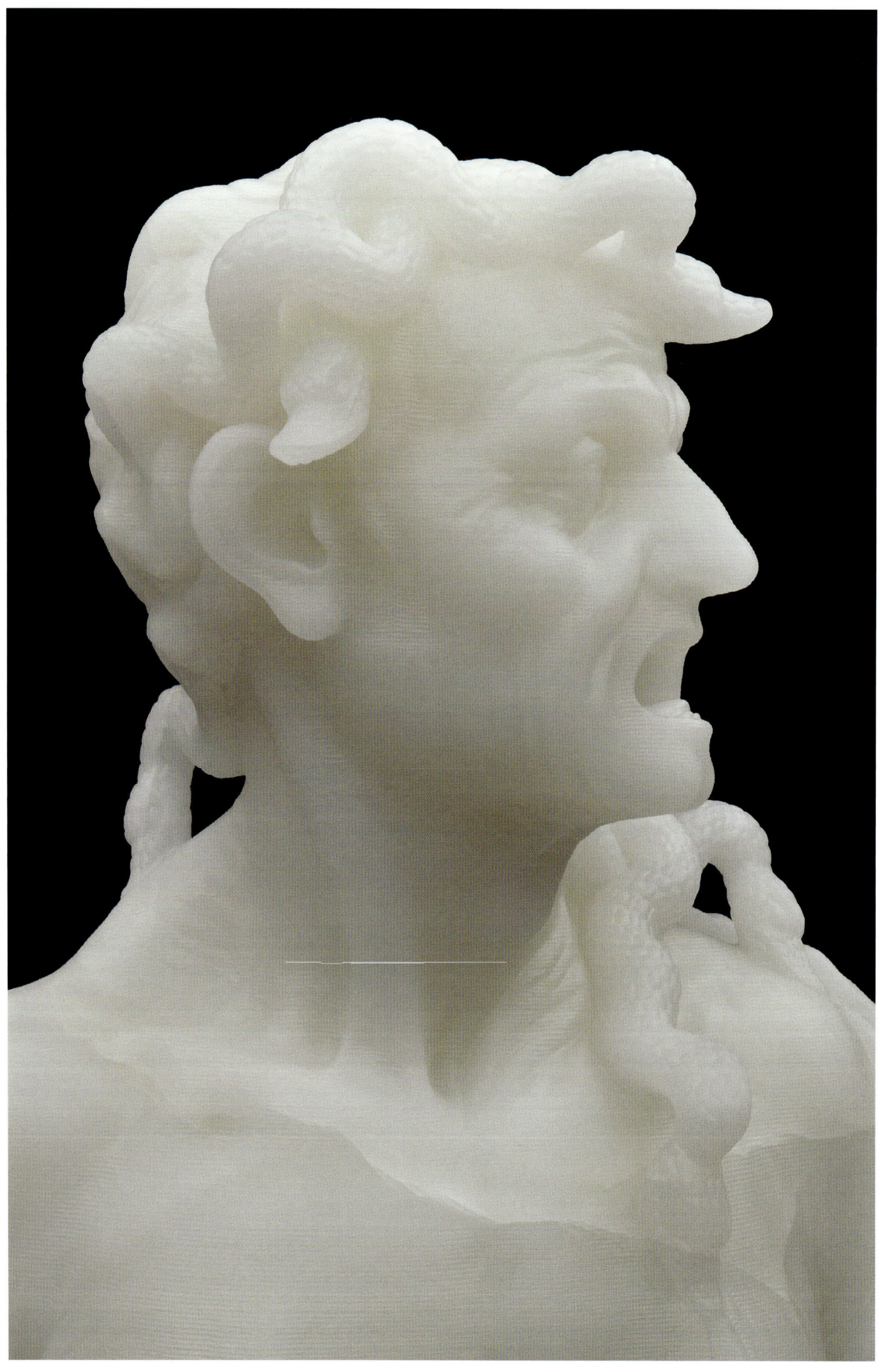

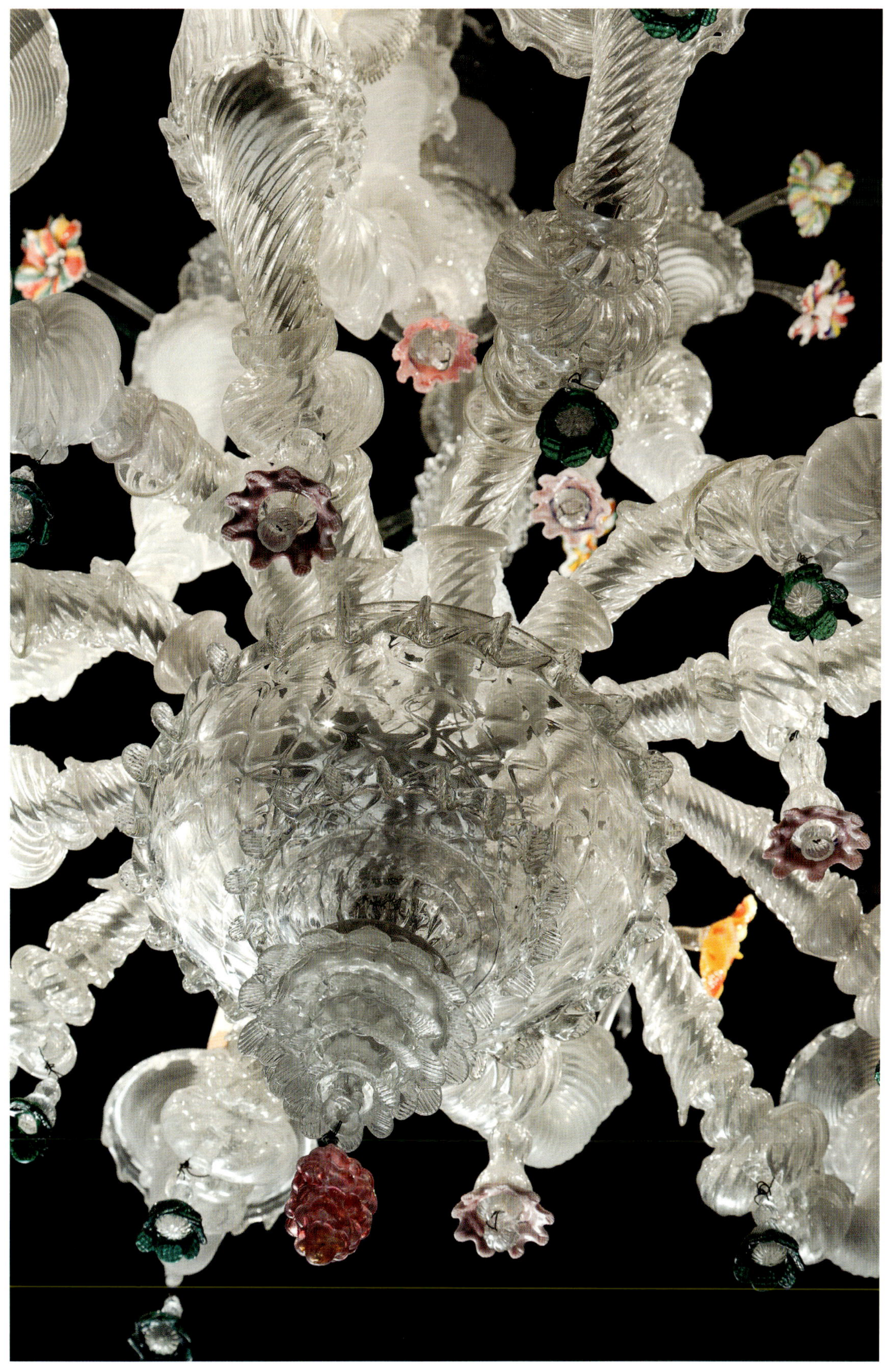

Hermaphroditum Nobilem Fecit

Jean-Pierre Criqui

Esposto a Parigi per la prima volta nell'autunno del 2010, in occasione della FIAC, nella Court Carrée del Louvre (a pochi passi dal suo modello), lo *Sleeping Hermaphrodite* di Barry X Ball è per diversi aspetti un'opera singolare. L'estetica e il rapporto con la storia dell'arte che esso esprime sembrerebbero indicare una totale indifferenza per gli ultimi centocinquant'anni. Il notevole investimento tecnologico alla base della sua realizzazione e, più specificatamente, il posto che occupa nel corpus del suo autore (corpus con uno sviluppo che sembra non avere equivalenti tra i suoi contemporanei), tutto concorre a farne qualcosa di piovuto da non si sa dove, aerolito antropomorfo in cui sembrano congiungersi l'antico, il barocco e la fantascienza. Ma, per la verità, l'*Hermaphrodite* di Barry X Ball è particolarmente notevole per il modo con cui fa risorgere, o rimette in gioco, uno dei tratti più arcaici e più complessi dell'arte della scultura, cioè essere oggetto di molteplici spostamenti, letterari e simbolici, e luogo dove essi si condensano in un'eco.

Poco prima del 1620, a Roma, nei giardini di Santa Maria della Vittoria, non lontano dai bagni di Diocleziano, fu scoperta una scultura romana in marmo bianco rappresentante un ermafrodito dagli occhi chiusi. Il cardinale Scipione Borghese, al quale fu offerta la statua, ordinò al giovane Bernini il piedistallo sul quale poggia tuttora.[1] Abbiamo dunque a che fare con una sorta di assemblaggio, di *combine*, che coniuga due parti separate da una quindicina di secoli e dove, ai due sessi che la figura riunisce, si sovrappone l'incontro non solo di due epoche distanti, ma anche di due artisti altrettanto lontani. La scelta di Barry X Ball acquista un valore di manifesto: ancora prima di metterci mano, *l'Ermafrodito Borghese* è già un'opera composita, molteplice. È anche un'opera apolide, staccata dal sito nel quale è stata creata ed esposta, acquisita nel 1807 da Napoleone, che l'inviò a Parigi dove è tuttora conservata al Louvre. Esilio che costituisce la condizione esistenziale di molte sculture e di cui i cavalli di San Marco, per restare nelle vicinanze di questa esposizione, forniscono un esempio impressionante: arrivati a Venezia all'inizio del XIII secolo da Costantinopoli dove si trovavano da quasi novecento anni (importati da Roma o dalla Grecia dall'imperatore Costantino al momento della fondazione della nuova capitale), furono inviati a Parigi nel 1797 dalle armate del Direttorio e, dopo aver conosciuto diverse collocazioni (tra cui l'arco di trionfo del Carrousel), ritornarono solo nel 1815 sulla facciata della basilica veneziana.

Può essere dunque opportuno sottolineare che l'*Ermafrodito* riesumato all'inizio del Seicento è una copia – tra quelle della stessa epoca giunte fino a noi, di cui una agli Uffizi o un'altra nella stessa collezione Borghese – di un bronzo greco scomparso da lunga data che Plinio, nella sua *Storia naturale* (XXXIV, 80), attribuisce a Policleto, scultore della metà del II secolo a.C.: "Policleto è l'autore di un celebre Ermafrodito" (*Polycles Hermaphroditum nobilem fecit*). Originale perduto, ignoto per sempre, che aleggia anch'esso sopra l'opera di Barry X Ball nel ricordare il difetto originale, l'*instabilità* fondamentale che sembra paradossalmente caratterizzare così spesso quella che è l'arte della massa e della pesantezza, la scultura. L'*Hermaphrodite* del 2010 ci pone così di fronte a un salto indietro all'infinito (chi sa, in effetti, chi o che cosa Policleto avesse preso come modello?), al quale partecipano le sue innumerevoli copie, di tutte le dimensioni e nei materiali più diversi, e i suoi adattamenti più o meno manifesti (come la *Ninfa* scolpita da Canova, oggi al Victoria and Albert Museum), che derivarono dall'ammirazione suscitata per due secoli dalla statua di Villa Borghese.

Altro spostamento, in linea con tutti quelli conosciuti in precedenza dall'"originale" di Policleto: l'androgino scolpito da Barry X Ball è nero. In marmo, come il suo modello romano/barocco, ma in un marmo nero dal quale l'artista ha saputo trarre un contrasto di valenze luminose – l'opacità del materasso, la luminosità della figura – che si aggiunge alle diverse coppie di polarità opposte presenti in quest'opera. Versione in "negativo" del suo predecessore, l'*Hermaphrodite* di Barry X Ball ci rimanda con il suo colore, cioè con l'inversione cromatica dell'*Ermafrodito Borghese* che si realizza con questo colore, al principio fotografico del suo processo di esecuzione. Si può anche cogliere in questo una qualche traccia subliminale della filiazione, ammessa da Ball in occasione di uno dei suoi primi lavori all'inizio degli anni '80: quella della tradizione del monocromo, e in particolare il movimento del *radical painting*.[2]

Il pene dell'*Ermafrodito* romano (dotato del resto di una fisionomia abbondantemente femminile) è il centro scandaloso dell'opera, il *point fou* attorno al quale si organizza la rete dei significati, si scalda lo spirito degli spettatori e degli interpreti (in diverse copie si scelse del resto di non rappresentarlo). Nella sua versione, lo scultore americano l'ha notevolmente modificato rispetto al prototipo. Dettaglio significativo, una volta prese anche in considerazione la possibilità di raffigurarlo come il suo membro: gesto demiurgico nel quale si potrà individuare qualcosa riferito all'auto-generazione, unitamente a una ripresa dell'idea romantica dell'artista come essere doppio, unione e superamento dei contrari – in particolare del femminile e del maschile – il cui androgino costituisce l'incarnazione sia nell'arte sia nel reale. "Questo corpo reale", scriveva Roland Barthes a proposito del personaggio estremamente ambivalente che attraversa la novella di Balzac intitolata *Sarrasine*, "è totale (glorioso, miracoloso) solo se discende da un corpo già scritto dalla statuaria (la Grecia antica, Pigmalione); anch'esso (come gli altri corpi di *Sarrasine*) è una replica emessa da un codice[3]". La replica di Barry X Ball, al tempo stesso fenice e avatar, lo eleva a sua volta al rango di autore di un *Ermafrodito* votato alla più grande celebrità.

1. Vedere la nota dedicata all'*Hermaphrodite* nel bel libro di Francis Haskell & Nicholas Penny, *Taste and the Antique. The Lure of Classical Sculpture, 1500-1900*, New Haven et Londres, Yale University Press, 1981, pp. 234-236. Per alcuni cenni edificanti sulle vicissitudini della figura dell'ermafrodito nell'arte, si consiglia di leggere lo studio di Seymour Howard, "Henry Blundell's *Sleeping Venus*", nella sua raccolta *Antiquity Restored. Essays on the Afterlife of the Antique*, Vienna, IRSA, 1990, pp. 117-129.
2. Su questo punto, come sulle opere dell'artista risalenti alla seconda metà degli anni '80, vedere Jean-Pierre Criqui, "Two or Three Indications Concerning the Work of Barry X Ball", cat. *Barry X Ball*, Domaine de Kerguéhennec, 1990 (n. p.).
3. *S/Z*, Paris, Éditions du Seuil, 1970, "LII. Il capolavoro". Si ricorda che in *Sarrasine*, datata da Balzac novembre 1830, il personaggio eponimo è uno scultore dal nome ambiguo (riferito a un uomo ma dotato di una sonorità femminile); questo scultore prende come modello una donna che in realtà non lo è e della quale si innamora perdutamente. La bisessualità virtuale dell'artista è un motivo ricorrente nel romanticismo, come sottolineato anche dal romanzo di Théophile Gautier, *Mademoiselle de Maupin* (1834), in cui l'eroina è sia ragazza sia ragazzo (e la cui prefazione è il primo grande manifesto francese dell'arte per l'arte). Gautier, che era anche pittore e critico d'arte, ammirava molto l'*Hermaphrodite endormi* del Louvre; in seguito gli consacrerà una poesia, "Contralto", ripresa nel suo libro del 1852, *Émaux et Camées*.

Hermaphroditum Nobilem Fecit

Jean-Pierre Criqui

Exhibited for the first time in the fall of 2010, during the FIAC art fair in Paris at the Louvre (a few steps from its primary model), Barry X Ball's *Sleeping Hermaphrodite* is singular on more than one level. The work's aesthetic and relationship to art history seemingly implies supreme indifference towards the past century and a half; and there is a considerable technological feat that underlies the piece and the place that it occupies within the artist's oeuvre, an oeuvre that, truth be told, seems without equivalent among his contemporaries. These are factors that come together to create something that seems to have come out of nowhere, an anthropomorphic aerolith where the antique, the Baroque and science fiction all unite. But ultimately, Barry X Ball's *Hermaphrodite* stands out because of the way it reanimates or calls into play one of the characteristics that is both the most archaic and the most complex of the art of sculpture, namely the characteristic of being an object that is subject to displacement, both literal and symbolic, and the focus of echoing condensations.

Shortly before 1620, a Roman antique made of white marble representing a hermaphrodite, eyes closed, was discovered in Rome in the gardens of Santa Maria della Vittoria, not far from the Baths of Diocletian. Cardinal Scipione Borghese, to whom the statue was offered, commissioned a young Bernini to create the mattress on which the statue has been resting since.[1] We are therefore dealing with a kind of assemblage, a *combine* that merges two parts separated by some fifteen centuries. In addition to the figure's two sexes, there comes the encounter not only of distant eras, but also of two artists, equally distanced. Barry X Ball's choice here becomes a manifesto: before he even tackled it, the *Borghese Hermaphroditus* was already a composite, plural work. It is also what we might call a "de-territorialized" work, detached from the site where it was created and exhibited: it was purchased in 1807 by Napoleon, who sent it to Paris, where the Louvre became its home. An exile, like so many sculptures, including the *Horses of San Marco*, to take an example close to the present exhibition. Their journey is dizzying: arriving in Venice at the start of the thirteenth century from Constantinople where they stood for almost nine hundred years (imported from Rome or Greece by Emperor Constantine when his new capital was being established), they were sent to Paris in 1797 by the armies of the Directoire, and, after having been installed in various locations (including the Arc de Triomphe du Carrousel), only came to embellish the façade of the Venetian basilica in 1815.

Finally, if that can really be said, it should be noted that the *Hermaphrodite* exhumed at the beginning of the Seicento is a copy—one of several from the same era is conserved at The Uffizi, and another in the Borghese Collection is a copy of a Greek bronze statue that disappeared long ago. Pliny, in his *Natural History* (XXXIV, 80), attributed the bronze to Polycles, a sculptor from the middle of the second century BC: "Polycles made a noble Hermaphrodite" (*Polycles Hermaphroditum nobilem fecit)*. With the original lost, forever inaccessible, something that also hovers around Barry X Ball's work, we are reminded of the lack of origin, the fundamental *instability* that seems to paradoxically yet so often characterize the art of mass and weight that is sculpture. With the 2010 *Hermaphrodite*, we therefore confront an infinite reverberation (who knows, in fact, on whom or what Polycles based his piece), fed by countless copies of every size and material, and more or less obvious adaptations (for example *The Sleeping Nymph* sculpted by Canova, today housed at the Victoria and Albert Museum), which all resulted from the admiration the statue at the Villa Borghese enjoyed over two centuries.

Another displacement, which belongs to the tradition of all those undergone after Polycles's "original": the androgynous figure sculpted by Barry X Ball is black. Made of marble, like his Roman/Baroque model, but in a black marble, from which the artist was able to draw out luminous values—the matte quality of the mattress, the shine of the figure. These complement various pairs of polarities activated by this work. Barry X Ball's *Hermaphrodite* is the "negative" of its predecessor because of its color, because of the chromatic inversion; the piece's process of execution is therefore based on a photographic principle. Herein lies a subliminal connection to Ball's first works from the early 1980s: a relationship to the tradition of the monochrome, and, more specifically, the Radical Painting[2] movement.

The penis of the Roman *Hermaphrodite* (otherwise endowed with a mostly feminine quality) is the scandalous center of the work, the *point of madness* around which the system of meaning forms; it fires up the minds of viewers and interpreters (what's more, many copies do not represent it). In his version, the American sculptor made some significant changes in relation to his prototype. Noteworthy is the fact that at one point he contemplated the possibility of fashioning an image after his own member, a demiurgic gesture in which one might find an aspect of self-engenderment and also a new take on the romantic ideal of the artist as double, a coming together of opposites— of feminine and masculine, notably—while going beyond them. Androgyny is its embodiment in art, as is the real. "That real body," wrote Roland Barthes with regard to the highly ambivalent character that appears throughout Balzac's novella *Sarrasine*, "is total (glorious, miraculous) only insofar as it descends from a body already written by statuary (Ancient Greece, Pygmalion); it too (like the other bodies in *Sarrasine*) is a replica, issuing from a code."[3] Barry X Ball's replica, which is both phoenix and avatar, is another *Hermaphrodite* destined for the greatest fame.

1. See the entry note on the *Hermaphrodite* in the handsome book by Francis Haskell & Nicholas Penny, *Taste and the Antique: The Lure of Classical Sculpture, 1500-1900,* New Haven and London, Yale University Press, 1981, pp. 234-236. For a few edifiying insights on the vicissitudes of the figure of the hermaphrodite in art, see Seymour Howard's study, "Henry Blundell's *Sleeping Venus*" in his collection *Antiquity Restored: Essays on the Afterlife of the Antique*, Vienna, IRSA, 1990, pp. 117-129.
2. Regarding this point, as well as the work of the artist dating from the second half of the 1980s, see Jean-Pierre Criqui, "Two or Three Indications Concerning the Work of Barry X Ball," exh. cat. *Barry X Ball*, Domaine de Kerguéhennec, 1990 (n.p.).
3. S/Z, Paris, Éditions du Seuil, 1970, "Lii. Le chef-d'oeuvre." One will remember that in *Sarrasine*, dated November 1830 by Balzac, the eponymous character is a sculpture with an ambiguous name (referring to a man but endowed with a feminine tone). This sculptor hires as a model a woman—who actually isn't a woman—with whom he falls helplessly in love. The virtual bisexuality of the artist is a recurring motif in romanticism, as is also seen in Théophile Gautier's novel *Mademoiselle Maupin* (1834). Its heroine is at times a girl, at times a boy (the preface to the book is the first great French manifesto on art for art's sake). Gautier, who was also a painter and art critic, greatly admired the Louvre's *Hermaphrodite Endormi*; he later wrote a poem about it entitled "Contralto," which appears in *Émaux et Camées*, written in 1852.

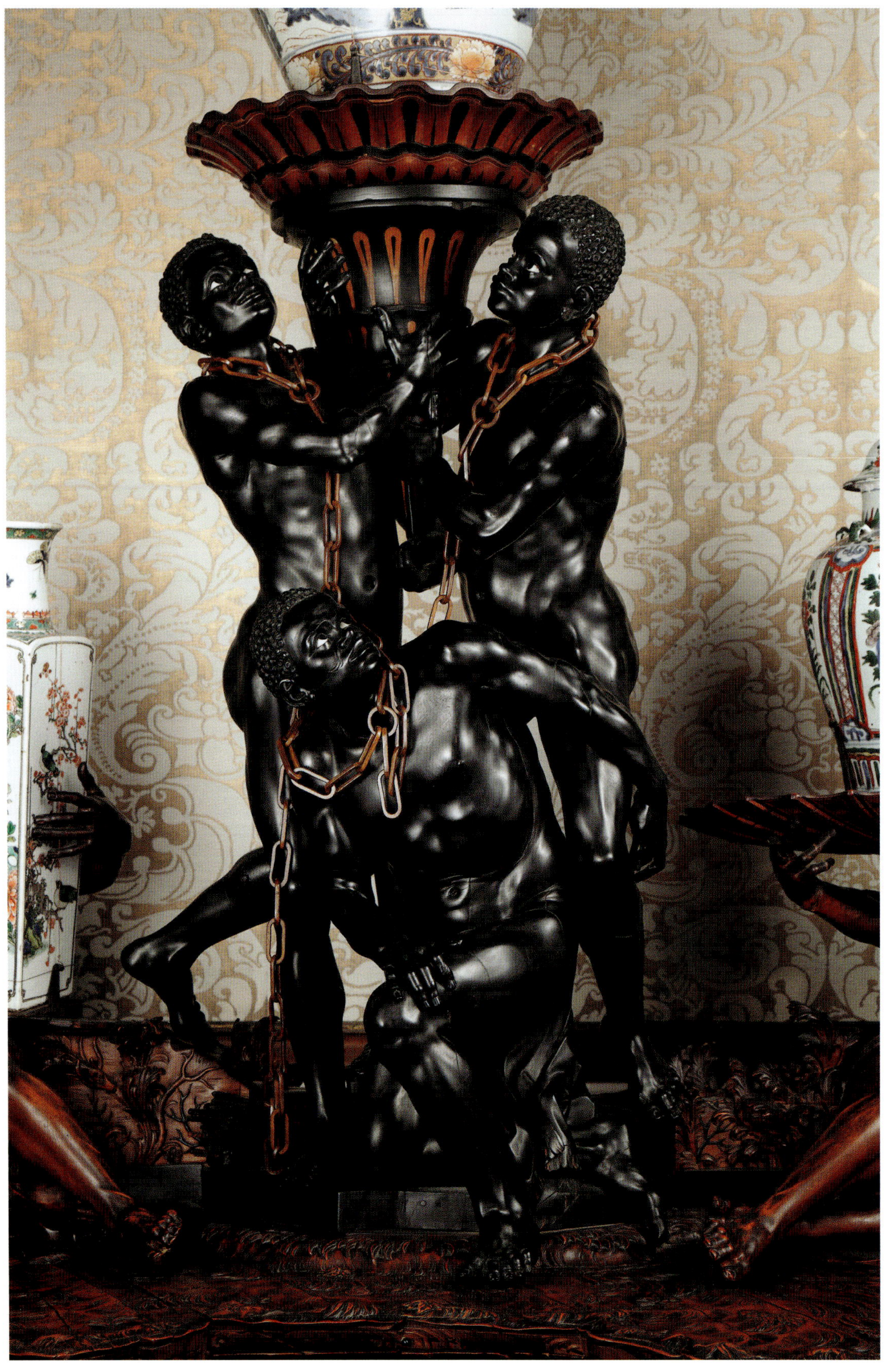

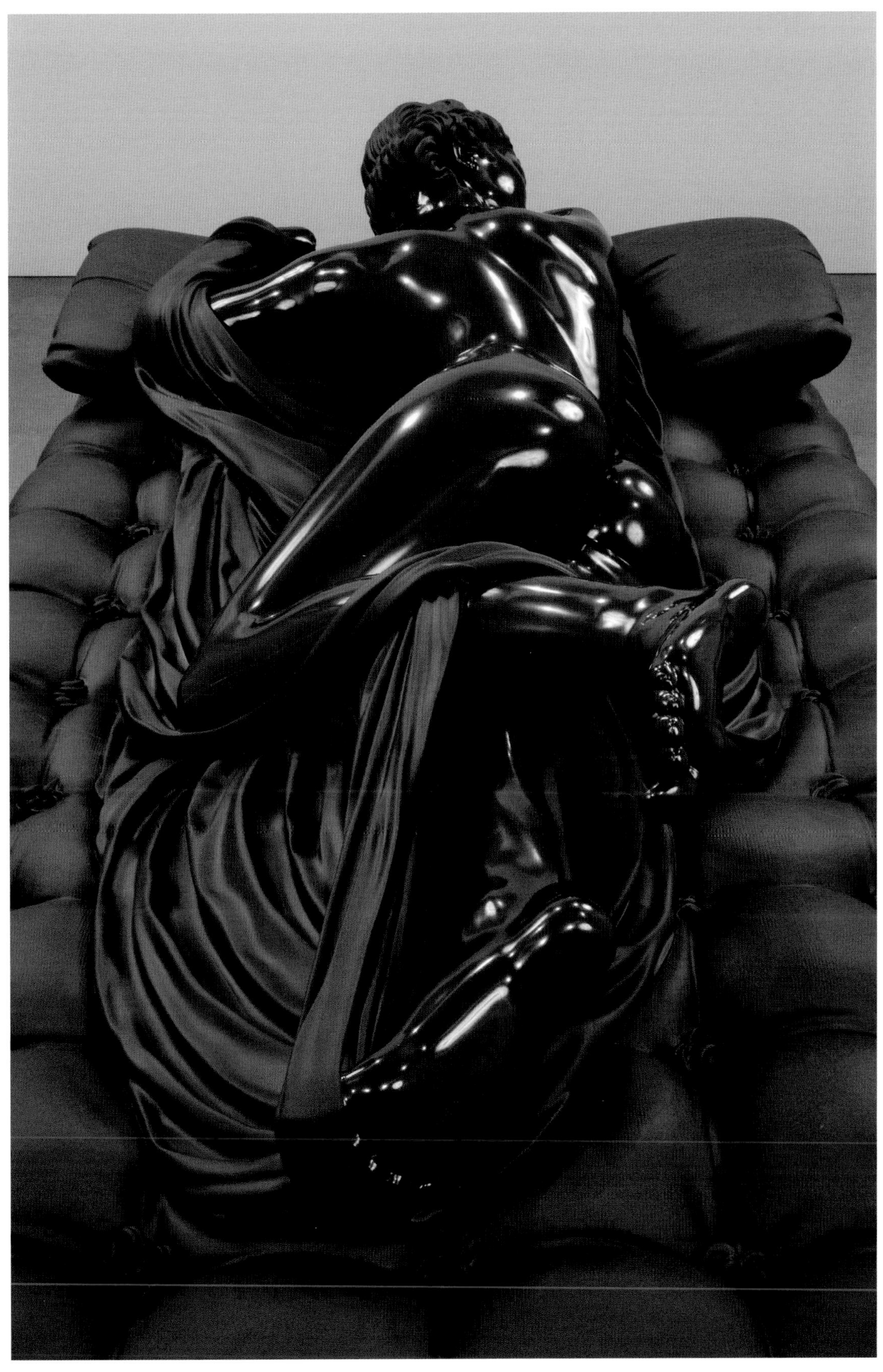

Tassonomie minerali, ars combinatoria ed effetti di superficie

Gianluca Poldi

"Quando quaranta inverni faranno assedio alla tua fronte
Scavando trincee fonde nel campo della tua bellezza,
L'imponente livrea dell'ammirata giovinezza
Sarà ridotta a uno straccio d'abito ..."

(William Shakespeare, sonetto II, traduzione di Giuseppe Ungaretti)

L'opera di Barry X Ball pone l'osservatore di fronte a una riflessione fondamentale sulla tecnica della scultura e la copia o la ripresa dall'antico, sul ruolo del supporto in pietra e sui metodi di lavorazione, quindi sulla scultura stessa e sulle possibilità di percepirla.

Lo scultore in pietra, che parte dall'idea dell'opera nella sua mente e la realizza a levare ("Non ha l'ottimo artista alcun concetto / ch'un marmo solo in sé non circonscriva / col suo superchio, e solo a quello arriva / la man che ubbidisce all'intelletto", Michelangelo Buonarroti, *Rime*, 151) tiene conto di molteplici aspetti, e anzitutto del tipo di materiale che ha a disposizione per scolpire. Egli sa che la forma dipende in diversa misura da alcuni fattori: strutturali (massa, resistenza al taglio e ai diversi tipi di lavorazione, presenza di vuoti o di zone a diversa densità e compattezza), superficiali (lucentezza o opacità o trasparenza della superficie, *texture*, colore) e spaziali (dimensioni-proporzioni delle parti e articolazione dei piani nello spazio).

Se in passato le proprietà strutturali e la durezza della pietra costituivano dei vincoli ineliminabili, obbligando a scegliere materiali ben lavorabili e privi di piani di sfaldamento o crepe interne, e a orientare le vene in funzione della direzione dei colpi di scalpello e degli elementi in aggetto, oggi alcuni di tali vincoli sono venuti meno, grazie all'impiego di macchine con strumenti di fresatura che evitano alla pietra eccessive sollecitazioni, nonché alla disponibilità di collanti in grado di consolidare il minerale prima e in corso di lavorazione garantendogli stabilità – per pietre fragili come le onici, nel caso di Ball.

Un tempo, per le difficoltà di viaggio, assai di rado lo scultore poteva scegliere i blocchi in cava e usava spesso pietre disponibili sul mercato o di recupero, ma poteva in genere contare su materiali con ottime caratteristiche fisico-strutturali, come i marmi bianchi della tradizione classica e rinascimentale, non a caso preferiti, anche per l'assenza di impurezze cromatiche.

Nonostante si avvalga di sofisticati metodi di riproduzione e lavorazione, Barry X Ball segue accuratamente ogni fase di realizzazione, a partire dalla scelta della pietra, recandosi personalmente nelle cave, alla ricerca del pezzo e del taglio più adatto all'idea, nella convinzione che il farsi della scultura resti, nonostante le differenze rispetto alla prassi tradizionale, un processo unitario e fondamentale per il risultato finale.

Sulla scorta della pietra scelta, l'opera di Barry X Ball parte dalla prima definizione della forma, attraverso fotografie digitali e scansioni tridimensionali dei calchi in gesso delle teste – nel caso dei ritratti, *Portraits* – oppure scansioni tridimensionali dirette delle sculture antiche per la serie dei *Masterpieces*. Il modello digitale grezzo che ne deriva – privo dei dettagli nascosti, interni o sottosquadra, non rilevati dallo scanner ma documentati tramite fotografia – viene elaborato mediante programmi di modellazione 3D, con distorsioni, aggiustamenti, dettagli precisati, aggiunta eventuale di *pattern*..., ossia intervenendo sulla "realtà" della riproduzione a scanner per creare la forma dell'opera. Il modello così ottenuto è pronto per essere inviato alla macchina a controllo numerico che scava il blocco di pietra. Si tratta dell'equivalente odierno del modello in creta grande al vero – basato a sua volta prima sui disegni e sui bozzetti, poi sui modellini dell'artista – che ad esempio Canova faceva realizzare in bottega per studiare le proporzioni e le incidenze luminose. Il modello era poi copiato in gesso mediante calco inserendovi i "punti chiave" in metallo, utili a riportare le proporzioni esatte sul blocco di marmo, nelle varie fasi della lavorazione. Il pittore Francesco Hayez ricordava che i collaboratori "portavano le opere del maestro a tal grado di finitezza che si sarebbero dette terminate: ma dovevano lasciarvi ancora una piccola grossezza di marmo, la quale era poi lavorata da Canova più o meno secondo quello che questo illustre artista credeva dover fare" (*Memorie*, 1890).

La tecnica scultorea, con le tecnologie più avanzate, è frutto della propria epoca, come lo era un tempo lo scavo diretto della pietra (oggi raro). Se per Bernini, ad esempio, si leggono in zone nascoste di varie sue sculture i tratti del carboncino usato per circoscrivere le forme prima di porre mano allo scalpello, qui il segno avviene a monte, tra il modello al computer e la mente dello scultore. Restano all'artista stesso e ai suoi assistenti molte ore di lavoro per terminare l'opera, sempre assai incompleta, della macchina, tra cui i particolari che questa non è in grado di realizzare, come le cartilagini delle orecchie e in generale le parti sottosquadra, anche arrivando a prolungare faticosamente a mano i solchi volutamente lasciati dalla fresatrice meccanica, quasi una evoluzione dei tradizionali segni di gradina e di raspa.

Se può esistere una sorta di aspetto combinatorio, quasi matematico, nelle scelte operate e ricorrenti in materiali diversi, proprio la diversità delle pietre garantisce al massimo grado la variabilità a livello percettivo, generando nette differenze anche nelle varie versioni dello stesso soggetto. A ogni pietra scelta corrispondono anche la sua grana, la sua storia geologica ed estrattiva, il suo impiego in scultura e la sua rarità, che vanno ad aggiungersi alla densità del senso.

Ball impiega soprattutto marmi e alabastri calcarei (travertini). Specialmente questi ultimi, che ricordano le trasparenze degli alabastri e onici orientali ed egiziani, il "marmor alabastrum" dei romani, sono scelti da un lato per le loro proprietà di trasmissione della luce, dall'altro per le disomogeneità – presenza di vene diversamente colorate e di cavità. La casualità che pare essere eliminata dal controllo assiduo, e fin "numerico" nelle fasi di incisione, viene così restituita alla natura del materiale, diventando aspetto sostanziale e iconografico, sospeso volutamente tra decorazione e incremento del senso. Questa espansione dei livelli di lettura grazie alla scelta della pietra diventa una cifra costante dell'idea di scultura di Ball, e ha un suo analogo "artificiale" nella complessa lavorazione superficiale secondo *texture* variabili, dalla politura lucida a quella opaca/satinata (entrambe nello *Sleeping Hermaphrodite*, ad esempio), alla presenza di butterature (come nei ritratti di Jeanne, pp. 113, 123, 125) e *pattern* decorativi (nel ritratto duale di Jeanne in marmo nero, p. 59), alla più o meno fitta scanalatura di molti ritratti, alla direzione stessa di tali solchi (orientati ad esempio contro-vena nel marmo striato di Jon Kessler, p. 121).

Sulle pietre

L'onice messicana (*tecali*) è un travertino compatto zonato depositato da sorgenti calde, composto da calcite a grana fine di colore generalmente bianco, macchiata di arancio o rosso per la presenza di ossidi di ferro. Originario di Tecali o di altri siti presso Puebla, Oaxaca e Baja California, in Messico, veniva impiegato già nel I secolo d.C. per maschere e altri oggetti. La varietà verde chiaro è scelta da Ball per il McCaslin Homunculus (p. 69).

Altri travertini sono le onici pakistane e iraniane – quest'ultima molto rara nella colorazione pura bianco latte preferita dallo scultore, che era destinata alla nobiltà persiana. Se in *Envy* (p. 86) è mantenuta opaca dalle fitte scanalature orizzontali, favorendo così la lettura complessiva della forma, nella *Purity* (p. 77) è levigata, esaltandone l'aspetto lattiginoso e quindi l'andamento del velo, con l'incrinatura che attraversa obliquamente il viso.

La calcite *Golden Honeycomb*, di colore arancio intenso, è un tipo di onice (onice ambrata) caratterizzata da alta trasparenza. Proviene dalle montagne dello Utah. La sua struttura a nido d'ape dipende dal tempo e dalla modalità d'accrescimento delle celle, che variano da fitte cellette esagonali a larghe celle aperte, con ampie zone prive di setti, dando l'impressione di una luminosità interna. Tende a decolorarsi se esposta per lunghi periodi alla luce solare diretta.

Le sculture di Ball realizzate con pietre semitrasparenti rendono più difficile l'immediata lettura della forma, in un gioco che confina con l'ironia e che si complica per la presenza di venature e di *texture* indotte, richiedendo all'osservatore uno sforzo supplementare. Simili pietre hanno avuto poco o nessuno spazio nella scultura tradizionale. Anche nelle sculture eseguite con marmi compositi, assai amate in età romana e poi all'epoca del Barocco, visi e mani erano generalmente in marmo chiaro e cromaticamente uniforme, assolvendo semmai i marmi colorati alla funzione di ricreare le preziosità delle vesti e degli ornamenti.

Diversamente dagli alabastri calcarei (rocce sedimentarie di origine chimica, prodotte per incrostazione del carbonato di calcio depositato da acque dolci soprasature), i marmi si formano attraverso un processo metamorfico da rocce sedimentarie, quali il calcare o la dolomia, che provoca una completa ricristallizzazione del carbonato di calcio di cui sono in prevalenza composte. Alte temperature e pressioni portano alla progressiva cancellazione delle strutture e tessiture originariamente presenti nella roccia, con la conseguente distruzione di fossili e stratificazioni. Il colore del marmo dipende dalla presenza di impurità minerali (argilla, limo, sabbia, ossidi di ferro, noduli di selce), esistenti in granuli o in strati all'interno della roccia sedimentaria originaria, che nel metamorfismo vengono spostate e ricristallizzate. I marmi bianchi sono esito della metamorfizzazione di rocce calcaree prive di impurezze.

Il basso indice di rifrazione della calcite, che permette alla luce di penetrare nella superficie della pietra prima di essere riflessa, dà a questo materiale, e soprattutto ai marmi bianchi, una speciale luminosità, che lo ha reso particolarmente apprezzato per la scultura tradizionale. Il marmo bianco, come il *Macedonian marble*, è adoperato da Ball nelle teste dello *Pseudogroup of Giuseppe Panza* (pp. 50, 51, 52, 53) e per i piedistalli dell'*Envy* e della *Purity* (pp. 77, 78, 80, 84, 85, 86).

Il marmo nero del Belgio è un calcare il cui colore è dovuto a inclusioni di bitume. Grigio al naturale, ossia quando non levigato, tende a spezzarsi in fratture concoidi simili a quelle del vetro, producendo schegge che rendono difficile la lavorazione. Adoperato in scultura almeno dal Medioevo (XI-XII secolo), era usato come pietra di paragone per testare metalli preziosi ("paragone di Fiandra"). Completamente opaco, dove è impiegato con le scanalature che ricordano la lavorazione a macchina, come nel cuscino-materasso dello *Sleeping Hermaphrodite* (p. 95) o in *Envy* (p. 78), ricorda vagamente l'immagine in livelli di grigio prodotta dalla scansione 3D, ossia la struttura della forma.

Il lapislazzuli è una roccia metamorfica composta dal minerale blu lazurite (un silicato di sodio e alluminio contenente solfuri e solfati) e altri minerali feldspatoidi, con inclusioni di pirite di colore giallo-oro e di calcite bianca. Dal blu, macinato e purificato, si otteneva l'azzurro più prezioso e costoso per secoli adoperato in pittura, importato dall'oriente proprio a Venezia, che ospitò il forse principale mercato europeo dei pigmenti fino al XVI secolo. Meno impiegato dall'artista, è qui riservato ai ritratti di Lucas Michael (p. 62) e di Laura Mattioli (p. 63), sfruttandone la chiazzatura blu e bianco-gialla.

Mineral Taxonomy, Ars Combinatoria, and Surface Effects

Gianluca Poldi

"When forty winters shall besiege thy brow
And dig deep trenches in thy beauty's field,
Thy youth's proud livery, so gazed on now,
Will be a tatter'd weed . . ."

(William Shakespeare, "Sonnet II")

Barry X Ball's work leads the observer to a fundamental reflection on the technique of sculpting and making sculptures after ancient works, on the role of the stone support, on working methods, and therefore on sculpture itself and the possibilities of perceiving it.

The sculptor of stone, who starts out with the idea of the work in his mind and creates it by taking away ("Not even the best of artists has any conception / that a single marble block does not contain / within its excess, and that is only attained / by the hand that obeys the intellect," Michelangelo Buonarroti, "Sonnet 151"), takes a number of aspects into consideration, the first of these being the type of material he has at his disposal. He knows that, to varying degrees, form depends on several factors: structure (mass, resistance to cut and different working methods, presence of hollowness or areas with differing density and compactness), surface (a shiny, matte or transparent surface, texture, color), and space (dimensions-proportions of the different parts and arrangement of levels in space).

In the past the structural properties and the hardness of the stone constituted unavoidable constrictions, forcing the artist to choose easily workable materials that would not flake or did not contain cracks, and to orient the veining in the direction of the chisel and protruding elements. Today some of these constrictions have disappeared thanks to the use of machines with milling devices that avoid overworking the stone, as well as adhesives capable of consolidating the mineral before and during the sculpting process, thereby ensuring stability—for fragile stones such as onyx, in Ball's case.

Centuries ago travel was difficult, and only rarely could the sculptor choose stone blocks in quarries; he would often use recovered stones or ones available on the market. Generally speaking, he could count on material with excellent physical-structural characteristics, such as the white marble of classical and Renaissance tradition, which was also preferred, unsurprisingly, because of the absence of chromatic impurity.

Although he makes use of sophisticated reproduction and working methods, Barry X Ball painstakingly follows each phase, starting with his choice of stone, going directly to the quarries in search of the piece and cut most suited to his idea, convinced that—despite differences in relation to traditional procedures—the process of creating a sculpture remains unitary and fundamental to the final result.

Barry X Ball's work begins first with the definition of the form through digital photographs and the three-dimensional digital scanning of life-cast plaster models (in the case of his *Portraits*), or direct scanning of ancient works (for his *Masterpieces*). These images are subsequently employed in the creation of raw 3-D digital models. The resultant models—lacking hidden, internal, or undercut details, not detected by the scanner but documented through photographs—are elaborated by 3-D modeling programs, with distortions, adjustments, specified details, possible pattern addition, and so forth, thereby acting upon the "reality" of the scanner reproduction to create the form of the work. The completed digital models are then ready to be sent off to the numerically controlled machines that carve the stone blocks. This is the modern-day equivalent of life-sized clay models—in turn, based on the artist's drawings and sketches and subsequently on small models—that for example Canova had made in his workshop to study proportions and light effects. The clay model was then copied in plaster via a mold, inserting metal "key points" in order to maintain the exact proportions on the slab of marble, during the various work phases. The painter Francesco Hayez recalled that assistants "brought the works of the master to such a degree of perfection one might say they were finished: but they had to leave a small amount of thickness to the marble, which was then worked by Canova, more or less according to what this illustrious artist believed he had to do" (*Memoirs*, 1890).

As with most advanced technologies, sculptural technique is a product of its era. This was also the case with direct stone carving (increasingly rare today). For example, whereas in the hidden parts of some of Bernini's sculptures one can see the outline of the charcoal used to circumscribe the shapes before using the chisel, here instead the delineation takes place from the start, between the digital model and the sculptor's mind. In order to finish a piece, many months of hand work await the artist after the computer-controlled milling, which is always incomplete, is over. The machines are unable to carve details like ear cartilage and, in general, the undercuts. In addition, Ball and his assistants often find themselves carefully extending by hand the dense pattern of miniscule furrows generated by the mechanical mill, almost an evolution of the marks on historical sculptures left by the chisel and rasp.

If indeed there does exist a sort of combinatory, quasi-mathematical aspect to the artist's recurrent choices of different materials, it is precisely the diversity of the stones that guarantees, to the utmost, perceptual variability, generating distinct differences between the many versions of the same subject. For each chosen stone, its grain, its geological and mining history, its use in sculpture, and its rarity, all add to its significance.

Ball mostly uses marble and calcareous alabasters (Travertines). The latter, especially, call to mind the transparency of Far Eastern and Egyptian alabaster and onyx, the *marmor alabastrum* of the Romans. They are chosen, on the one hand, for their ability to transmit light and, on the other, for their lack of uniformity—i.e. the presence of different colored veining and fissures. The randomness that seems to be eliminated by very "numerical" control in the carving phases, is thus restored by the nature of the material and becomes a substantial and iconographic aspect, intentionally poised between decoration and an increase in meaning. This "natural" expansion of the levels of interpretation resulting from the choice of the stone becomes a constant in Ball's concept of sculpture. It has its own "artificial" analogy in the complex working of the surfaces to engender variable textures, from the shiny or matte/satinized polish (both evident in the *Sleeping Hermaphrodite*, for example) to the presence of scarring (as in the portraits of Jeanne, pp. 113, 123, 125) and decorative *patterns* (in the black marble dual portrait of Jeanne, p. 59). Also notable are the variably-spaced fluting in many portraits and the direction of the flutes themselves (for example, against the veining of the streaked marble in Jon Kessler portrait, p. 121).

About the Stones

Mexican onyx (*tecali*) is a zoned, compact Travertine left by warm water deposits, composed of fine grain calcite and generally white in color, streaked with orange or red due to the presence of iron oxides. Originally from Tecali or other sites near Puebla, Oaxaca, and Baja California, in Mexico, it was used as early as the first century AD for masks and other objects. Ball chose the light green variety for his McCaslin Homunculus (p. 69).

Other Travertines employed are Pakistani and Iranian onyx, the latter being quite rare in the pure milky white type preferred by the sculptor, which is also the type reportedly reserved for the mausoleum of Ayatollah Khomeini. In *Envy* (p. 86) it is kept matte by virtue of the dense horizontal surface grooving, thereby favoring an overall reading of the form, while in *Purity* (p. 77) it is smooth, accentuating its pearlescent aspect and the draping of the veil, with folds diagonally crossing the face.

The intensely orange Golden Honeycomb calcite is a highly translucent variety of onyx (amber, originating in the Utah Mountains). Its beehive structure depends on the growing time and mode of the cells, which range from tiny, close-knit hexagonal cells to large open sections. Many zones have no septa, thereby giving the impression of interior brightness. It tends to discolor if exposed for extended periods to direct sunlight.

When Ball's sculptures are crafted from semitransparent stones, it makes it more difficult to quickly interpret the form, in a play that borders on irony and is further complicated by the presence of veining and induced *textures*, thus requiring even more effort on the part of the observer. Stones like these have had little or no place in traditional sculpture. Even in composite marble sculptures, a type which was much-appreciated in both Ancient Rome and the Baroque era, faces and hands were generally in light, uniformly colored marble, thereby relegating colored marble to the representation of luxurious clothing and ornaments.

Unlike calcareous alabaster (sedimentary rock of a chemical origin, made from the incrustation of calcium carbonate left by fresh water deposits), marble is formed through a metamorphic process of sedimentary rock, like limestone or dolomite, which causes a total recrystallization of the calcium carbonate of which it is mainly composed. High temperature and pressure gradually eliminate the structures and weavings originally present in the rock, and as a consequence, fossils and layers are destroyed. The color of the marble depends on the presence of mineral impurities (clay, silt, sand, iron oxide, flint nodules), in grains or even layers within the original sedimentary rock, which during metamorphosis are shifted and recrystallized. White marble derives from the metamorphosis of calcareous rocks that have no impurities.

The low refraction index of calcite, which allows light to penetrate the stone's surface before being reflected, gives this material a special brightness; a luminescent quality that makes white marble especially suited to traditional sculpture. White Macedonian marble is employed by Ball for the heads in *Pseudogroup of Giuseppe Panza* (pp. 50, 51, 52, 53) and for the tops of the *Envy* and *Purity* pedestals (pp. 77, 78, 80, 84, 85, 86).

Belgian black marble is a limestone whose black color is due to the presence of bitumen. Naturally gray, when it is not smooth, that is, it tends to break in conchoidal fractures similar to those of glass, producing shards that make the stone hard to manipulate. Used for sculpture at least from the Middle Ages (XI–XII centuries), it was also used as a touchstone for precious metals ("Flanders marble"). Completely matte, wherever it is covered with precise fluting that evinces machine craftsmanship, for instance in the bed cushion of the *Sleeping Hermaphrodite* (p. 95) or in *Envy* (p. 78), it resembles a "gray-scale" 3-D scanning image, evoking the digital genesis of the physical form.

Lapis lazuli is a metamorphic rock made of a blue lazurite mineral (sodium and aluminum silicate containing sulfides and sulfates) and other feldspathic minerals, with yellow-gold pyrite and white calcite. When crushed and purified, lapis produced the most precious and costly sky blue color, used for centuries in painting and imported from the Orient to Venice, up until the sixteenth century the location of one of the main markets for pigments. Ball has used this rare semi-precious stone on only two occasions, for the portraits of Lucas Michael (p. 62) and Laura Mattioli (p. 63), where he has made the most of its blue and white-yellow stain patterning.

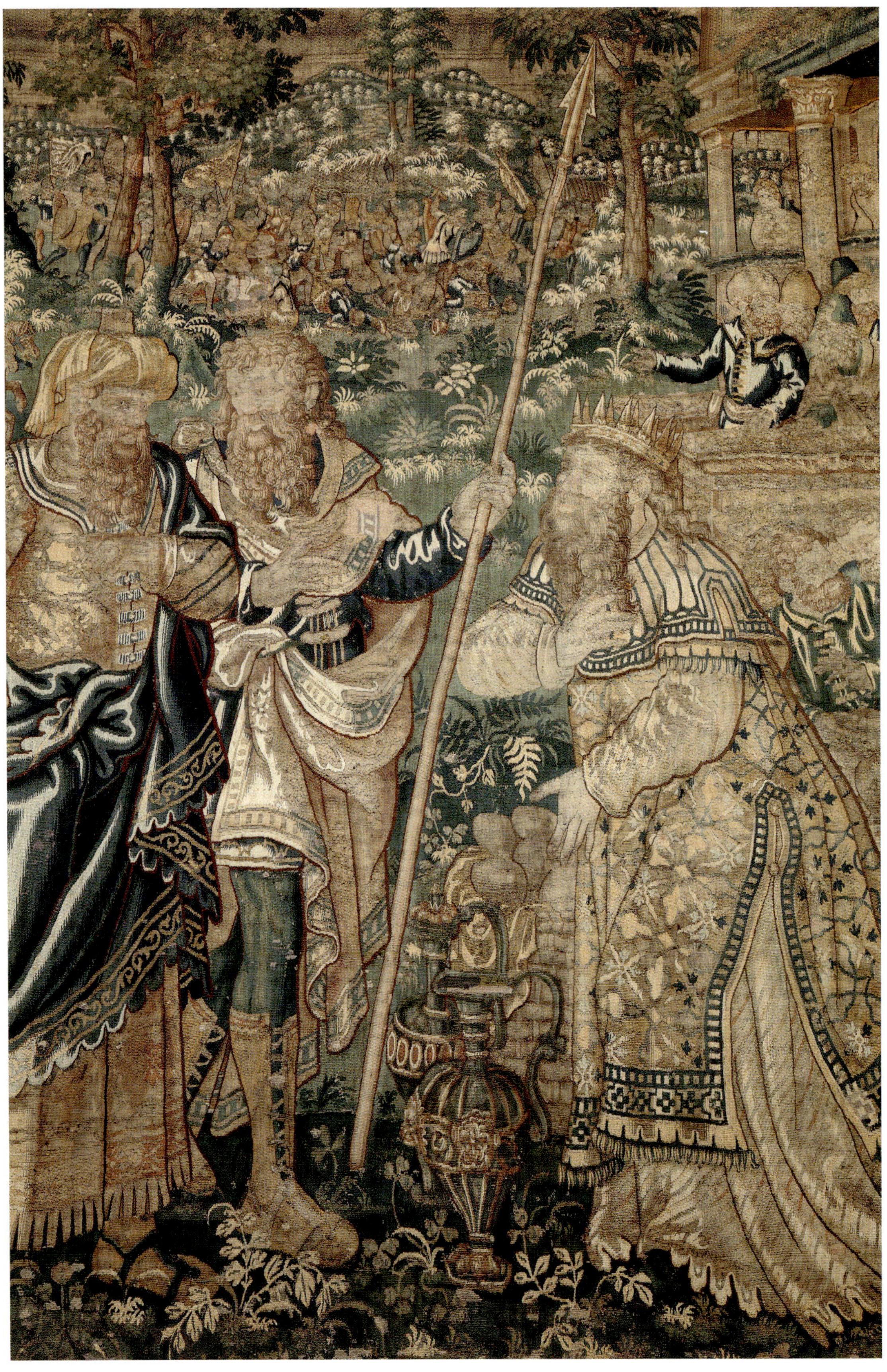

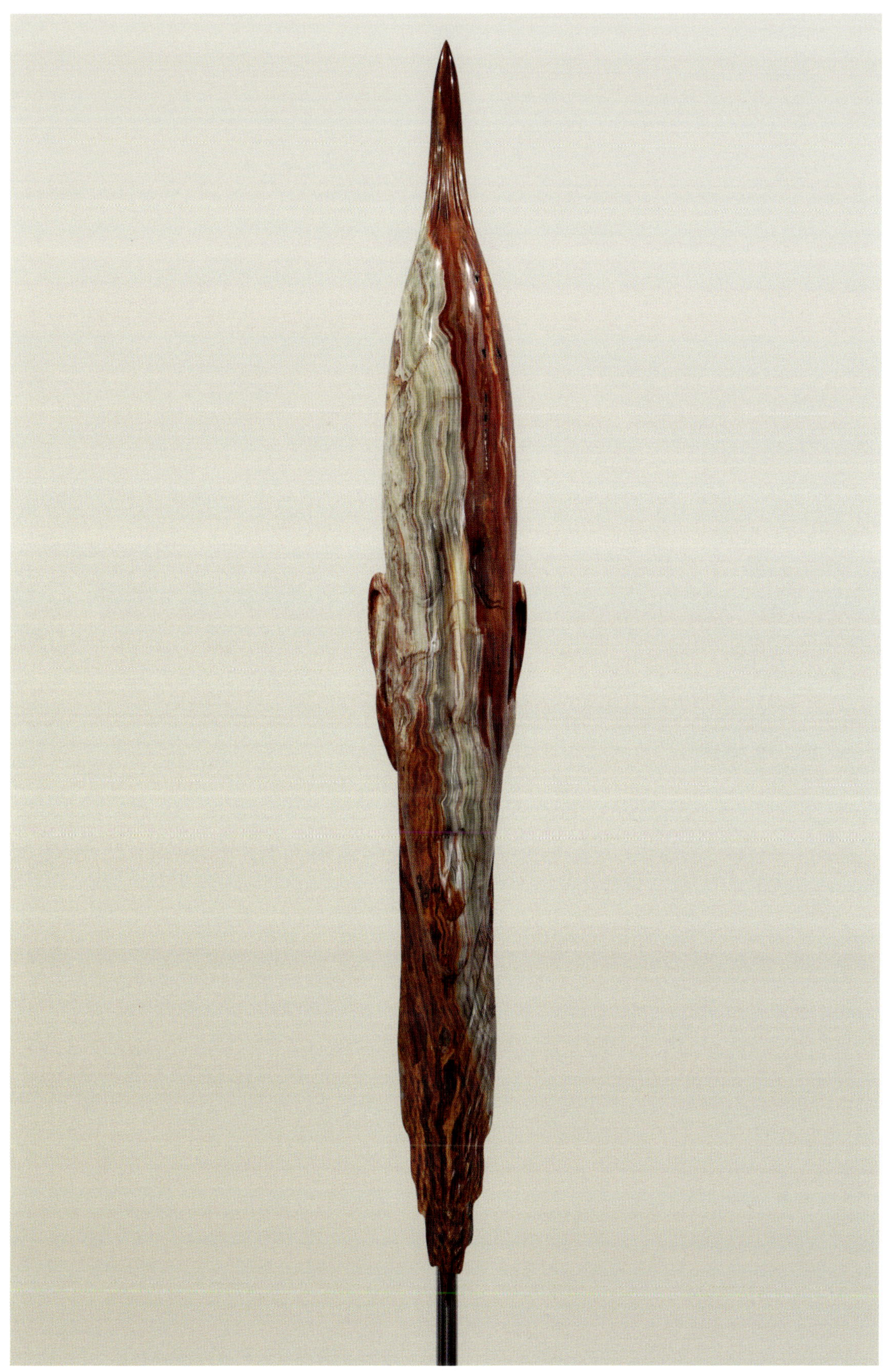

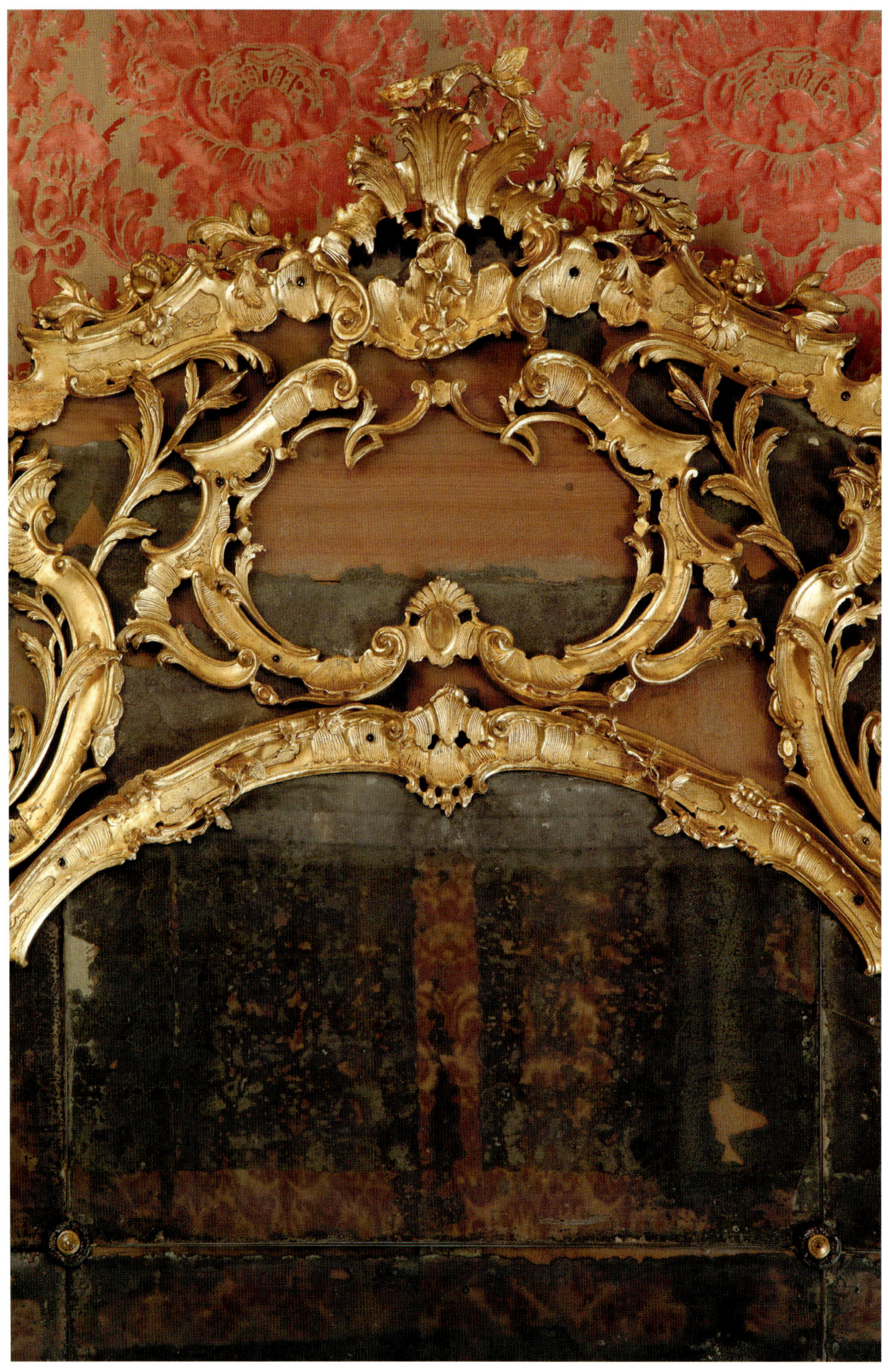

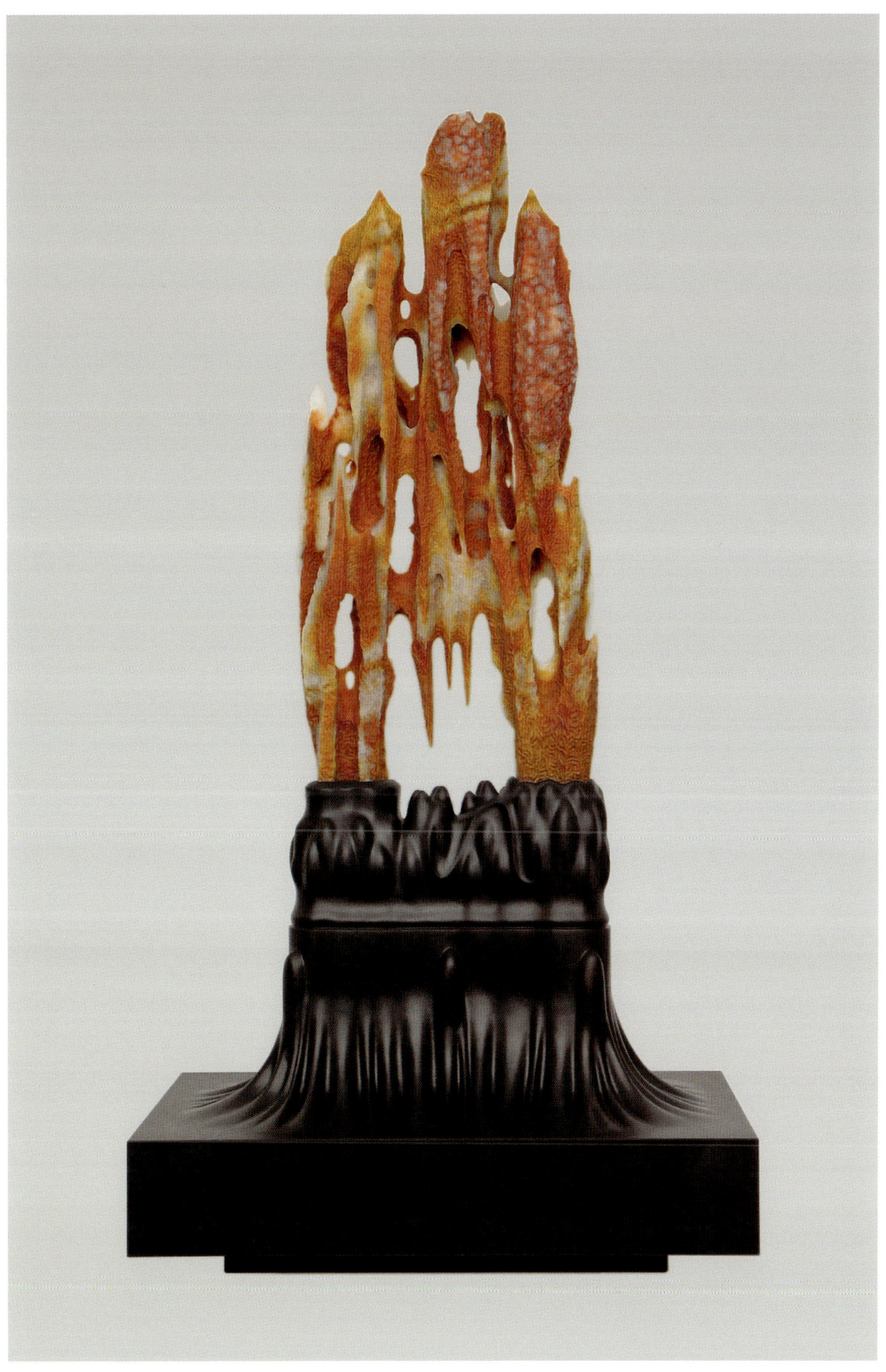

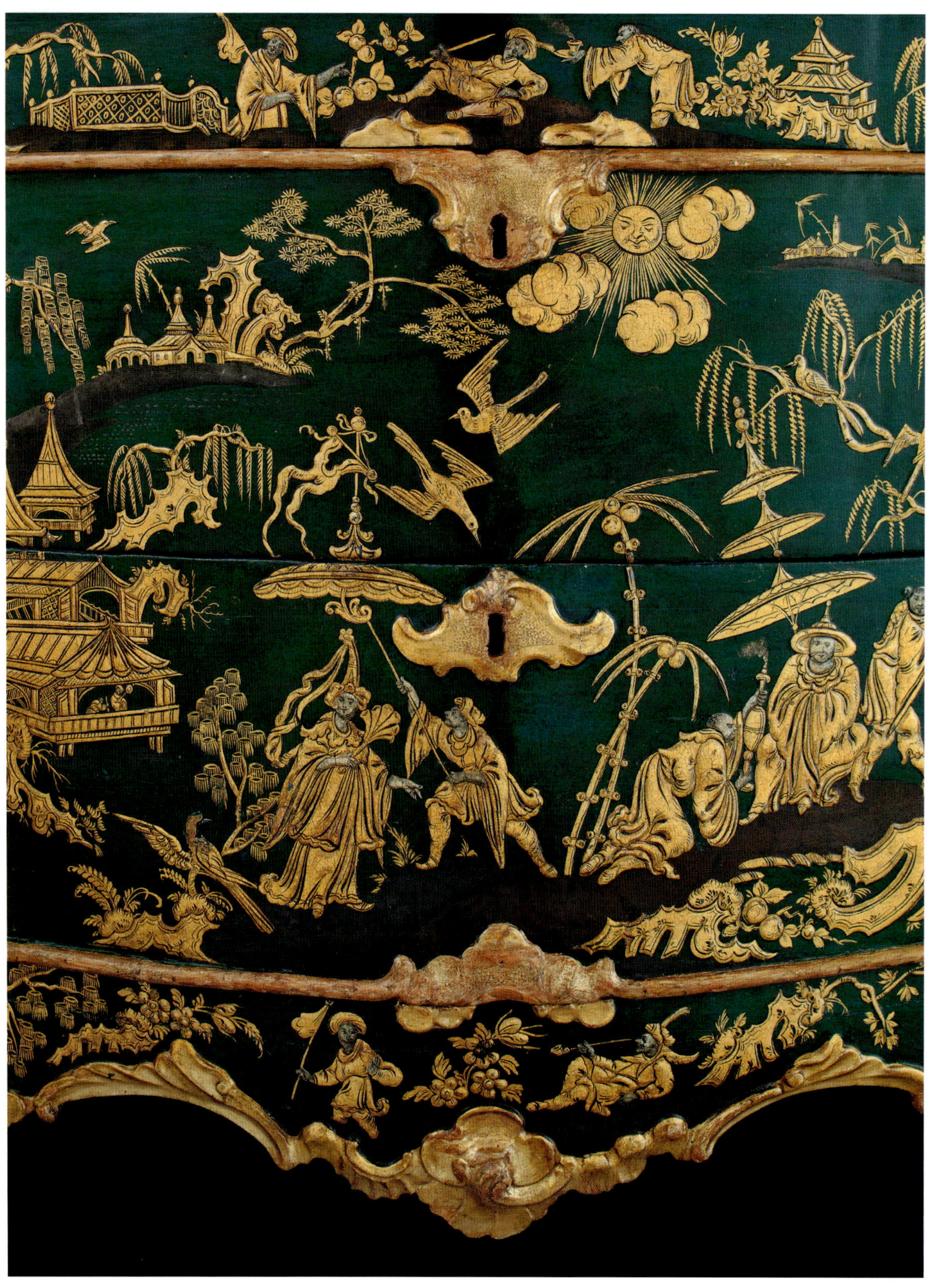

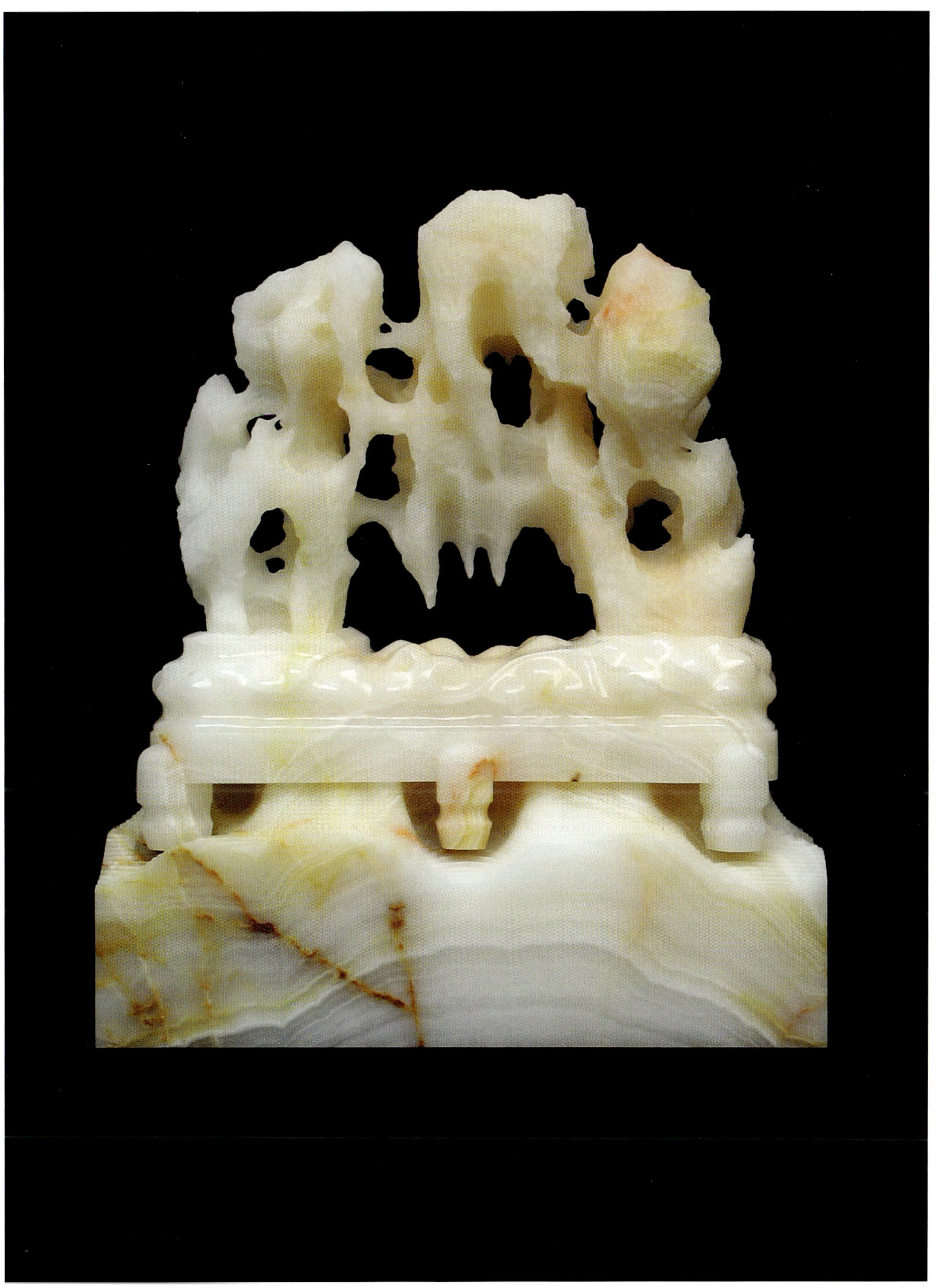

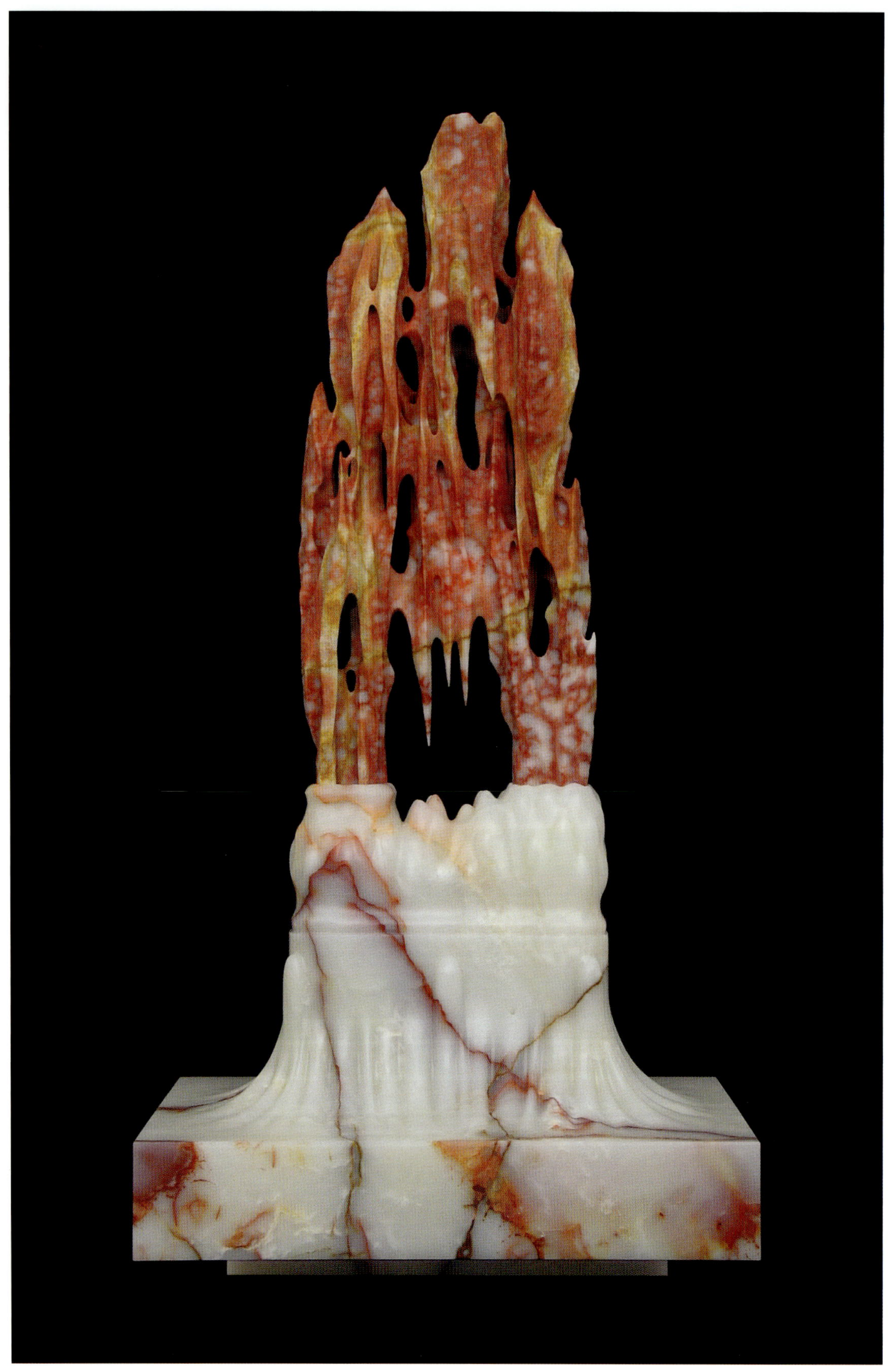

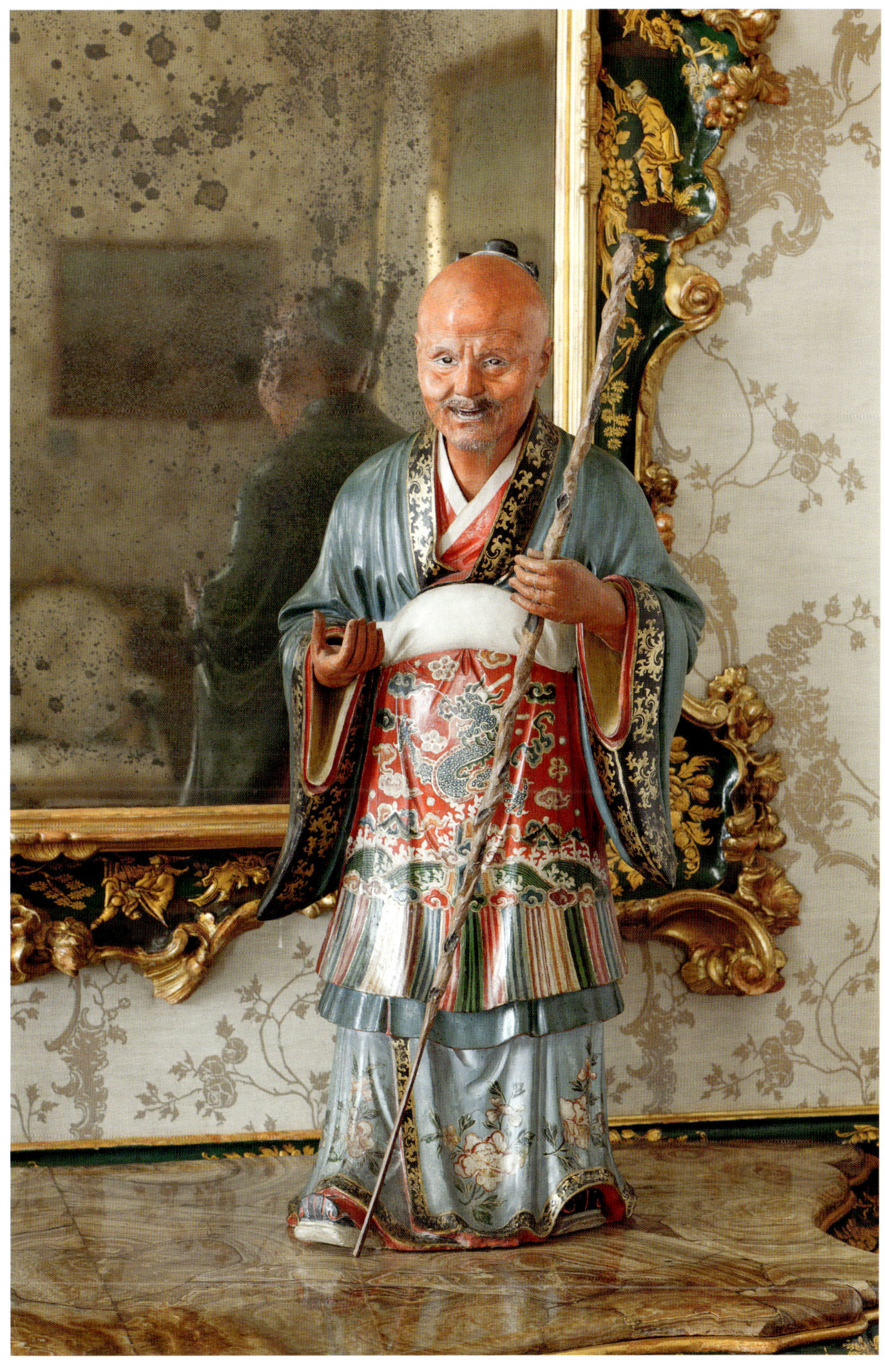

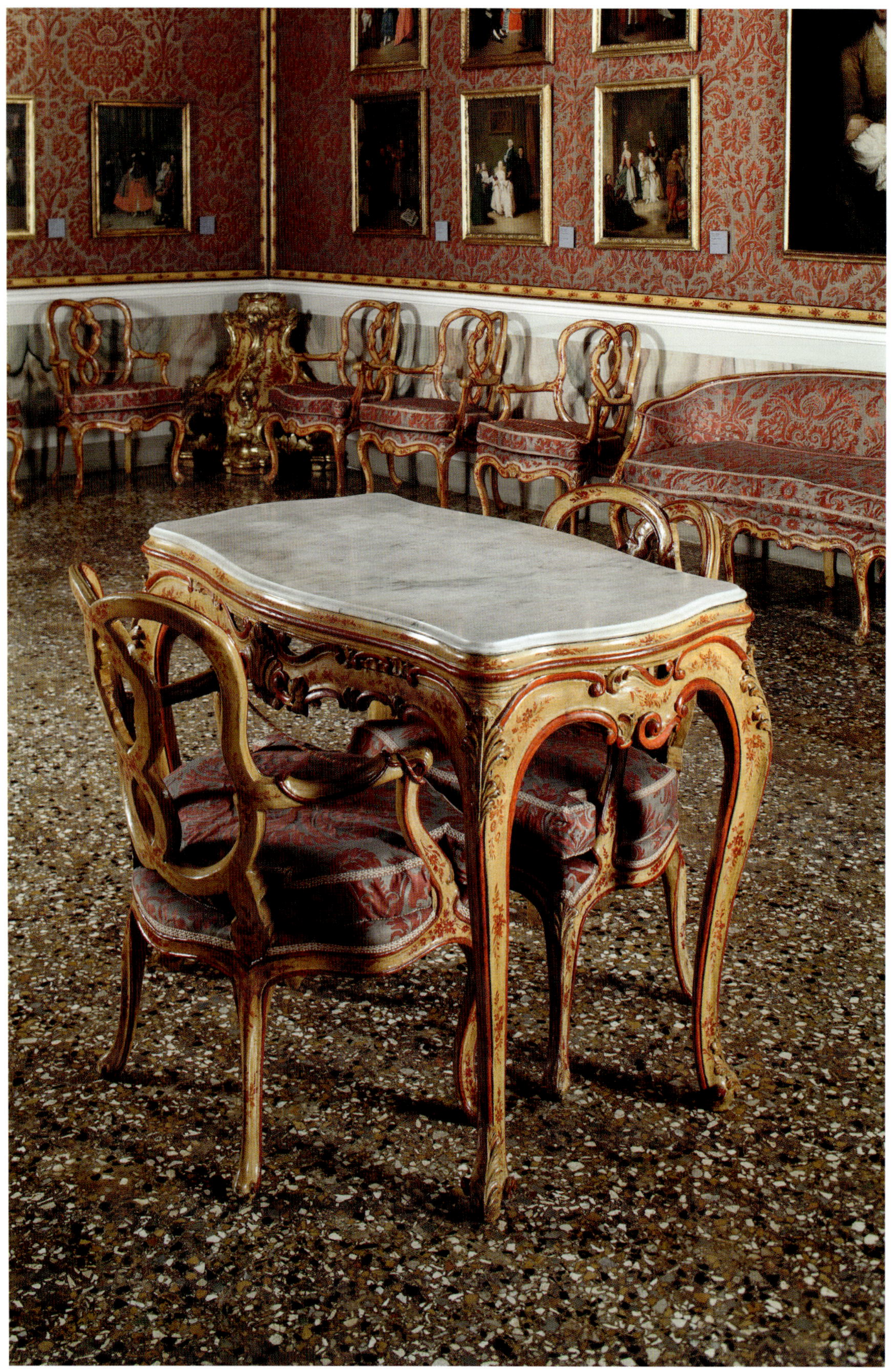

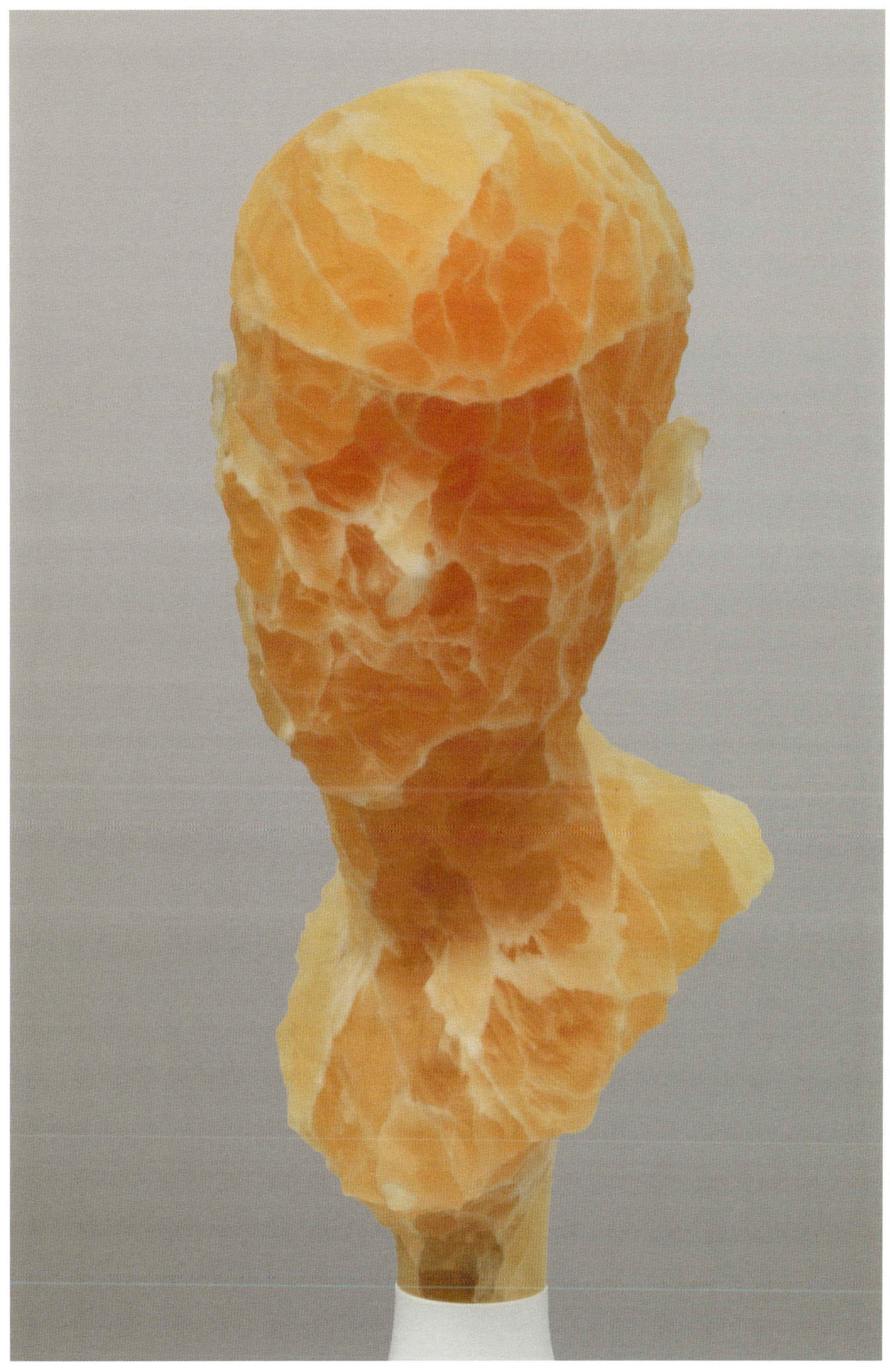

Una soggettività sospesa

Mario Diacono

Diversamente dalla pittura, nell'arte contemporanea americana – ma anche europea e asiatica – la scultura non ha avuto una storia di maestri (Pollock/Newman, Burri/Manzoni, Johns/Warhol) alla quale ancorare i suoi movimenti, a meno che non si tenti di trovarla (non dovrebbe essere difficile) nei *ready-made* di Duchamp, assistiti e rettificati nella loro rivoluzione e nel suo successivo intensamente iconografico, assemblate *Étant donnés: 1° la chute d'eau, 2° le gaz d'éclairage* (1946-66). Nella sua evoluzione più recente, e nei suoi esempi più radicali, la scultura americana si è formata all'incrocio, o piuttosto nella sintesi, di tre maggiori veicoli o modalità di significazione: a) l'oggetto o la figura umana saturati di valenze sociali; b) dei materiali idiosincratici e iper-referenziali; c) una superficie recante l'inscrizione marcata d'una sensibilità e d'una ideologia in rivolta, che attira l'attenzione sullo stile di soggettività dell'artista. L'opera deve rappresentare la risposta dello scultore al compito di mettere lo spettatore di fronte a un'esperienza del mondo fisico che entrambi con-vivono.

Koons ha costruito e decostruito oggetti, icone e figure del consumo e della cultura di massa, di volta in volta inventando loro una superficie immacolata, ipercromatica, sintomatica: plexiglas, legno dipinto, specchio, porcellana, acciaio inossidabile – superfici intensificate che accendono l'immagine mimetica ben oltre il desiderio del consumatore, rivelando, nominando, frustrando, sfidando le aspettative degli ideali estetici dello spettatore, evidenziandole nel loro denominatore più basso attraverso un sublime *negativo*, rovesciato.

I letti, le porte, i box per bambini e le culle in legno di Gober, i suoi lavandini e *urinals* di gesso erano psicologizzati da un uniforme tono bianco opaco, di un'emotività spenta ma intensamente evocativa – superfici colorate da una memoria dilapidata che faceva appello al registro più nascosto della coscienza per il potenziale coinvolgimento dello spettatore. Nelle successive opere di Gober, la figura umana viene inscritta sineddocamente: gambe e glutei maschili, realisticamente resi in una cera avorio, enfatizzandone iper-realisticamente l'eventuale peluria. Queste parti inferiori del corpo, che a volte indossano scarpe, calze, pantaloni logori, e nelle quali di tanto in tanto sono conficcate candele o scarichi di lavandino, aggettano in genere dalle pareti della galleria o magari le penetrano, sempre comunque emarginate, e accennano a un esilio nell'ambito sia dell'arte che del sociale, metafore plastiche di un contesto spaziale e umano, frantumato, diviso.

La provenienza industriale della cromatura delle parti di automobile, lattine di birra, cassette, pali e recinzioni metalliche, manette, tubi idraulici, insomma di ogni sorta di oggetti di consumo, prodotti in serie e diventati emblemi di naufragio sociale, di un'esistenza rottamata, determina l'iconicità delle superfici e delle accumulazioni post-tribali di Cady Noland. La quale ritorna nelle sue sculture costruite, quelle per esempio fatte di grandi fogli di alluminio sui quali sono serigrafati foto e testi di giornali, normalmente appoggiati alle pareti della galleria, oppure quelle costituite da elementi metallici fabbricati su specificazione dell'artista.

La superficie grigia, la testura oleosa, la materialità leggera, l'apparenza gelatinosa delle strutture di Matthew Barney hanno assunto il ruolo di produttrici di una identità formale, così che anche nei suoi lavori fotografici, consistenti in immagini tratte dai suoi film, la cornice in acrilico autolubrificante, dagli angoli arrotondati ed evocante la vaselina, finisce col definirne la singolarità di *opera*, conferendo loro l'elemento connotativo del canone iconografico dell'artista.

Il marmo nero del Belgio, l'alabastro italiano, il marmo dorato portoghese, l'onice messicana sono marmi pregiati che Barry X Ball ha impiegato per i suoi fantaritratti di collezionisti, fotografi, artisti contemporanei e più recentemente di figure antiche, dall'ermafrodita romano del II secolo alle allegorie barocche del Settecento italiano. Ball prosegue e accentua la modalità contemporanea di rendere oggetto sociale, materiale idiolettico e superficie significante i tre elementi iconici, solidali e interdipendenti della scultura. Le sue precedenti opere astratte, con la loro stratificazione di lastre alterne bianche e nere di Corian (un materiale sintetico che sostituisce il marmo) che alludeva alle facciate bicolori delle chiese romaniche e gotiche della Toscana, e il loro uso di pigmenti pregiati in una funzione quasi sacrale, erano già decisamente orientate verso una modalità figurale post-minimalista. Le sue ultime opere appropriano concettualmente alcuni archetipi della storia artistica, in un apparente abbandono della tradizione iniziata da Duchamp e Beuys di ricontestualizzare icone e detriti della società dei consumi, post-industriale, e postulando invece il Barocco come uno stile di sovversione avventurosa, forse avventurista, narrativo di storie mitiche ma in grado di essere reinventate dall'epoca digitale, che può esserne una parafrasi, o una perifrasi.

Le opere di Ball dell'ultimo decennio si concentrano sulla rappresentazione della testa umana, al contrario, non a caso, della presentazione delle parti inferiori del corpo ricorrenti in Gober. Queste teste inscrivono la società culturale contestuale all'artista, la società come consumatore e produttore di oggetti sia matriali che ideologici, che gli fornisce così il referente centrale per una pratica che mantenga il corpo frammentato e tuttavia significante, sia pure a uno stadio di specchio, al centro dei suoi temi.

L'interrogazione barocca nei ritratti di Ball, che nel processo di lavorazione evolvono in figure di personaggi inventati, in modulazioni espressiviste della pietra alla ricerca di una superficie sublime (ricordano fra l'altro i busti fisionomici dello scultore austriaco del Settecento Franz Xaver Messerschmidt), emerge anche dal modo in cui la pelle del marmo intende evocare il colore, la luce della pittura, con le imperfezioni stesse della materia rese una componente ulteriore della significazione. In questi ritratti l'immagine viene inizialmente modellata con una tecnologia digitale, plasmata poi da una successiva rappresentazione e intensa finitura manuale. Come in molta pittura d'oggi, dove fonti fotografiche e immagini computerizzate appaiono regolarmente utilizzate per trasferire concettualmente la soggettività dalla invenzione dell'artista al superconscio collettivo dei media, il processo di Ball inizia con una "fotografia" per così dire tridimensionale del tema dell'opera – persone che l'artista conosce da tempo o sculture esistenti che gli sono divenute familiari attraverso la memoria – consistente nel produrre un calco in gesso della testa e del collo della figura ritratta, in modo da avere una rappresentazione preliminare non soggettiva della sua apparenza. Dopo vari aggiustamenti iniziali e ulteriori modifiche del calco ottenuto, il modello viene scannerizzato con un laser in 3D. Il file digitale viene quindi convertito nel linguaggio della macchina, così da poter essere usato nella modellatura del marmo mediante un tornio guidato da un computer. Una volta rimossa la scultura dalla macchina, l'artista porta a compimento l'opera intagliandone a mano i dettagli e levigando il marmo. Nel passaggio da una fase all'altra della modellatura eseguita dalla macchina, la testa o il corpo vengono gradualmente sottoposti, in un lungo processo di invenzione e reinvenzione, a mutamenti radicali che trasformano la realtà del sociale nell'iperrealtà dell'arte.

A Suspended Subjectivity

Mario Diacono

Sculpture in contemporary American (but also European and Asian) art, unlike painting, has not had a master narrative (Pollock/Newman, Burri/Manzoni, Johns/Warhol) to which to anchor its leaps and bounds, unless one were to try (it should not be too hard) to find it in Duchamp's ready-mades, eventually assisted and rectified in their revolution by the intensely iconographic assemblage of *Étant donnés: 1° la chute d'eau, 2° le gaz d'éclairage* (from 1946-66). In its most recent and radical instances, the American sculptural mode has coalesced at the intersection, or rather at the synthesis, of three *signs* or conveyors of meaning: a socially charged object or figure, an idiosyncratic material, and a surface which carries the principal inscription of an individual sensibility or ideology, drawing attention to the artist's style of subjectivity. A work constitutes then the sculptor's response to the task of confronting the spectator with an experience of the physical world in which they are both living.

Koons has constructed and deconstructed objects, icons, and specimens of mass consumption, each time inventing for them a shiny, hyperchromatic and symptomatic skin: of Plexiglas, painted wood, mirror, porcelain, or stainless steel, heightened surfaces that push the mimetic image over the top of consumer desire, revealing, naming, deflating, and/or challenging the viewer's expectation of aesthetic ideals with their lowest denominator, with a *negative* or inverted sublime.

Gober's early beds, doors, playpens and cribs in wood, or sinks and urinals in plaster, wore a uniformly dull, low-pitch, quasi-evocative, creamy enamel color, a skin of dilapidated memory appealing to a low enough register of psychological involvement on the part of the viewer. His subsequent works directly inscribe the human figure: male legs and butts realistically cast in ivory wax, and hyperrealistically emphasizing hairiness. These lower body parts, sometimes wearing shoes, socks and worn-out pants, and occasionally implanted with candles or metal sink drains, generally come off or adjoin the gallery wall, as if forever outcast: they do imply homelessness of the body in both the art and the human domain, plastic metaphors of a broken and divided spatial and social environment.

The industrial brightness of the chrome plating of car parts, beer cans, metal baskets, fences, metal posts, handcuffs, plumbing pipes, all sorts of recognizably mass-produced, socially iconic objects scrapped into a living junkness have become the signature surface of Cady Noland's post-tribal accumulations, which she repeated in her fabricated pieces, consisting either of large aluminum sheets imprinted with newspaper photos and texts, and usually leaning up against the gallery walls, or of metallic elements built according to her specifications. The gray surface, greasy texture, light materiality and Vaseline look of the petroleum jelly structures of Matthew Barney have taken on the role of producer of his formal identity, so that even in his photographic pieces, consisting of selected frames from his films, the round-cornered, jelly-like, self-lubricating acrylic frame constitutes the *work* that gives them the attribute of art, making them a distinctive part of his canon.

Belgian black marble, Italian alabaster, Portuguese gold marble, Mexican onyx are the high-grade stone materials from which Barry X Ball has carved a number of highbrow portraits (of living collectors, photographers, painters, sculptors, and of artworks ranging from a second-century Roman hermaphrodite to eighteenth-century Baroque allegories), continuing therefore the contemporary mode of making social content, idiolectic material and surface three distinctive and interrelated elements of sculpture. (Even if his previous abstract pieces, with their signature layering of alternate black and white slabs of marble-like Corian, clearly referencing the striped façades of Tuscan Romanesque and Gothic churches, were already definitely steeped in this post-Minimalist sculptural modality.) In fact, Ball's new work wants to be deeply embedded in, and very openly appropriative of art-historical archetypal carving, momentarily stepping out of the Duchampian and Beuysian tradition of recontextualizing the icons and detritus of the post-industrial consumer/consumed society, positing, for instance, the Baroque as a style of adventurous even adventurist subversion of established histories, and capable of being paraphrased by, or of having already been a paraphrasis of, the Digital Age.

To begin with, Ball's new work focuses on representations of the human head, as opposed—and not by chance—to Gober's presentations of the lower half of the human body. These heads specifically inscribe the social world that is the artist's context, the society that is producer and consumer of both material and conceptual objects, and thus provide references for a practice of art that maintains the fragmented and signifying body, if still in a mirror stage, at the center of its themes.

The Baroque interrogation in Ball's portraits, which are in fact studies in invented character, expressivist modulations in stone and the quest for a sublime surface (among other things, reminiscent of the *Physiognomic Heads* of the eighteenth-century Austrian sculptor Franz Xaver Messerschmidt), emerges in the way the skin of the marble evolves into pictorial color and light and the imperfections of its texture are made into components of meaning. The hyperworked image is molded into an excessive representation, courtesy, of course, of the Digital Age. Just as in painting, the use of photographic sources and computer imaging conceptually translates subjectivity from the artist's craft into the collective superconscious of the media, Ball *photographs* the theme of his work—people with whom he has long been acquainted or artworks which have become familiar to him through memory—by making a cast of their head and neck so he can have a preliminary unsubjective presentation of his image. After initial refinements and further alterations of the positive plaster cast, the model is digitized with a 3-D laser scanner. The digital file is then converted to machine language so that it can be milled in marble on computer-controlled stone-carving lathes. After the sculpture is removed from the machine, the artist brings it to completion by hand carving the details and polishing the stone. In between the machine's laboratorial shapings of the piece, the invented head or the reinvented body undergo radical changes that transform their former and formal reality into the art's hyperreality.

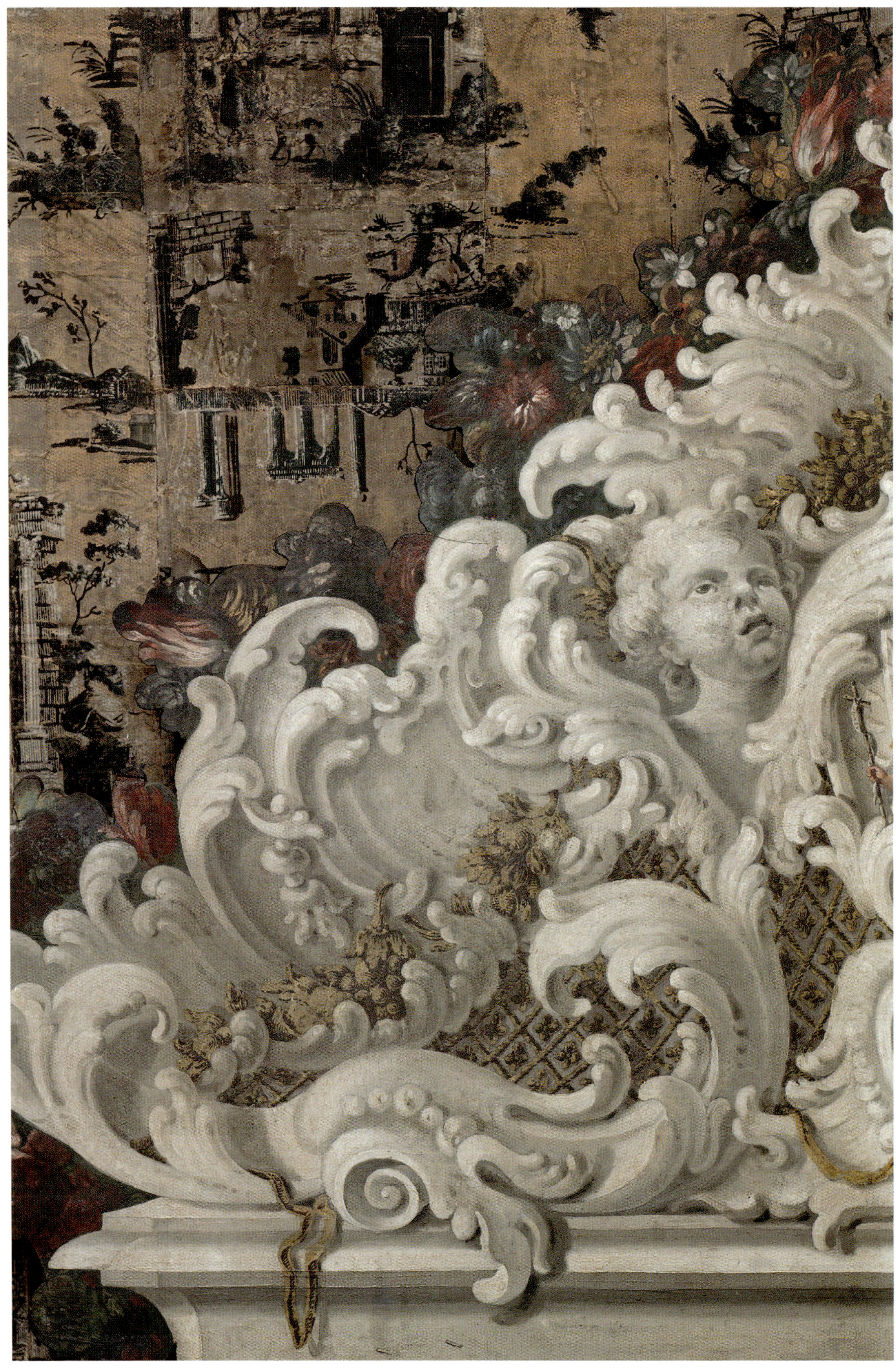

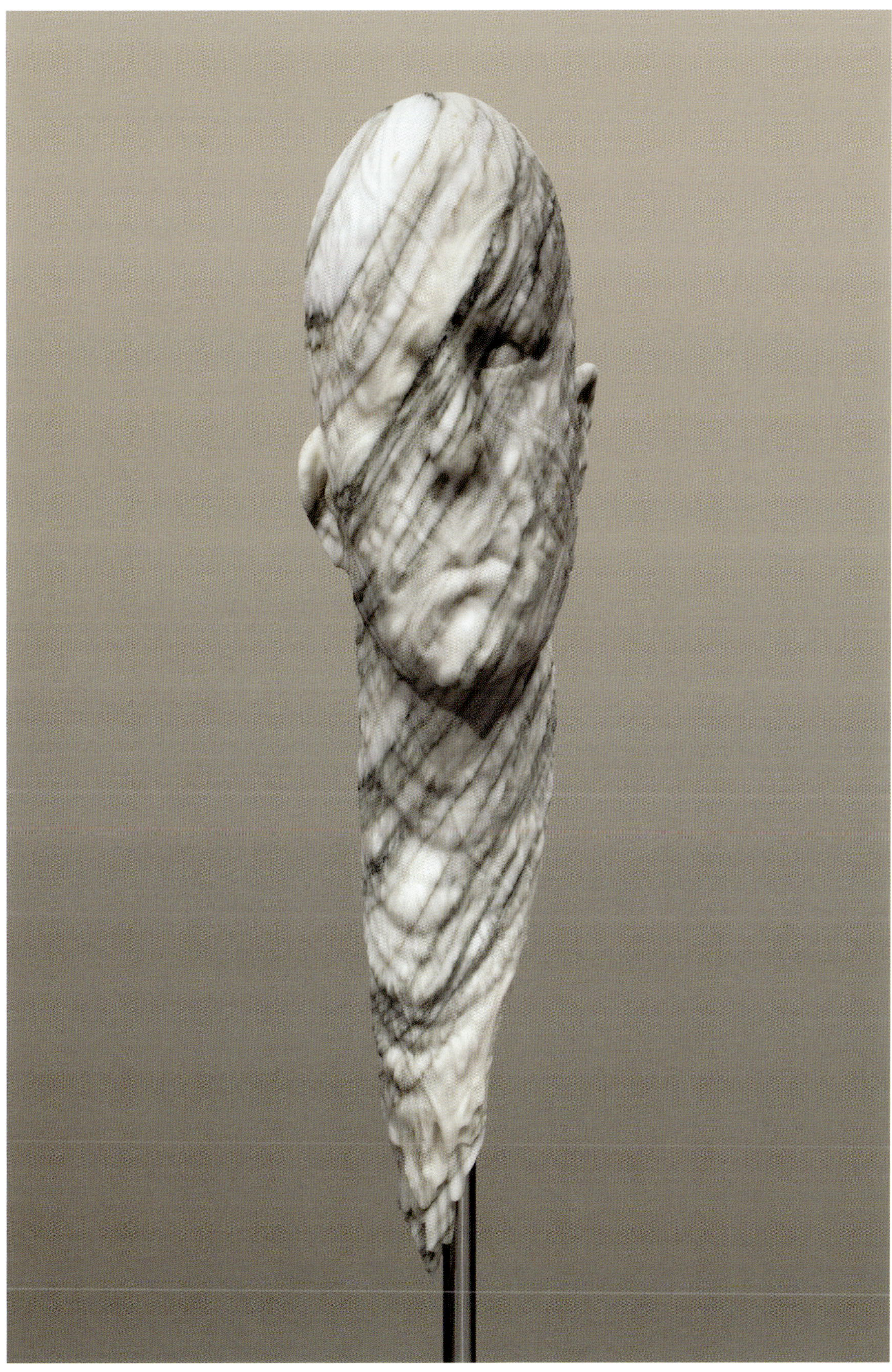

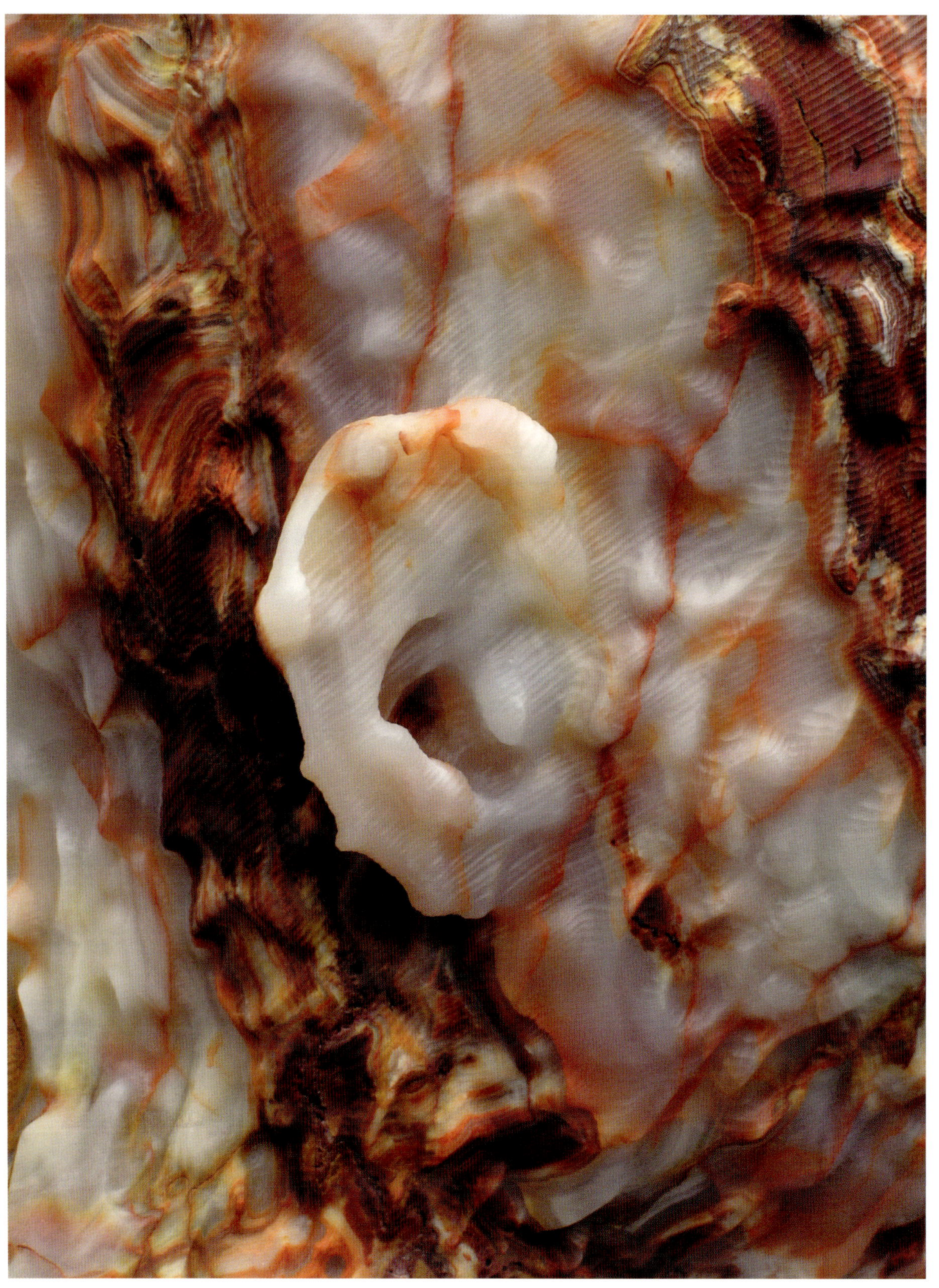

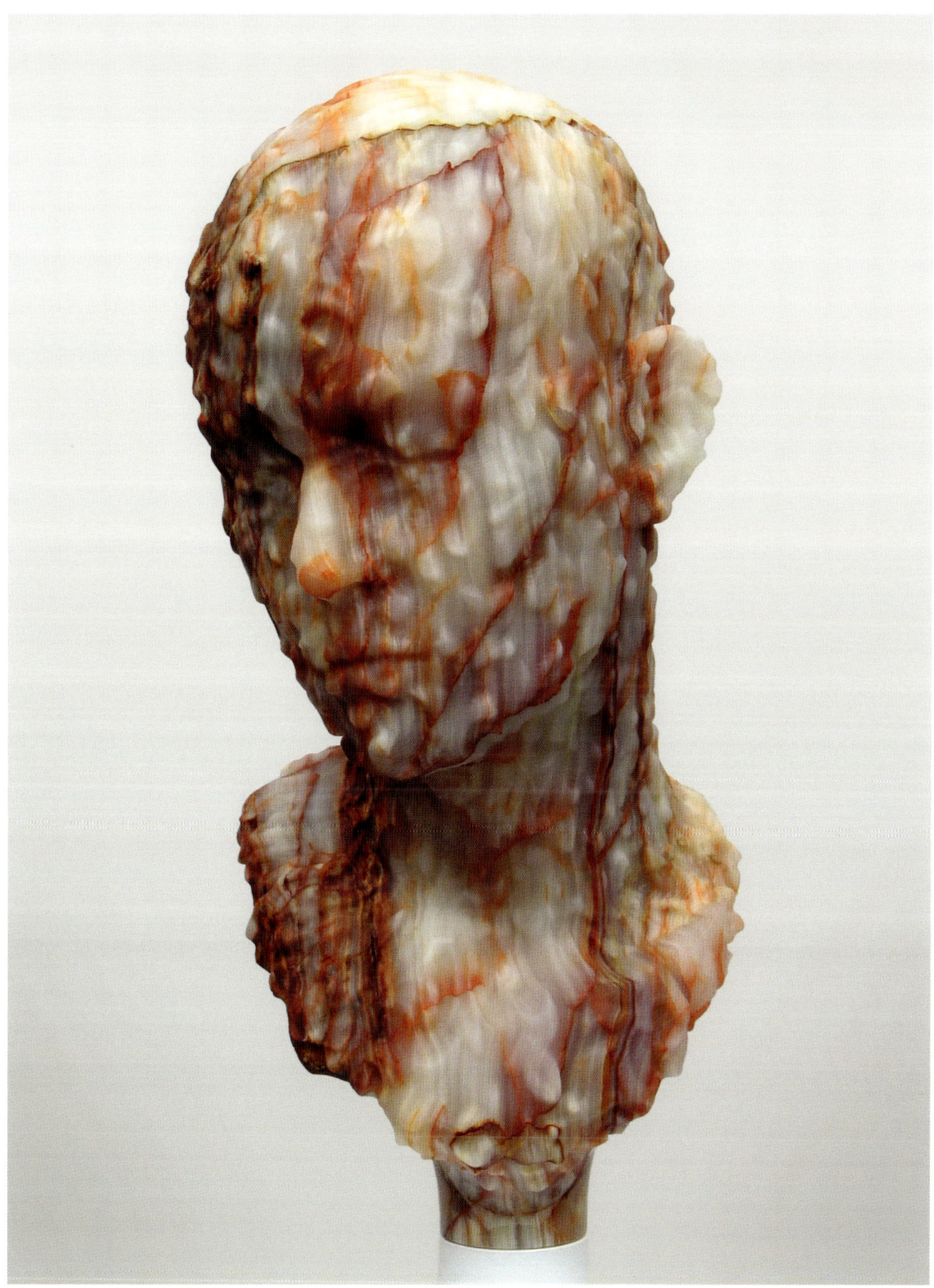

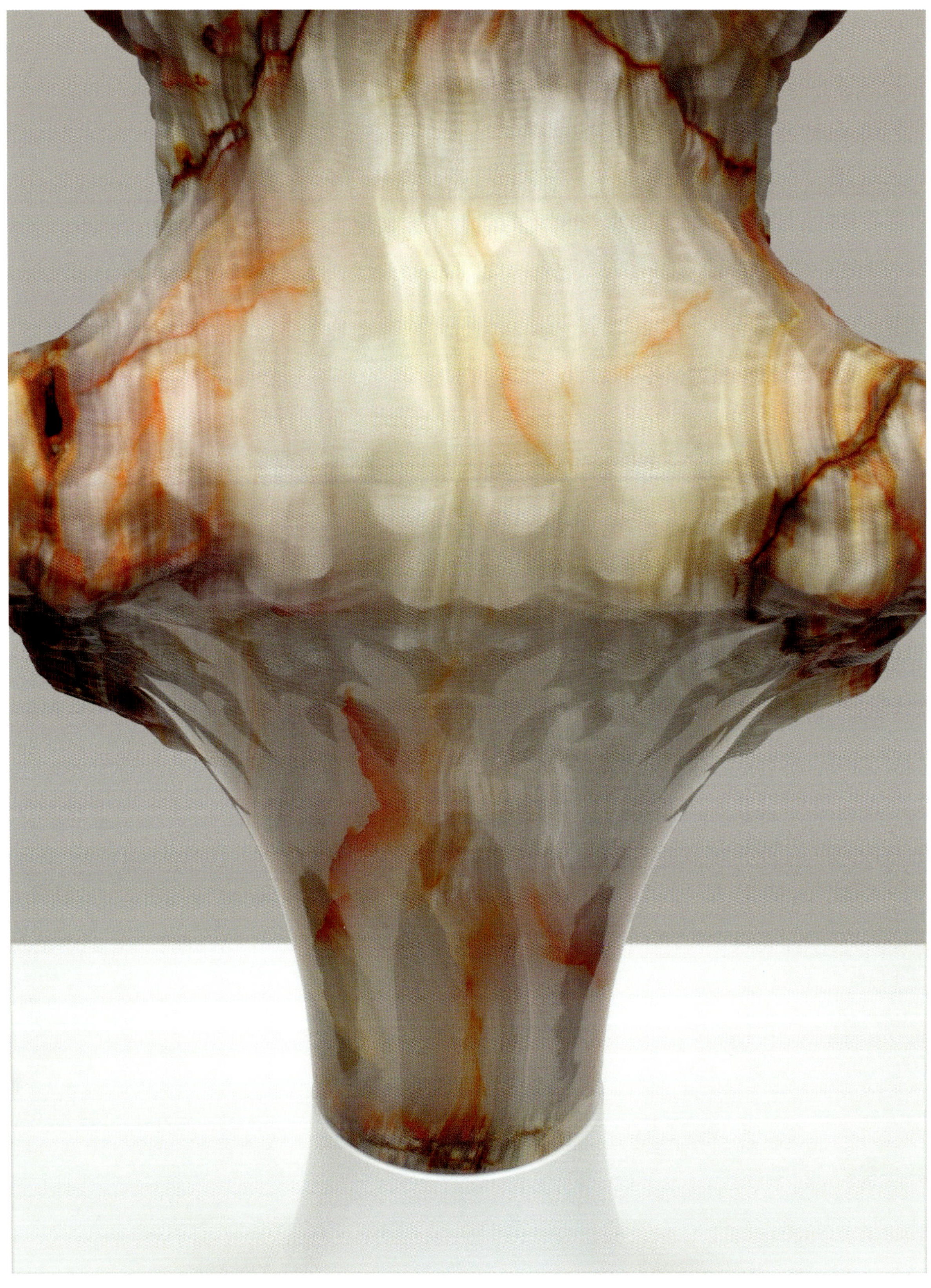

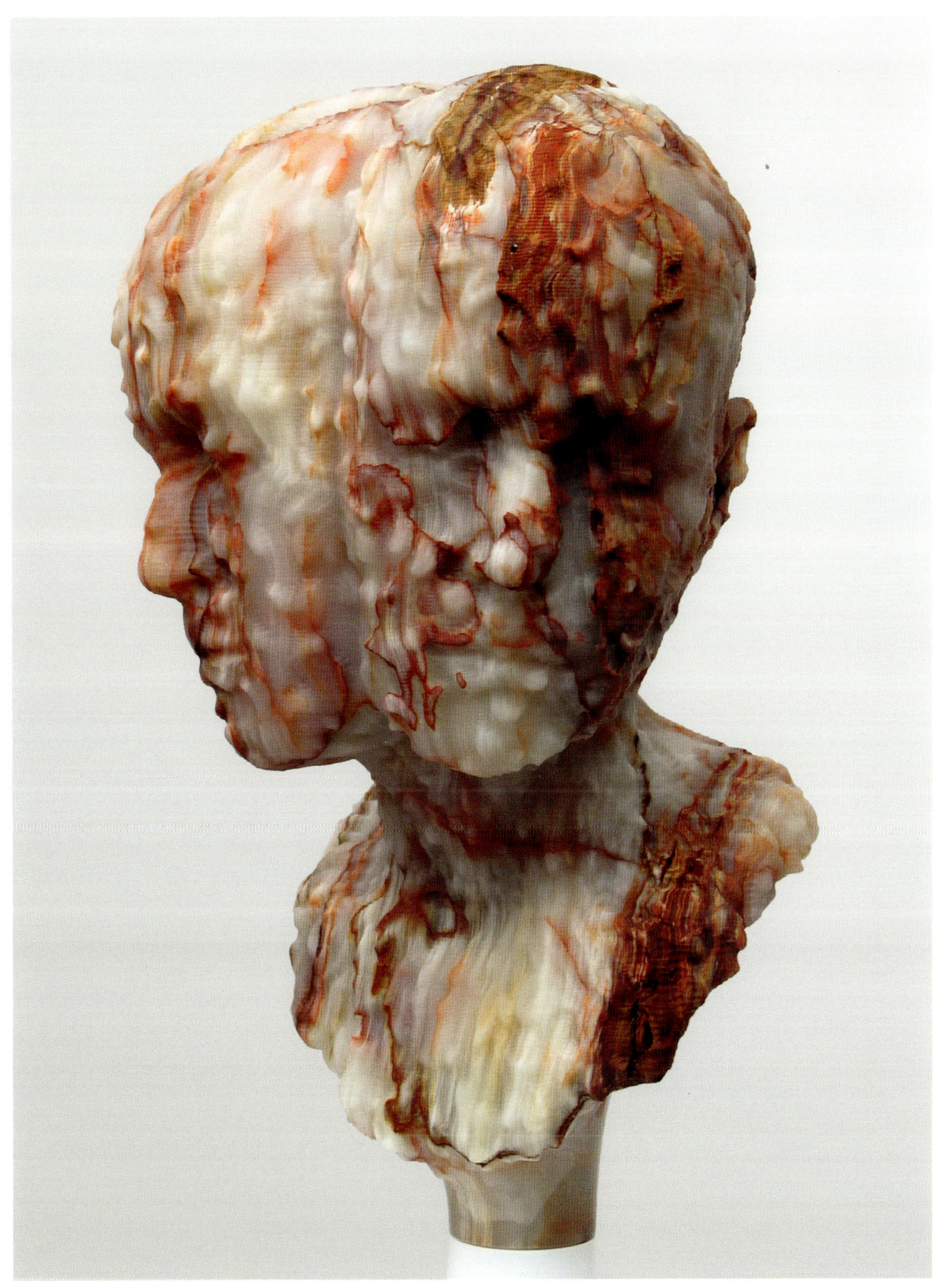

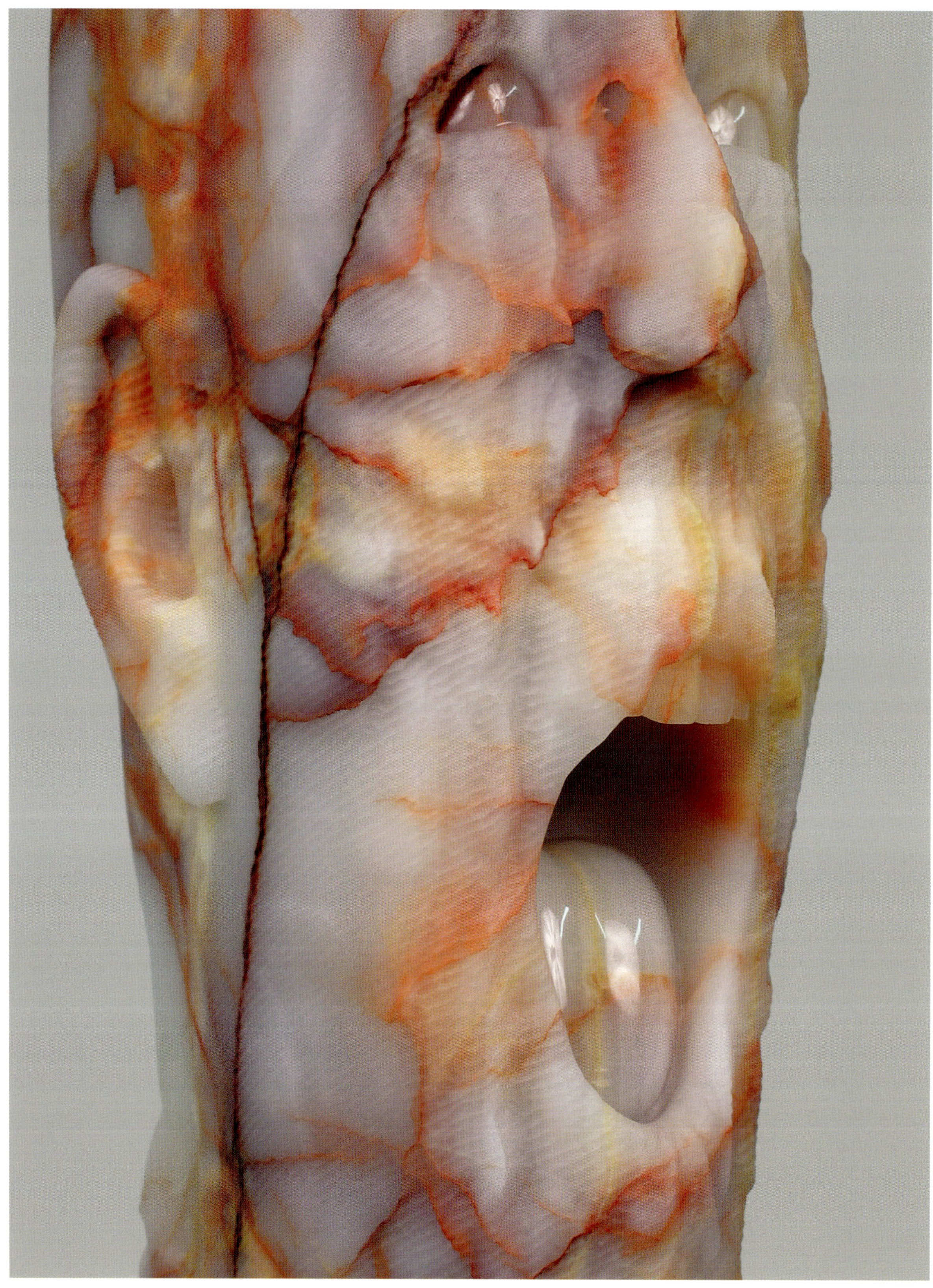

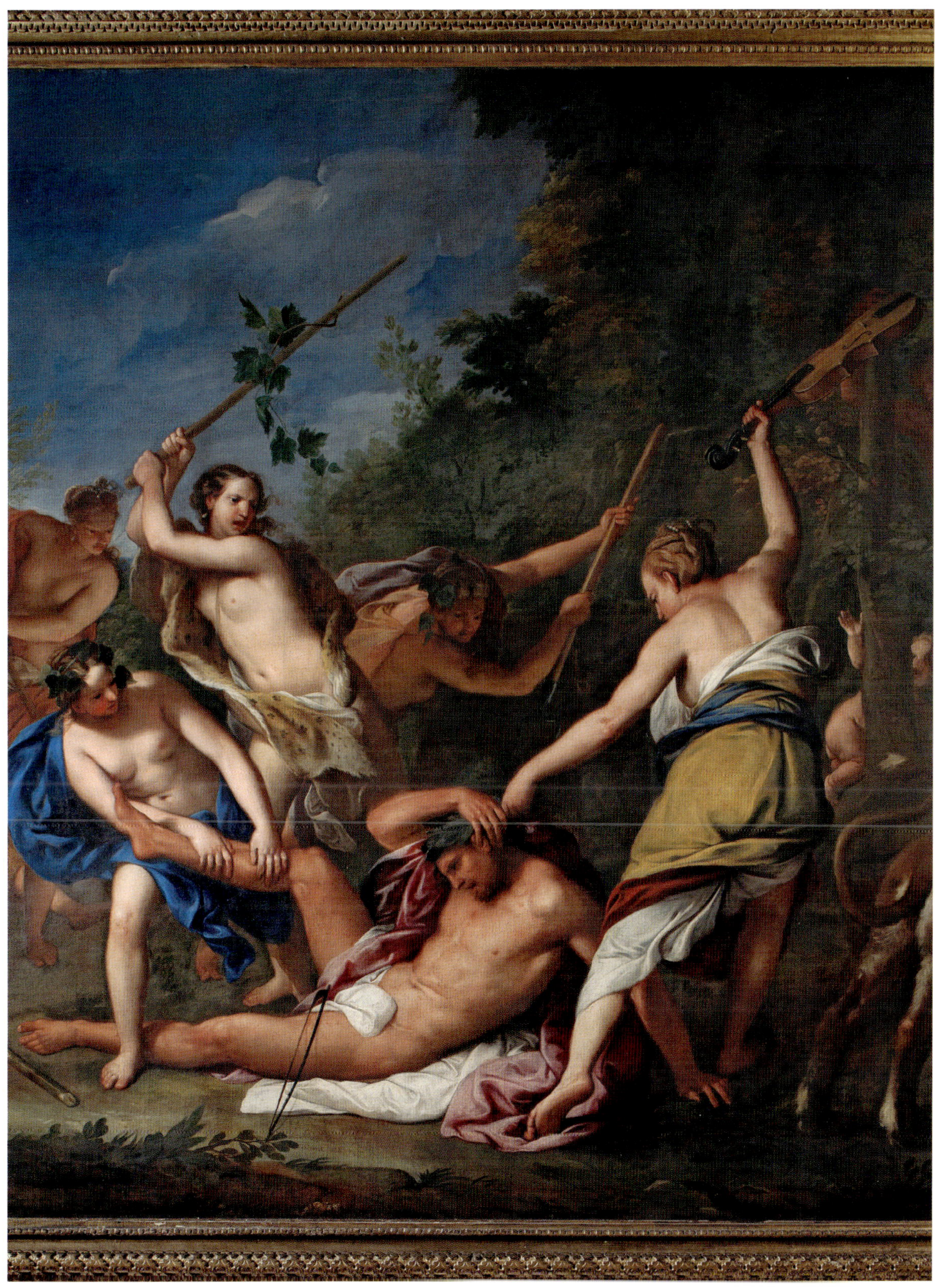

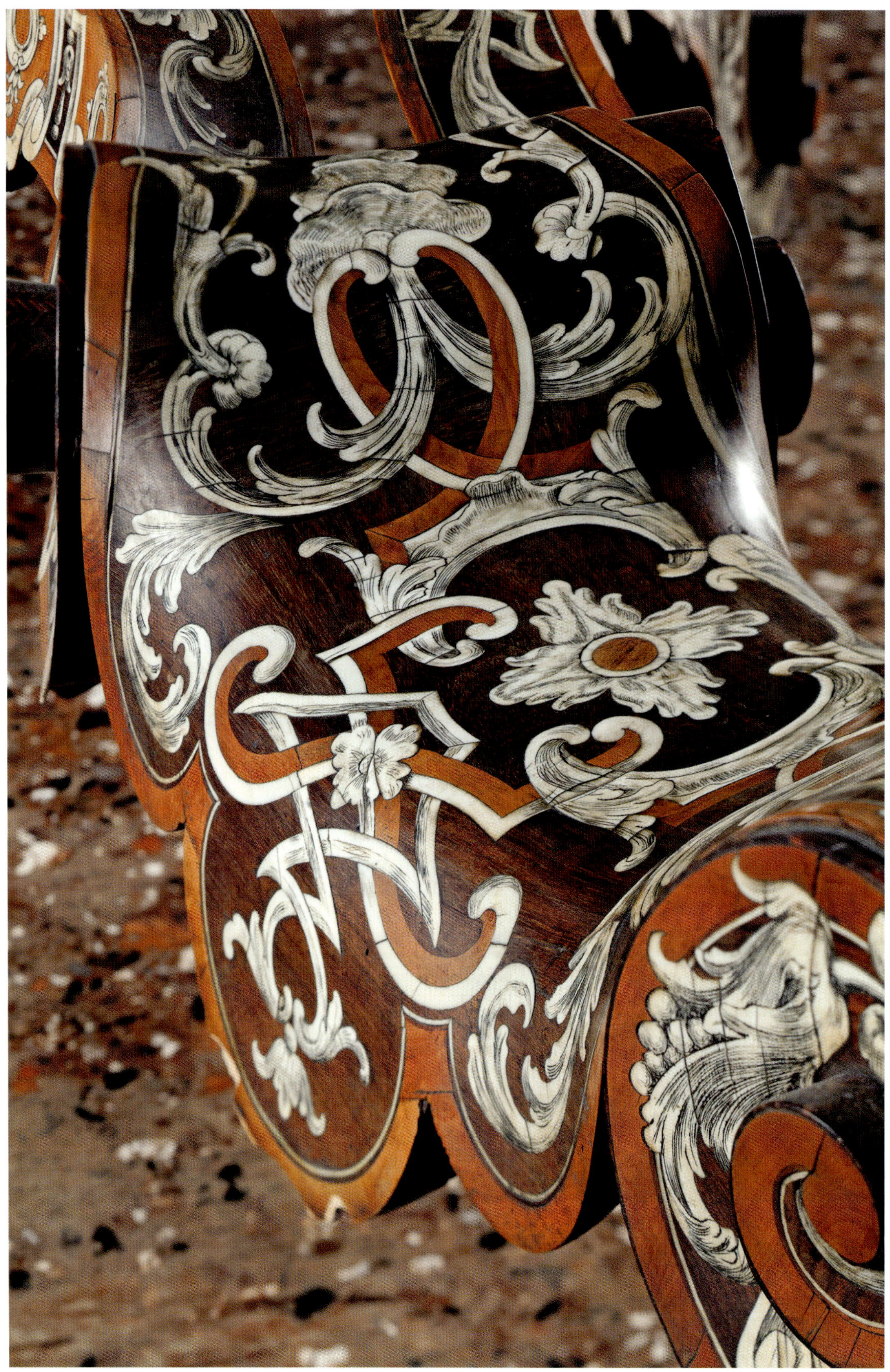

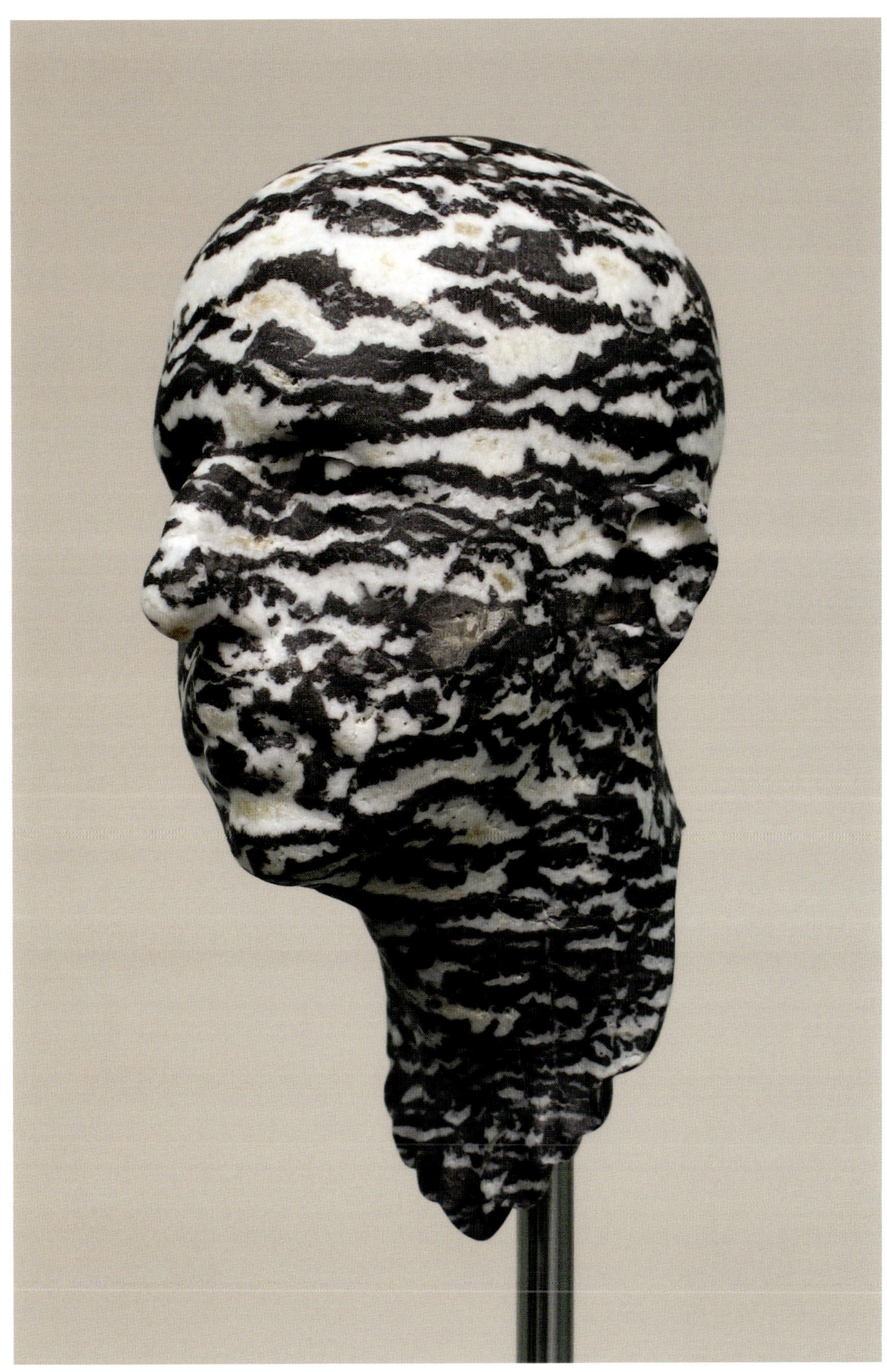

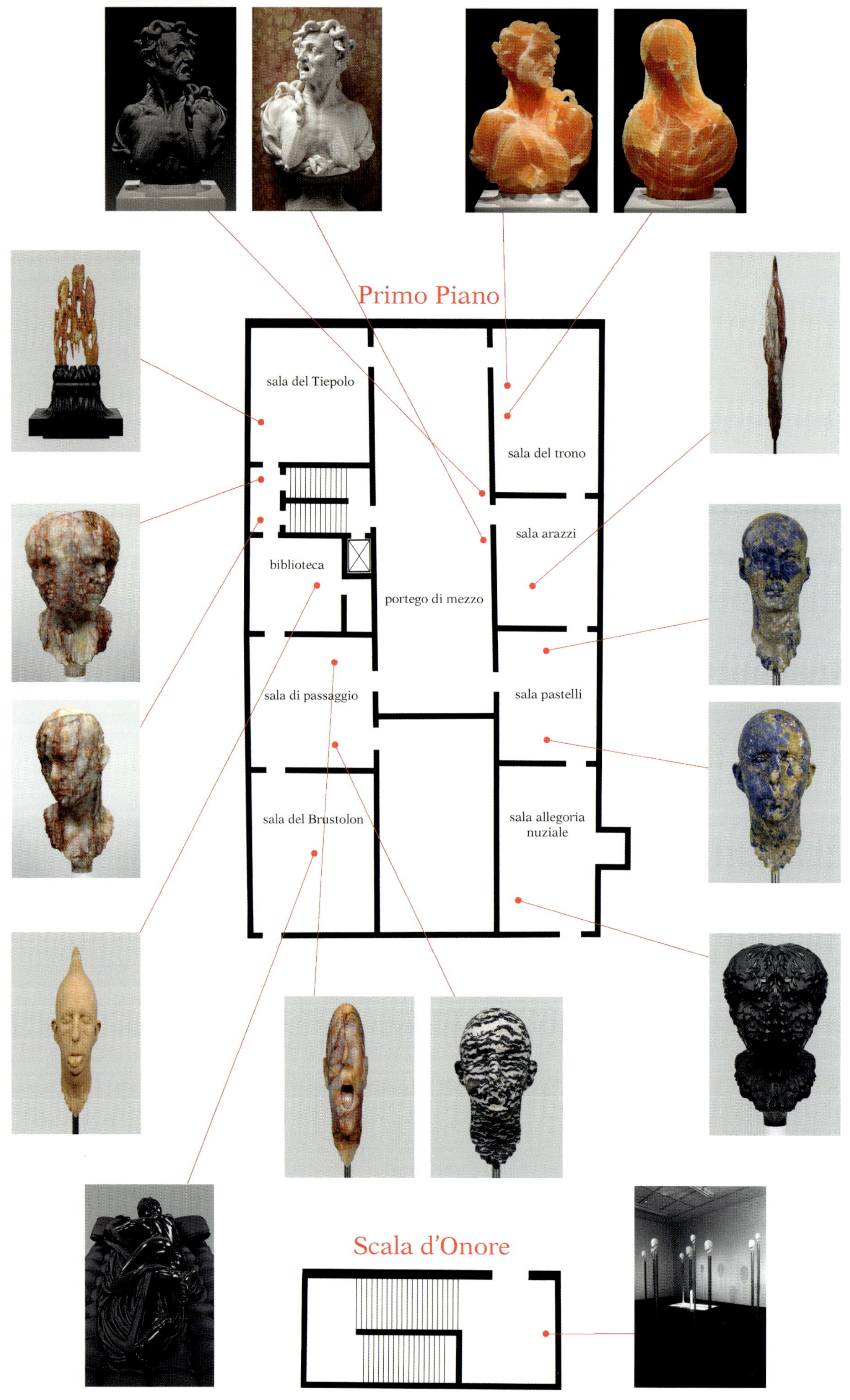

Primo Piano
sala del Tiepolo
sala del trono
sala arazzi
biblioteca
portego di mezzo
sala di passaggio
sala pastelli
sala del Brustolon
sala allegoria
nuziale
Scala d'Onore

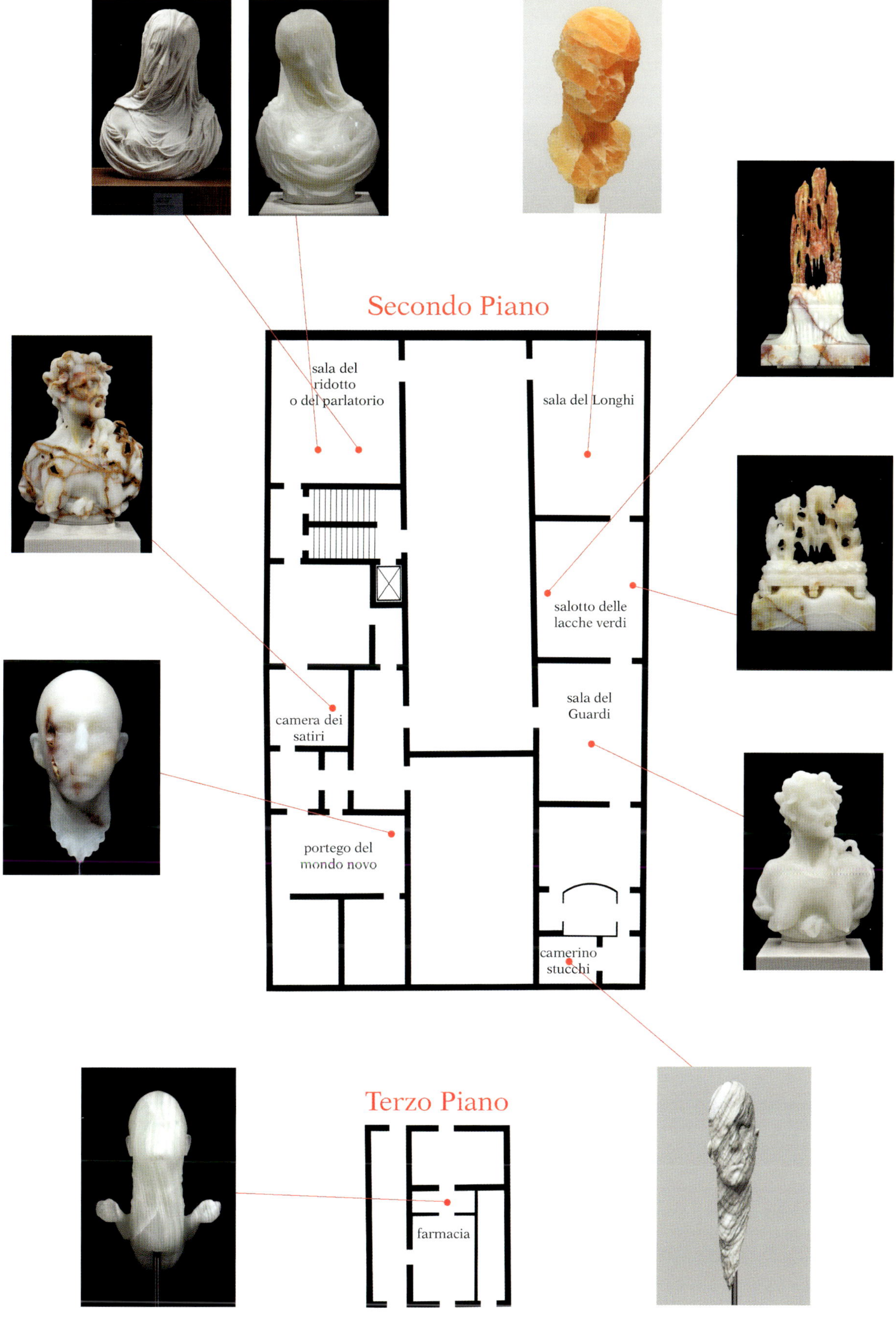
Secondo Piano
sala del
ridotto
o del parlatorio
sala del Longhi
salotto delle
lacche verdi
sala del
Guardi
camera dei
satiri
portego del
mondo novo
camerino
stucchi
Terzo Piano
farmacia

Lista delle opere / List of Works

p. 8
Schiavo etiope reggivaso / Ethiopian Slave Carrying a Rock - Vase Holder
Andrea Brustolon
inizio Diciottesimo secolo / early 18th century
Salone da Ballo / Dancing Room, Ca' Rezzonico, Venezia

The installation as a whole is titled *Pseudogroup of Giuseppe Panza*. The term "pseudogroup" was coined by the Belgian Egyptologist Jean Capart. It designates a type of sculpture composed of two or more representations of the same individual. Many hypotheses have been advanced about the function and meaning of such sculptures in Egyptian art. Pseudogroups may represent the same person at different stages of life. Alternately, they may be seen as images of an individual accompanied by his spirit. I have purposely not included any of Mr. Panza's usual titles of honor birth. Each of the nine heads in the pseudogroup is individually titled, as indicated below:

pp. 50, 51
a. *Bloodless Purity*
1998-2000
Marmo della Macedonia, acciaio inox / Macedonian Marble, stainless steel
testa / head: 12-1/2 x 7 x 9 in (31.75 x 17.8 x 22.9 cm)
blocco testa-colonna / head-column assembly: 68 in (172.72 cm) tall
Collezione privata / Private Collection, Italia / Italy

b. *Reserve Head*
1998-2000
Marmo della Macedonia, acciaio inox / Macedonian Marble, stainless steel
testa / head: 12-1/2 x 7 x 9 in (31.75 x 17.8 x 22.9 cm)
blocco testa-colonna / head-column assembly: 68 in (172.72 cm) altezza / tall
Collezione privata / Private Collection, Italia / Italy
(non riprodotto / not reproduced)

c. *The Contemplative Life*
1998-2000
Marmo della Macedonia, acciaio inox / Macedonian Marble, stainless steel
testa / head: 9-3/8 x 5-1/4 x 6-3/4 in (23.8 x 13.3 x 17.1 cm)
blocco testa-colonna / head-column assembly: 66-1/2 in (168.9 cm) altezza / tall
Collezione privata / Private Collection, Italia / Italy
(non riprodotto / not reproduced)

p. 52
d. *Head of a Dignitary*
1998-2000
Marmo della Macedonia, acciaio inox / Macedonian Marble, stainless steel
testa / head: 9-3/8 x 5-1/4 x 6-3/4 in (23.8 x 13.3 x 17.1 cm)
blocco testa-colonna / head-column assembly: 66-1/2 in (168.9 cm) altezza / tall
Collezione privata / Private Collection, Italia / Italy

e. *Ersatzkopf*
1998-2000
Marmo della Macedonia, acciaio inox / Macedonian Marble, stainless steel
testa / head: 9-3/8 x 5-1/4 x 6-3/4 in (23.8 x 13.3 x 17.1 cm)
blocco testa-colonna / head-column assembly: 66-1/2 in (168.9 cm) altezza / tall
Collezione privata / Private Collection, Italia / Italy
(non riprodotto / not reproduced)

p. 53
f. *L'Ecorché Grisaille*
1998-2000
Marmo della Macedonia, acciaio inox / Macedonian Marble, stainless steel
testa / head: 8-3/4 x 4-7/8 x 6-3/8 in (22.2 x 12.4 x 16.2 cm)
blocco testa-colonna / head-column assembly: 65-7/8 in (167.3 cm) altezza / tall
Collezione privata / Private Collection, Italia / Italy

g. *Un Morceau de Choix*
1998-2000
Marmo della Macedonia, acciaio inox / Macedonian Marble, stainless steel
testa / head: 6-1/4 x 3-1/2 x 4-1/2 in (15.9 x 8.9 x 11.4 cm)
blocco testa-colonna / head-column assembly: 64-3/8 in (163.5 cm) altezza / tall
Collezione privata / Private Collection, Italia / Italy
(non riprodotto / not reproduced)

h. *Dead to the World*
1998-2000
Marmo della Macedonia, acciaio inox / Macedonian Marble, stainless steel
testa / head: 5-5/8 x 3-1/8 x 4-1/16 in (14.3 x 7.9 x 10.3 cm)
blocco testa-colonna / head-column assembly: 64-3/8 in (163.5 cm) altezza / tall
Collezione privata / Private Collection, Italia / Italy
(non riprodotto / not reproduced)

i. *Terminal Figure*
1998-2001
Marmo della Macedonia, acciaio inox / Macedonian Marble, stainless steel
testa / head: 6-1/4 x 3-1/2 x 4-1/2 in (15.9 x 8.9 x 11.4 cm)
blocco testa-colonna / head-column assembly: 65 in (165.1 cm) altezza / tall
Collezione privata / Private Collection, Italia / Italy
(non riprodotto / not reproduced)

p. 58
Comodino dorato / Gilded Commode
Veneziano / Venetian
inizio Diciottesimo secolo / early 18th century
Sala dell'Allegoria Nuziale /
The Nuptial Allegory Room, Ca' Rezzonico, Venezia

p. 59
A dual-portrait, realized at 100% scale, in the rare, uniquely un-figured black marble known as 'Belge Noir,' exhibiting a layered 'sfumato' surface suffused with minuscule opposed-diagonal fluting overlaying a coincident enveloping foliate relief. In culmination, a glistening "Rorschach" garland - symmetrically splashed, sharply delineated, avian, sinister - traverses the work's midline. The artist-designed integral / modular base / pedestal unit, its tapering parabolic sweep flowing into the sculpture's glass-polished flute stem (which, in turn, terminates in a silhouetted arboreal fringe), conceived in parallel with the sculpture, precisely fabricated in stainless steel, acrylic-spray-lacquered aluminum and wood (and a variety of subsidiary materials) by a studio-coordinated consortium of disparate fabricators, is reminiscent, alternately, at its apex, of traditional 'socles' and Saarinen furniture pedestals. Here, in an attempt to reinvent and reinvigorate the sub-genre of romantic portrait sculpture, the artist has conjoined his signature fever-pitch execution intensity and a newfound conceptual tenderness. The resultant bilateral Janusian abstraction, created with deep reverence for and specific focus on the history of sculpture, makes an expansive case for the critical reconsideration of prevailing contemporary practice, while simultaneously probing both the subject's psychology and her complex relationship to the artist. The stony double-surrogate captures, in soft Galatean contravention of its obdurate materiality, a moment of poignant reflection, reflected.
2007-2010
Marmo nero del Belgio, alluminio, acciaio inox, legno, vernice acrilica, acciaio, nylon, plastica / Belgian Black Marble, aluminum, stainless steel, wood, acrylic lacquer, steel, nylon, plastic
Insieme scultura-base-piedistallo / sculpture-base-pedestal ensemble: 68-1/2 x 11 x 11 in (174.0 x 27.9 x 27.9 cm)
scultura / sculpture: 15-3/4 x 8-7/8 x 8-5/16 in (40.0 x 22.5 x 21.1 cm)
Collezione privata / Private Collection, Italia / Italy

p. 60
Ritratto di bambino / Portrait of a Child
Gian Antonio Lazzari
pastello / pastel, inizio Diciottesimo secolo / early 18th century
Sala dei Pastelli / The Pastel Room, Ca' Rezzonico, Venezia

p. 61
Ritratto di suor Maria Caterina / Portrait of Sister Maria Caterina
Rosalba Carriera
pastello / pastel, 1730 ca.
Sala dei Pastelli / The Pastel Room, Ca' Rezzonico, Venezia

p. 62
a portrait of the artist, Lucas Michael, as he appeared in 2000, with lips pursed so as to prevent labial sag, at 65% scale, with minuscule vertical / radial fluting throughout (except for the smooth, highly polished eyes and neck recess viscera), in an aggregate of lapis lazuli and other indeterminate stone types (commonly called 'Sodalite') which the artist procured in Carrara, Italy, in June, 2003
2000-2005
Aggregato di lapislazzuli / lapis lazuli aggregate
8-7/8 x 4-11/16 x 5-11/16 in. (22.5 x 11.9 x 14.4 cm)
Courtesy di / of Sperone Westwater, New York

p. 63
a portrait of the Milanese collector, curator, critic, and art historian Laura Mattioli Rossi, as she appeared in 2000 (except with somewhat-attenuated head and neck details, and no hair), at 65% scale, with minuscule vertical / radial fluting throughout (except for the smooth mirror-polish on the one open eye and the stylized neck viscera), in an aggregate of lapis lazuli and other indeterminate stone types (commonly called 'Sodalite') which the artist procured in Carrara, Italy, in June, 2003
2000-2005
Aggregato di lapislazzuli / lapis lazuli aggregate
9-3/4 x 4-7/16 x 5-3/4 in. (24.8 x 11.3 x 14.6 cm)
Collezione di Thomas Olbricht / Collection of Thomas Olbricht, Germania / Germany*

pp. 64 (dettaglio / detail), 65
you are here hot young amateur skewer the display problem recidivist
head of a barbarian alive with pleasure saint sebastian sausage herm
unicorn blobs give instructions rape of the sabine women utmost humiliation
life enhancement marital aid there but for the lodge buddy failure of stoicism
its all ostentation feeling no pain bienfait total trail's end metropolitan home
tammerlane popsicle speculative habeas corpus prick
(Lucas Michael)
2000-2002
Marmo dorato del Portogallo, acciaio inox / Portuguese Gold Marble, stainless steel
76-1/2 x 7-5/16 x 8-9/16 in. (194.31 x 18.57 x 21.75 cm)
head: 24-3/8 x 7-5/16 x 8-9/16 in. (24.375 x 18.57 x 21.75 cm)
Collezione privata / Private Collection, Italia / Italy

p. 66
Il Mondo Nuovo (dettaglio) / *The New World* (detail)
Giandomenico Tiepolo
affresco strappato / detached fresco, 1791
Il Portego del Mondo Nuovo / The New World Portico, Ca' Rezzonico, Venezia

p. 67
torture prevalence compels victim-as-wounded-yet-resolute-iconoclasm-survivor portrait
(Lucas Michael, soldiering on – 3mm)
2000-2006
Onice del Messico / Mexican Onyx
10-5/32 x 5-3/8 x 6-9/16 in. (25.8 x 13.7 x 16.7 cm)
Collezione privata / Private Collection, Italia / Italy

p. 68
Laboratorio con alambicchi in vetro / Laboratory with Glass Alembics
vetro di Murano / Murano glass, Diciottesimo secolo / 18th century
La Farmacia "Ai Do San Marchi" / The "Ai Do San Marchi" Chemist's Shop, Ca' Rezzonico, Venezia

p. 69
mid-career mid-life middle-aged casting-call miscreant
corpulent animal bilious vegetable ascendant mineral
bilateral spread-eagled concupiscent beastmaster
two-faced two-headed double-chinned butthead
father-daughter soleil-roasted spit homunculus
arse about face impaled smash crescent plea
supplication agony contemplation ecstasy
translucent faux-fowl bacon-worm
rampant vitruvian pilloried perp
habeas corpus lightning rod
high-handed bottom-feeder
objective no foundation
amiss conception
butterfly shrimp
anastylosis
prayer
hrh
(Matthew McCaslin)
2000-2004
Onice del Messico traslucida (Puebla), acciaio inox / translucent Mexican (Puebla) Onyx, stainless steel
Blocco figura-asta / figure-shaft assembly: 74 x 11-1/4 x 8-15/16 in. (188 x 28.6 x 22.7 cm)
figura / figure: 16-15/16 x 11-1/4 x 8-15/16 in. (43 x 28.6 x 22.7 cm)
Collezione privata / Private Collection, Italia / Italy

p. 76
Dama Velata (La Purità) / The Veiled Lady (Purity)
Antonio Corradini
marmo italiano / Italian Marble, 1720–1725
Sala del Parlatorio / The Parlour Room, Ca' Rezzonico, Venezia

p. 77
Purity
2008-2009
Scultura / sculpture: onice bianco dell'Iran, acciaio inox / White Iranian Onyx, stainless steel
Piedistallo / pedestal: marmo della Macedonia, acciaio inox, legno, vernice acrilica, acciaio, nylon, plastica / Macedonian Marble, stainless steel, wood, acrylic lacquer, steel, nylon, plastic
Scultura / sculpture: 24 x 16-1/2 x 11-1/4 in. (61 x 41.9 x 28.6 cm)
Piedistallo / pedestal: 45 x 14 x 12 in. (114.3 x 35.6 x 30.5 cm)
Collezione di Thomas Olbricht / Collection of Thomas Olbricht, Germania / Germany*

p. 78
Envy
2008-2009
Scultura / sculpture: marmo nero del Belgio, acciaio inox / Belgian Black Marble, stainless steel
Piedistallo / pedestal: marmo della Macedonia, acciaio inox, legno, vernice acrilica, acciaio, nylon, plastica / Macedonian Marble, stainless steel, wood, acrylic lacquer, steel, nylon, plastic
Scultura / sculpture: 22 x 17-1/4 x 9-1/2 in. (55.9 x 43.8 x 24.1 cm)
Piedistallo / pedestal: 46 x 14 x 12 in. (116.8 x 35.6 x 30.5 cm)
Collezione di Thomas Olbricht / Collection of Thomas Olbricht, Germania / Germany*

p. 79
La Invidia / Envy
Giusto Le Court
marmo italiano / Italian Marble, 1670 ca.
Il Portego / The Portico, Ca' Rezzonico, Venezia

p. 80
Envy
2008-2011
Scultura / sculpture: onice del Messico, acciaio inox / Mexican Onyx, stainless steel
Piedistallo / pedestal: marmo della Macedonia, acciaio inox, legno, vernice acrilica, acciaio, nylon, plastica / Macedonian Marble, stainless steel, wood, acrylic lacquer, steel, nylon, plastic
Scultura / sculpture: 22 x 17-1/4 x 9-1/2 in. (55.9 x 43.8 x 24.1 cm)
Piedistallo / pedestal: 46 x 14 x 12 in. (116.8 x 35.6 x 30.5 cm)
Collezione privata / Private Collection, Düsseldorf*

p. 81
Satira rapita da Centauro / Centaur Abducting a Satyress
Giandomenico Tiepolo
affresco strappato / detached fresco, 1771
Divano imbottito / Upholstered Settee
Camera dei Satiri / The Satyrs Room, Ca' Rezzonico, Venezia

pp. 82, 83
Cornice dorata (dettaglio degli angoli superiori) / Gilded Frame (detail of upper corners)
ambito di Giovanni Gai / circle of Giovanni Gai
metà del Diciottesimo secolo / mid-18th century
Sala del Trono / The Throne Room, Ca' Rezzonico, Venezia

p. 84
Envy
2008-2010
Scultura / sculpture: calcite del favo dorata, acciaio inox / Golden Honeycomb Calcite, stainless steel
Piedistallo / pedestal: marmo della Macedonia, acciaio inox, legno, vernice acrilica, acciaio, nylon, plastica / Macedonian Marble, stainless steel, wood, acrylic lacquer, steel, nylon, plastic
Scultura / sculpture: 22 x 17-1/4 x 9-1/2 in. (55.9 x 43.8 x 24.1 cm)
Piedistallo / pedestal: 46 x 14 x 12 in. (116.8 x 35.6 x 30.5 cm)
Collezione privata / Private Collection, Basel*

p. 85
Purity
2008-2009
Scultura / sculpture: calcite del favo dorata, acciaio inox / Golden Honeycomb Calcite, stainless steel
Piedistallo / pedestal: marmo della Macedonia, acciaio inox, legno, vernice acrilica, acciaio, nylon, plastica / Macedonian Marble, stainless steel, wood, acrylic lacquer, steel, nylon, plastic
Scultura / sculpture: 24 x 16-1/2 x 11-1/4 in. (61 x 41.9 x 28.6 cm)
Piedistallo / pedestal: 45 x 14 x 12 in. (114.3 x 35.6 x 30.5 cm)
Collezione privata / Private Collection, London*

p. 86
Envy
2008-2010
Scultura / sculpture: onice bianca dell'Iran, acciaio inox / White Iranian Onyx, stainless steel
Piedistallo / pedestal: marmo della Macedonia, acciaio inox, legno, vernice acrilica, acciaio, nylon, plastica / Macedonian Marble, stainless steel, wood, acrylic lacquer, steel, nylon, plastic
Scultura / sculpture: 22 x 17-1/4 x 9-1/2 in. (55.9 x 43.8 x 24.1 cm)
Piedistallo / pedestal: 46 x 14 x 12 in. (116.8 x 35.6 x 30.5 cm)
Courtesy di / of Sperone Westwater, New York

p. 87
Candelabro (dettaglio) / Chandelier (detail)
vetro di Murano / Murano crystal, tardo Diciottesimo secolo / late 18th century
Sala del Guardi / The Guardi Room, Ca' Rezzonico, Venezia

p. 94
Allegoria della Forza / Allegory of Strength
Andrea Brustolon
ebano e altri legni, vasi di porcellana / ebony and other woods, porcelain vases, 1700 ca.
Sala del Brustolon / The Brustolon Room, Ca' Rezzonico, Venezia

p. 95
Sleeping Hermaphrodite
2008-2010
Scultura / sculpture: marmo nero del Belgio / Belgian Black Marble
Base / base: marmo di Carrara, acciaio inox, delrin / Carrara Marble, stainless steel, Delrin
Scultura / sculpture: 68-1/8 x 35-1/2 x 18-1/4 in. (173.0 x 90.2 x 46.4 cm)
Base / base: 68-1/2 x 35-13/16 x 13-3/8 in. (174.0 x 91.0 x 34.0 cm)
Blocco scultura-base / sculpture-base assembly: 68-1/2 x 35-13/16 x 31-5/8 in. (174.0 x 91.0 x 80.3 cm)
Collezione privata / Private Collection, New York*

p. 104
Tappezzeria raffigurante la storia di Re Salomone e della Regina di Saba (dettaglio) / Tapestry with the Story of King Solomon and the Queen of Sheba (detail)
Fiammingo / Flemish
tardo diciassettesimo secolo / late 17th century
Sala degli Arazzi / The Tapestry Room, Ca' Rezzonico, Venezia

p. 105
The artist, Lucas Michael, was life-cast for a portrait early in the 21st century. The torture commenced almost immediately. Lucas eventually succumbed and his head was carefully run almost clean-through with a javelin-like display shaft. The cranium was subsequently stretched and scaled (by factors of 3.5 and 0.75, respectively), then realized several years later in a multicolored, marbled, undeniably meaty cut of Pakistani onyx. Note the severely distended lip (he's dead), exaggerated head-top impalement protuberance (he's really dead), and stylized vulval neck viscera (the little death). Due to the conflation of flesh and stone, there is some question as to whether what we now see is either. And, of course, there is the matter of intent…
(Two years after its initial completion, the artist elected to subtly disfigure the work by drenching it with a dense rain of lachrymal / salivary / sanguine polish passages.)
2000-2006, 2008
Onice del Pakistan, acciaio inox / Pakistani Onyx, stainless steel
Blocco pietra-asta- colonna / stone-shaft-column assembly: 82 x 5-1/2 x 6-5/8 in. (208.3 x 14.0 x 16.8 cm)
Figura in pietra / stone figure: 43-1/2 x 5-1/2 x 6-5/8 in. (110.5 x 14.0 x 16.8 cm)
Courtesy di / of Galleria Michela Rizzo, Venezia

p. 106
Specchio con cornice dorata (dettaglio superiore) / Mirror with Gilded Frame (detail of top)
manifattura veneziana / Venetian manufacture, seconda metà del Diciottesimo secolo / second half of 18th century
Sala del Tiepolo / The Tiepolo Room, Ca' Rezzonico, Venezia

p. 107
a molten compressed solidified eroded
selected deracinated isolated contemplated
appreciated collected copied distributed bastardized
discovered purchased expanded digitized stretched milled carved embellished
cultured rock, with contrasting elevated rectilinear socle and emergent integral stand
2002-2006
Onice del Messico, marmo nero del Belgio / Mexican Onyx, Belgian Black Marble
41-1/2 x 22 x 14 in. (105.4 x 55.9 x 35.6 cm)
Courtesy di / of Sperone Westwater, New York

p. 108
Cassettone laccato e dorato / Lacquered and Gilded Chest of Drawers
Veneziano / Venetian
1750 ca.
Sala delle Lacche Verdi / The Green Lacquer Room, Ca' Rezzonico, Venezia

p. 109
a "natural" inverse ready-made
with integral piédouche and socle
created by man, by the hand of God
2002-2006
Onice del Messico / Mexican Onyx
13-3/8 x 11-5/8 x 5-1/8 in. (34.0 x 29.5 x 13.0 cm)
Collezione privata / Private Collection, New York*

p. 110
Plucked from The Standard Model and elevated again,
The Holy Shroud of Nature calls into question The Creator it summons,
as authentic as the original,
yet altogether more remarkable for the image it preserves,
from Rock to rock.
2002-2006
Onice del Messico / Mexican Onyx
41-1/2 x 22 x 14 in. (105.4 x 55.9 x 35.6 cm)
Collezione di / Collection of Jerome e / and Ellen Stern, New York*

p. 111
Statuetta cinese policroma / Polychrome Chinese Figure
di origine asiatica / Asian origin
cartapesta / papier-mâché, Diciottesimo secolo / 18th century
Sala delle Lacche Verdi / The Green Lacquer Room, Ca' Rezzonico, Venezia

p. 112
Dipinti / Paintings
Pietro Longhi
Mobili laccati rosso e giallo / Yellow and Red Lacquered Furniture
Veneziano / Venetian
Diciottesimo secolo / 18th century
Sala del Longhi / The Longhi Room, Ca' Rezzonico, Venezia

p. 113
The artist, taking the life-cast head of his New York gallerist as a jumping-off point, in a concerted effort to reinvigorate the sub-genre of romantic portrait sculpture, has here conjoined his signature fever-pitch execution intensity and a new-found conceptual tenderness. Realized at 65% scale in the unique, recently sourced, densely veined, hyper-translucent Rocky Mountain stone called Golden Honeycomb Calcite, exhibiting a layered surface suffused with a 'sfumato' overlay of foliate relief and coincident minuscule diagonal / radial flutes, the glowing stony surrogate captures, in soft-focus Galatean contravention of its obdurate materiality, a moment of poignant reverie, rendered ethereal. The artist-designed integral / modular base / pedestal unit, its tapering parabolic sweep flowing into the sculpture's mirror-polished flute stem (which, in turn, terminates in a silhouetted arboreal fringe), conceived in parallel with the sculpture, precisely fabricated in stainless steel, acrylic-spray-lacquered aluminum and wood (and a variety of subsidiary materials) by a studio-coordinated consortium of disparate fabricators, is reminiscent, alternately, at its apex, of traditional 'socles' and mid-20th-century Modernist furniture pedestals. The resultant deceptively diminutive ensemble, created with deep reverence for and specific focus on the history of sculpture, makes an expansive case for the critical reconsideration of prevailing contemporary practice, while simultaneously probing both the subject's psychology and her complex relationship to the artist.
2007-2009
Calcite del favo dorata, alluminio, acciaio inox, legno, vernice acrilica, acciaio, nylon, plastica / Golden Honeycomb Calcite, aluminum, stainless steel, wood, acrylic lacquer, steel, nylon, plastic
Insieme scultura-base-piedistallo / sculpture-base-pedestal ensemble: 65-1/4 x 8-1/2 x 8-1/2 in (165.7 x 21.6 x 21.6 cm)
Scultura / sculpture: 10-1/4 x 5-1/4 x 5-3/8 in. (26.0 x 13.3 x 13.7 cm)
Collezione di / Collection of Jeanne Greenberg Rohatyn e / and Nicholas Rohatyn, New York*

p. 120
Testata in legno (dettaglio) e parete decorata / Wooden Headboard (detail) with Decorated Wall
manifattura veneziana / Venetian manufacture
tempera e doratura su legno / tempera and gilding on wood, seconda metà del Diciottesimo secolo / second half of 18th century
Alcova / The Alcove, Ca' Rezzonico, Venezia

p. 121
A vertically stretched, eccentrically slumped, Victorian pattern-wrapped portrait of the artist, Jon Kessler, in extinct, diagonally striped, white Italian marble (called 'Fantastico'), with opposed diminutive diagonal / radial fluting throughout (except for the smooth high-polish on the one open eye and the interior layer of the neck drapery viscera)
2001-2005
Marmo italiano "Fantastico" / Italian "Fantastico" Marble
27-3/4 x 7-3/16 x 8-3/4 in. (70.5 x 18.3 x 22.2 cm)
Collezione di / Collection of Bob e / and Nancy Magoon, Aspen, Colorado*

pp. 122 (dettaglio / detail), 123
The artist, taking the life-cast head of his New York gallerist as a jumping-off point, in a concerted effort to reinvigorate the sub-genre of romantic portrait sculpture, has here conjoined his signature fever-pitch execution intensity and a newfound conceptual tenderness. Realized as a mirror-image of the subject, at 85% scale, in an exceptional specimen of dramatically figured, exuberantly colored translucent onyx, exhibiting a layered surface suffused with a 'sfumato' overlay of foliate relief and coincident minuscule diagonal / radial flutes, the stony surrogate captures, in soft Galatean contravention of its obdurate materiality, a moment of poignant reverie. The artist-designed integral / modular base / pedestal unit, its tapering parabolic sweep flowing into the sculpture's glass-polished flute stem (which, in turn, terminates in a silhouetted arboreal fringe), conceived in parallel with the sculpture, precisely fabricated in stainless steel, limestone, acrylic-spray-lacquered aluminum and wood (and a variety of subsidiary materials) by a studio-coordinated consortium of disparate fabricators, is reminiscent, alternately, at its apex, of traditional 'socles' and mid-20th-century Modernist furniture pedestals. The resultant deceptively diminutive ensemble, created with deep

reverence for and specific focus on the history of sculpture, makes an expansive case for the critical reconsideration of prevailing contemporary practice, while simultaneously probing both the subject's psychology and her complex relationship to the artist.
2007-2008
Onice del Messico / Mexican Onyx
13-3/8 x 6-3/8 x 7-1/8 in. (34 x 16.2 x 18.1 cm)
Collezione di / Collection of Jeanne Greenberg Rohatyn e / and Nicholas Rohatyn, New York*

pp. 124 (dettaglio / detail), 125
A dual-portrait of the artist's New York gallerist, realized at 85% scale, in an exceptional specimen of dramatically figured, exuberantly colored translucent onyx, selected for veination and contrasting opacity so as to differentiate the mirrored images, exhibiting a layered surface suffused with a 'sfumato' overlay of foliate relief and coincident minuscule circumferential terracing. The artist-designed integral / modular base / pedestal unit, its tapering parabolic sweep flowing into the sculpture's glass-polished flute stem (which, in turn, terminates in a silhouetted arboreal fringe), conceived in parallel with the sculpture, precisely fabricated in stainless steel, limestone, acrylic-spray-lacquered aluminum and wood (and a variety of subsidiary materials) by a studio-coordinated consortium of disparate fabricators, is reminiscent, alternately, at its apex, of traditional 'socles' and Saarinen furniture pedestals. Here, in an attempt to reinvent and reinvigorate the sub-genre of romantic portrait sculpture, the artist has conjoined his signature fever-pitch execution intensity and a newfound conceptual tenderness. The resultant deceptively diminutive bilaterally symmetrical Janusian abstraction, created with deep reverence for and specific focus on the history of sculpture, makes an expansive case for the critical reconsideration of prevailing contemporary practice, while simultaneously probing both the subject's psychology and her complex relationship to the artist. The stony double-surrogate captures, in soft Galatean contravention of its obdurate materiality, a moment of poignant reflection, reflected.
2007-2008
Onice del Messico / Mexican Onyx
13-3/8 x 7-1/2 x 7-1/8 in. (34 x 19.1 x 18.1 cm)
Collezione privata / Private Collection, Svizzera / Switzerland*

p. 126
double-sex rococo scholars' stone scream mandorla, with "decoration"
(Barry X Ball)
1998-2004
Onice del Messico / Mexican Onyx
17-7/32 x 5-1/32 x 6-13/16 in. (43.7 x 12.8 x 17.3 cm)
Collezione di / Collection of Margaret e / and Daniel Loeb, New York*

p. 127
Orfeo massacrato dalle menadi (dettaglio) / *Orpheus Slaughtered by the Maenads* (detail)
Gregorio Lazzarini
olio su tela / oil on canvas, 1698
Sala del Lazzarini / The Lazzarini Room, Ca' Rezzonico, Venezia

p. 128
Scrivania (dettaglio della decorazione) / Desk (scroll detail)
Pietro Piffetti
legno con intarsi in avorio / wood with ivory inlays, 1741
Sala del Lazzarini / The Lazzarini Room, Ca' Rezzonico, Venezia

p. 129
a sexy little pursed-lipped camouflaged recidivist, petrified and "colorless"
(i.e. a grimly determined rampant yin-yang rock head, looming small)
alternately, an interrupted silhouette of indeterminate profile
(Lucas Michael)
2000-2004
Marmo dello Utah / Utah Marble
8-13/16 x 4-11/16 x 5-3/4 in. (22.4 x 11.9 x 14.6 cm)
Collezione privata / Private Collection, New York*

* Courtesy Salon 94, New York

Sull'artista / About the Artist

Nato a / born in Pasadena, California, in 1955.
Vive e lavora a New York dal 1978 / He has been living and working in New York since 1978.

1977
Pomona College, Claremont, California. B.A.

2009
Masterpieces. Salon 94 Freemans, New York City. 29 ottobre / October - 12 dicembre / December.

2008
De Pury & Luxembourg, Zürich. 2 giugno / June - 16 agosto / August.

2007
Galleria Michela Rizzo, Venezia. 6 giugno / June - 15 settembre / September. (cat. / exh. cat.)
Mostra personale a cura di / Exhibition curated by Laura Heon. SITE Santa Fe, Santa Fe, New Mexico. 10 febbraio / February - 13 maggio / May. (cat. / exh. cat.)

2004
In Extremis a cura di / curated by Jean-Marc Bustamante e / and Pascal Pique. *Printemps de Septembre* presso / at the Eglise des Jacobins, Toulouse, Francia / France. 24 settembre / September - 17 ottobre / October. (cat. / exh. cat.)
Barry X Ball: (Matthew Barney) a cura di / curated by Bob Nickas. PS1/MoMA Contemporary Art Center, New York City. 29 gennaio / January - 31 maggio / May.

2003
Mario Diacono Gallery, Boston. 7 novembre / November - 3 gennaio / January, 2004.

1997
Mario Diacono Gallery, Boston. 19 aprile / April - 24 maggio / May.
Luhring Augustine, New York City. 11 gennaio / January - 8 febbraio / February.

1995
Luhring Augustine, New York City. Autunno / Fall.

1993
Magasin 3 Stockholm Konsthalle, Stockholm. 18 marzo / March - 4 giugno / June. (cat. / exh. cat.)

1991
Galerie Isy Brachot, Brussels. 22 maggio / May - 29 giugno / June. (cat. / exh. cat.)

1990
A cura di / curated by Jean-Pierre Criqui. Fonds Régional d'Art Contemporain, Domaine de Kerguéhennec, Brittany, Francia / France. 30 giugno / June - 2 settembre / September. (cat. / exh. cat.)

1988
Craig Cornelius Gallery, New York City. 19 maggio / May - 18 giugno / June.

1986
Craig Cornelius Gallery, New York City. 15 marzo / March - 16 aprile / April.

Mostre collettive / Group Exhibitions

2010
Looking Back / The Fifth White Columns Annual a cura di / curated by Bob Nickas. White Columns, New York City. 11 dicembre / December - 29 gennaio / January 2011. (cat. / exh. cat.)
Lebenslust und Totentanz a cura di / curated by Wolfgang Schoppmann e / and Hans-Peter Wipplinger. Kunsthalle Krems, Krems, Austria. 18 luglio / July - 7 novembre / November.
Omaggio a Giuseppe Panza di Biumo a cura di / curated by Marco Franciolli. Museo Cantonale d'Arte, Lugano, Svizzera / Switzerland. 4 luglio / July - 26 settembre / September.
Barry X Ball, Huma Bhabha, Jon Kessler. Salon 94 Freemans, New York City. 7 maggio / May - 11 giugno / June.
Passion Fruits Picked from the Olbricht Collection a cura di / curated by Wolfgang Schoppmann. Me Collectors Room Berlin, Berlin. 1 maggio / May - 12 settembre / September.
Ultramegalore: Fashion Icon Testimony. Modemuseum Hasselt, Hasselt, Belgio / Belgium. 27 marzo / March - 6 giugno / June.
Here and Now a cura di / curated by Julia Draganovic. Bologna Art First, Bologna. 29 gennaio / January - 28 febbraio / February.

2009
Every Revolution is a Roll of the Dice a cura di / curated by Bob Nickas. Paula Cooper Gallery, New York City. 8 gennaio / January - 10 febbraio / February.

2008
e-form (rapid-prototype exhibition). Beijing Today Art Museum, Beijing. Ottobre / October. Itinerante a / Traveling to Shanghai Duolun Museum of Modern Art, Shanghai (November); Jinse Gallery, Chongqing (dicembre / December - gennaio / January, 2009). (cat. / exh. cat.)
Excerpt: Selections from the Jeanne Greenberg Rohatyn Collection. Vassar College, Poughkeepsie, Frances Lehman Loeb Art Center, New York City. 26 settembre / September - 4 gennaio / January, 2009. (cat. / exh. cat.)
Corpo Sociale a cura di / curated by Lóránd Hegyi. Galleria Pack, Milano. 3-5 aprile / April.
Galleria Michela Rizzo, Venezia. 3 marzo / March - 4 maggio / May.
Carlo Mollino, Casa Del Sole, With New Work By Barry X Ball. Salon 94, New York City. 21 febbraio / February - 4 aprile / April.

2007
Every Revolution is a Roll of the Dice a cura di / curated by Bob Nickas. Ballroom Marfa, Marfa, Texas. 22 settembre / September - 3 febbraio / February 2008.
To be continued... Magasin 3 Stockholm Konsthall, Stockholm. 7 settembre / September - 9 dicembre / December.
The Maramotti Collection a cura di / curated by Mario Diacono. Reggio Emilia, Italia / Italy. 29 settembre / September.

2006
The Gold Standard a cura di / curated by Bob Nickas e / and Walead Beshty. PS1/MoMA Contemporary Art Center, New York City. 29 ottobre / October - 15 gennaio / January 2007.
The Matthew Barney Show a cura di / curated by Eric Doeringer. Bar of Contemporary Art, San Francisco. 1 agosto / August - 15 settembre / September.
The Matthew Barney Show a cura di / curated by Eric Doeringer. Jack the Pelican Presents, New York City. 1-23 aprile / April.

2003
Minimal to the Max: The Brownstone Collection. Norton Museum of Art, Palm Beach, USA. 22 novembre / November - 7 March 2004.
American Art Today: Faces and Figures a cura di / curated by Dahlia Morgan e / and Roni Feinstein. The Art Museum at Florida International University, Miami. 17 gennaio / January - 9 marzo / March.

2002
Le Stanze dell'Arte: Figure e immagini del XX secolo. Museo di Arte Moderna e Contemporanea di Trento e Rovereto (MART), Rovereto, Italia / Italy. 15 dicembre / December - 13 aprile / April 2003.
From the Observatory a cura di / curated by Bob Nickas. Paula Cooper Gallery, New York City. 16 marzo / March - 20 aprile / April.

2001
Affinités a cura di / curated by Dominique Abensour. Le Quartier, centre d'art Contemporain de Quimper, Britanny, Francia / France. (La Bretagne Collectionne - L'Art de Notre Temps: Les Vingt Ans du Frac Bretagne.) 1 luglio / July - 7 ottobre / October.

1999
Loaf a cura di / curated by Steve Di Benedetto e/ and Manfred Baumgartner. Baumgartner Galleries, New York City. 6 novembre / November - 8 dicembre / December.

1998
Spatiotemporal / Verk Ur Samlingen 1988-1998. Magasin 3 Stockholm Konsthall, Stockholm. 28 marzo / March - 14 giugno / June.

1997
The One Chosen: Images of Christ in Recent New York Art a cura di / curated by James R. Blaettler, S.J. e / and Regnerus Steensma, Ph.D. The Thomas J. Walsh Art Gallery, Fairfield, Connecticut. 18 aprile / April - 31 maggio / May. (cat. / exh. cat.)
A Private View: Works of Art from Paleolithic to Present a cura di / curated by Damon Brandt e / and Craig Cornelius. Kent Gallery, New York City. 5 - 29 aprile / April.

1996
Mostra con / exhibition with Anish Kapoor. Angles Gallery, Santa Monica, California. 28 giugno / June - 7 settembre / September.

1995
Générique 2 Double Mixte (mostra con / four-person exhibition with Lynne Cohen, Pascal Convert, Rachel Whiteread) a cura di / curated by Jean-Pierre Criqui. Galerie Nationale du Jeu de Paume, Paris. 28 febbraio / February - 17 aprile / April. (cat. / exh. cat.)

1994
The Use of Pleasure a cura di / curated by Bob Nickas. Terrain, San Francisco, California. febbraio / February - marzo / March.
Luhring Augustine, New York City. 8 gennaio / January - 12 febbraio / February.

1993
Nobuyoshi Araki, Sophie Calle, Larry Clark, Jack Pierson, Barry X Ball. Luhring Augustine, New York City. 27 marzo / March - 24 aprile / April.

1992
Panza di Biumo, The Eighties and the Nineties from the Collection. Museo Cantonale d'Arte, Lugano, Svizzera / Switzerland. 10 aprile / April - 5 luglio / July. (cat. / exh. cat.)

1991
Painted Desert a cura di / curated by Bob Nickas. Galerie Renos Xippas, Paris. 8 giugno / June - 31 luglio / July. (cat. / exh. cat.)
The Museum of Natural History a cura di / curated by Bob Nickas. Galerie Barbara Farber, Amsterdam. 27 aprile / April - 15 giugno / June. (cat. / exh. cat.)

1990
Sculpture. Angles Gallery, Santa Monica, California. 2 - 26 novembre / November.
Red a cura di / curated by Bob Nickas. Galerie Isy Brachot, Brussels. 27 giugno / June - 29 settembre / September. (cat. / exh. cat.)
Information. Terrain, San Francisco. 4 gennaio / January - 3 febbraio / February.

1989
Pièces Choisies. Gilbert Brownstone Gallery, Paris. 30 settembre / September - 25 ottobre / October.

1988
La Couleur Seule: The Monochrome Experiment a cura di / curated by Thierry Raspail. Musée Saint-Pierre art contemporain (da allora rinominato / since renamed: Musée d'art contemporain de Lyon), Lyon, Francia / France. 7 ottobre / October - 5 dicembre / December. (cat. / exh. cat.)
Pomona College Alumni Artists a cura di / curated by Marjorie Harth Beebe. Montgomery Gallery, Pomona College, Claremont, California. 6 marzo / March - 17 aprile / April.
Primary Structures a cura di / curated by Bob Nickas. Gilbert Brownstone Gallery, Paris. Febbraio / February.

1987
Reduction-Plan. Mission Gallery, New York City. 21 gennaio / January - 15 febbraio / February.
Abstract Painting. Asher / Faure Gallery, Los Angeles. 18 aprile / April - 16 maggio / May.
Primary Structures a cura di / curated by Bob Nickas. Rhona Hoffman Gallery, Chicago. 11 settembre / September - 10 ottobre / October.

Rigor a cura di / curated by Stephen Westfall. John Good Gallery, New York City. 19 giugno / June - 11 luglio / July.
Bigger and Deffer a cura di / curated by D.D. Chapin. 541 Sixth Avenue Gallery, New York City. 22 settembre / September - 11 ottobre / October.
The Gold Show. Maloney Gallery, Santa Monica, California. 10 dicembre / December - 10 gennaio / January 1988.

1986
Geometry Now a cura di / curated by Ruth Kaufmann. Craig Cornelius Gallery, New York City. Ottobre / October.
Traps, Elements of Psychic Seduction a cura di / curated by Charles Luce e / and Leslie Dill. Carlo Lamagna Gallery, New York City. 11 dicembre / December - 24 gennaio / January 1987.

1985
Precious: An American Cottage Industry of the Eighties. Grey Art Gallery, New York University, New York City. 19 marzo / March - 4 maggio / May.

The San Francisco Museum of Modern Art, California
Le Fonds régional d'art contemporain Bretagne, Francia / France
Magasin 3 Stockholm Konsthalle, Stockholm, Svezia / Sweden
Collezione / Collection Maramotti, Reggio Emilia, Italia / Italy
Museo Cantonale d'Arte, Lugano, Svizzera / Switzerland
Museo di arte moderna e contemporanea di Trento e Rovereto, Italia / Italy
The Norton Museum of Art, Palm Beach, Florida
Collezione / Collection Berlingieri, Roma, Italia / Italy
The Thomas Olbricht Collection, Germania / Germany
Collezione / Collection Panza, Italia / Italy - Svizzera / Switzerland

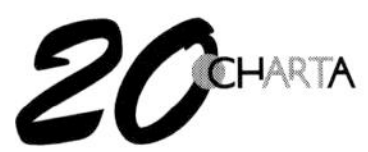To find out more about Charta,
and to learn about our most recent
publications, visit

www.chartaartbooks.it

Printed in May 2011
by Leva spa, Sesto San Giovanni
for Edizioni Charta

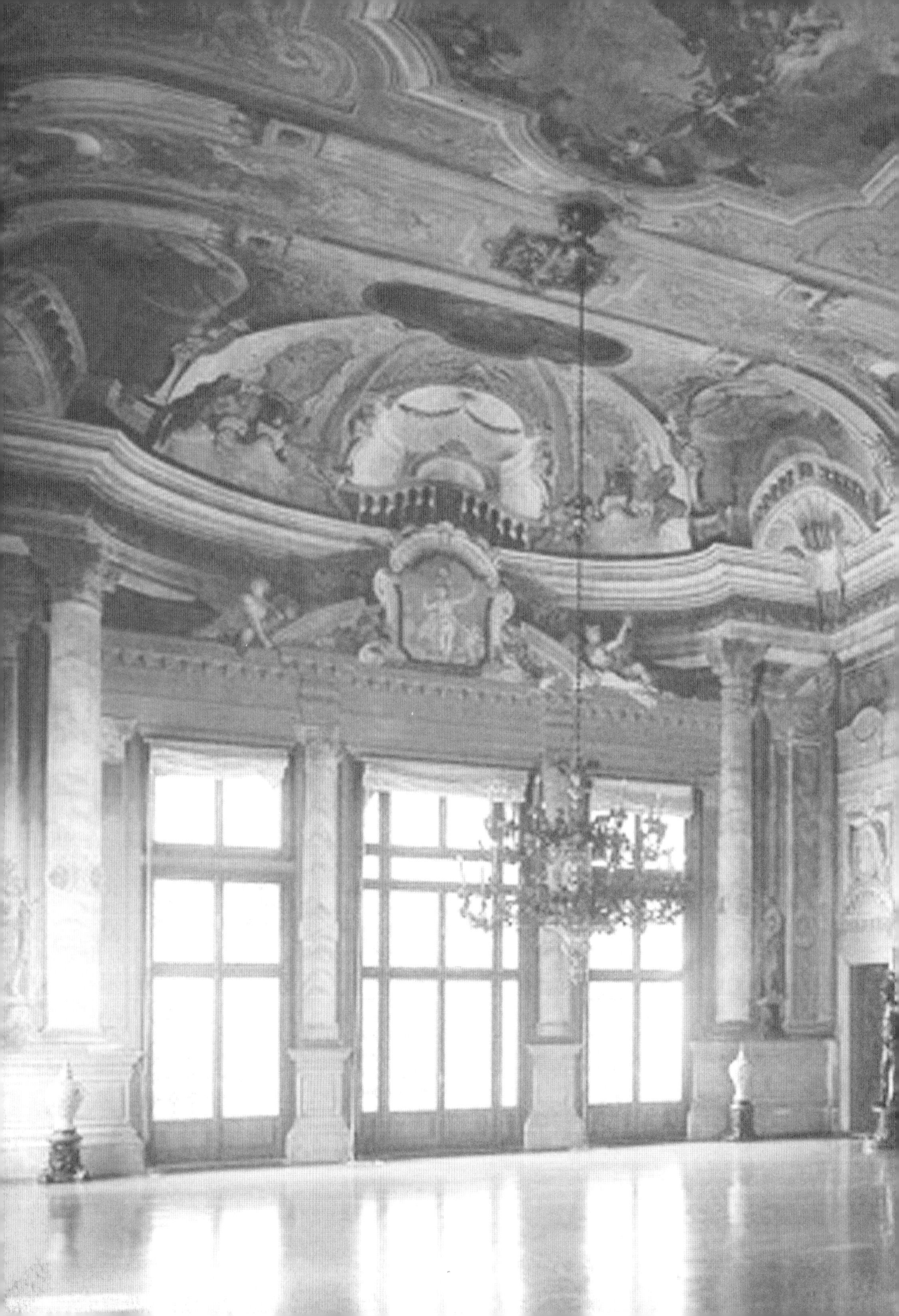